杭州玉皇山南基金小镇

发展报告

谢文武　吴青松　朱建安　编著

杭州市玉皇山南基金小镇管委会

浙江大学城市学院

浙江大学出版社
ZHEJIANG UNIVERSITY PRESS

杭州玉皇山南基金小镇发展报告
编撰委员会

顾 问:缪承潮 陈 瑾 黄爱芳

主 任:梅建群 朱永平

副主任:吴青松 郑健壮

成 员(以姓氏笔画排序):

王慧煜 边迪秋 成建国 朱建安 吴 迪

汪 涛 陈 勇 周 颖 胡丽亚 高 銎

董美双 韩振华 谢文武

序

当前,我国经济发展的基本面总体向好,潜力大,同时也面临着很多困难和挑战。在"十三五"期间,由于多方面因素影响和国内外条件变化,经济发展还面临一些突出矛盾和问题。新一轮全球科技革命和产业革命蓄势待发,中国传统竞争优势逐渐削弱,中国经济发展不平衡、不协调、不可持续的问题依然突出。与此同时,"十三五"时期也是浙江省强化创新驱动、完成新旧发展动力转换的关键期,是优化经济结构、全面提升产业竞争力的关键期,是加强制度供给、实现治理体系和治理能力现代化的关键期,既面临重大战略机遇,也面临诸多严峻挑战。

在这样的背景下,浙江省利用自身的信息经济、块状经济、山水资源、历史人文等独特优势,加快创建一批特色小镇,这不仅符合经济社会发展规律,而且有利于破解经济结构转化和动力转换的现实难题,是浙江适应和引领经济新常态的重大战略选择。全省已经有7个市、66个县出台了特色小镇专项扶持政策。杭州市上城区区委敏锐地把握住千载难逢的机遇,充分打好"三改一拆"、"五水共治"转型升级组合拳,在陶瓷品加工仓库、厂房、市场集聚的玉皇山南区域,按照产城融合的思路,以生态品质的改善推动产业的转型,再以产业的转型升级带动"青山绿水就是金山银山"的发展。玉皇山南基金小镇建设也正是在这样的背景下,充分发挥现有优势,抓住浙江省特色小镇战略的有利时机,敢想敢干,勇于创新,取得了优异的政策效果,入选浙江省首批"特色小镇",并获评浙江省级现代服务业集聚示范区20强,在浙江、全国乃至国际上的知名度日益增长。

玉皇山南基金小镇创造性地利用有限的物理空间和综合的政策效应,抓住金融体制改革中的几个关键要素,即金融生态的有效构建、金融资源的市场化配置,以及资金来源的多元化,形成了基金小镇为代表的标志性地方金融创新特色。基金小镇的建设也接轨正在规划的钱塘江金融港湾,打通上海金融中心,打通国际金融市场,充分利用政策资源、大数据资源,引进国际化专业人才和国内大量从事金融行业、互联网金融的企业,不断提升基金小镇在全国乃至国际上的影响力。可以说,玉皇山南基金小镇顺应了国家供给侧结构性改革和浙江省金融领域体制、机制改革趋势,以"精准定位、精致空间、精确引导、精细服务"为目标,突出企业主体作用,发挥政府在经济发展中的引导、管理、服务职能,打造金融产业生态圈,切实探索功能性平台产业集聚、转型升级、创新发展之路，打造全市、全省乃至全国供给侧结构性改革和金融服务的典型范本。

在我看来，玉皇山南基金小镇的创新价值，体现在三个方面：一是金融体制改革创新的地方经验积累与推广价值。金融体制改革创新需要政府尊重市场规律，界定政府与市场的边界，在金融产业生态的完善和金融资源的有效配置中才能实现帕累托最优。在基金小镇的创建过程中，地方政府着力优化空间布局、提供完善服务、优化产业生态，并充分发挥市场对资源的主导作用，以企引企，有序集聚，实现金融资源的有效配置，为地方金融体制改革提供优异的示范样本。二是综合运用一体化的政策运作模式以实现政策效用的最大化。基金小镇从规划到实施推进的过程中，涉及旧城改造、环境整治、产业升级、特色小镇建设等多个政策目标。地方政府在政策环境保障、产业平台规划、土地集约化管理、政府管理体制、民生工程等层面推行一体化的政策运作模式，寻找产城融合的最优路径，实现政策的最大化效用。三是政府管理体制有效转型以确保政府服务的提升。在基金小镇的规划建设中，政府主动谋求政府职能转变，通过良好的宣传、引导和精准服务，实现从政府管理向政府服务的体制转型。多方面加强配套，在教育、医疗、行政服务、网络、供电等方面积极落实，努力打造一流的发展环境。

从浙江省的经济社会发展来看，需要不断提高区域经济发展的总体质量和水平，实现经济、社会和自然的全面协调可持续发展。那么，在特色小镇的具体推进过程中，地方政府如何集聚核心产业要素，淘汰落后产能，从"低、小、散"走向"高、大、上"，实现转型发展？如何适应新业态、新领域迅猛发展趋势，当好政策的宣传员、发展的引导员、企业的服务员，通过政府职能转变，成为当之无愧的经济发展"店小二"？如何做到创新金融服务，有效推动基金小镇的产业集聚？这些都值得我们进一步进行总结和归纳。

目前，杭州市上城区打造了以玉皇山南基金小镇为代表，还包括湖滨商圈、宋韵小镇、望江智慧产业园和工创空间等五大具有鲜明产业特色的集聚发展平台，每个平台的年贡献税收均超过4亿元，山南基金小镇更是从2014年的过亿，到2015年的4亿元，再到2016年仅上半年就实现税收超过6亿元，这令人振奋的"山南速度"带动了上城区域经济的健康发展，城区亩产税收全省第一。正是基于这样的发展成效，在玉皇山南基金小镇正式揭牌一年以后的今天，回顾全面总结基金小镇发展经验，分析在传承历史文化、激发创新活力和集聚发展要素中如何实现生产、生态、生活三美兼具、和谐发展，走上特而强、精而美、聚而合、活而新的特色小镇发展之路。本报告探索以高端和创新为两大标杆，提供了不少新的视角，对玉皇山南基金小镇创建以来的发展进行了很好的研究，具有较高的理论价值和应用价值。很高兴为本报告作序,希望这本书的内容有助于对特色小镇建设和金融体制改革等相关问题的探讨和研究。

中共杭州市上城区区委书记　缪承潮

2016 年 8 月 26 日

前　言

　　改革开放30多年来,经济的金融化、金融的资本化和金融的市场化,为我国经济持续高速增长注入新动力。全国各地都高度重视金融改革,关注金融资本对撬动产业转型升级、推动实体经济发展的极大杠杆作用。浙江省委、省政府在做出建设特色金融强省的战略部署的同时,把金融改革和推进供给侧结构性改革有机融合,全面实施创新驱动发展战略、大力规划建设特色小镇,并出台了《关于加快特色小镇规划建设的实施意见》。杭州市政府也针对金融产业发展出台了《关于加快我市私募金融服务业发展的实施意见》等政策。杭州市上城区积极响应省、市"构造钱塘江沿岸的金融港湾"的"十三五"战略,计划用3年时间,借助金融资本强大的裂变、叠加效应把玉皇山南基金小镇打造成占地面积5平方千米、管理资金额超过1万亿元的当之无愧的中国对冲基金的摇篮,金融资本、财富管理高地。浙江省委、省政府主要领导关于将基金小镇打造成"全省金融改革的试点、全省转型升级的窗口、'三改一拆'样板"的要求,也为特色小镇下一步的提升改造提供了方向。

　　杭州是长三角地区仅次于上海的金融中心城市,金融业总量与发展质量位于全国前列,金融机构数量占浙江省近六成,金融服务业已发展成为支柱产业之一。早在2010年5月,国务院已明确杭州金融业的定位是区域性金融服务中心,我省"十二五"金融业发展规划要求杭州在建设"中小企业金融服务中心"和"民间财富管理中心"方面发挥重要作用,而杭州市"十二五"金融业发展规划也确定了"中小金融机构总部集聚区、资产(财富)管理投资机构集聚区的目标"。2012年起,我国大力发展私募市场,已成为推进金融体制改革的重要内容。中国基金协会已开展私募基金注册登记,可以预期,未来我国将迎来私募基金大发展的历史性机遇。在省委、省政府的大力支持下,杭州市提出了大力推进金融改革与创新,积极打造以私募金融服务为龙头,以场外交易市场、财富管理中介为两翼的财富管理"金三角"的目标。上城区作为杭州的中心城区,近年来经济总量一直稳步增长,人均GDP达到3.2万美元,每平方千米经济密度达42亿元,在全国150余个省会城市主城区中列第二位,可以说是全省的"资金洼地"和"资本高地"。从区位、环境、发展条件等要素来看,玉皇山南基金小镇与美国格林尼治等对冲基金小镇极为相近,最有条件打造杭州版的"格林尼治小镇"。

杭州市上城区坚持国际化视野和高起点定位,主动对接上海国际金融中心,以美国格林尼治基金小镇为标杆,完善玉皇山南基金小镇功能规划和业态布局,运用国际先进理念和运作模式,将基金小镇建设成为"浙派优秀私募基金小镇"及相关财富管理机构的基地,打造具有全国影响力的杭州私募基金发展样本区域和示范中心,抢占新一轮金融产业发展制高点。杭州市上城区政府充分利用了基金小镇原有的要素禀赋条件,在拆迁安置、环境优化、园区升级等工作中,充分发挥政府整合资源的潜力,通过政府管理体制机制创新、金融产业生态优化等手段,实现了资源的充分利用。经过几年的创新发展,玉皇山南基金小镇取得了辉煌的成绩。2015年,小镇入选浙江省首批特色小镇,获评浙江省级现代服务业集聚示范区20强。基金小镇产业集聚规模凸显,无论是在物理空间的优化,还是小镇服务体系的完善,都取得长足进展;无论是基金小镇产生的经济效应,还是具备的示范效应,都有着非常显著的特点。

在玉皇山南基金小镇正式挂牌一年以后的今天,我们欣喜地看到基金小镇通过搭建平台,推动金融产业集聚,实现了金融服务实体经济的目的。基于此,我们编写基金小镇发展报告,本报告围绕玉皇山南基金小镇创新发展历程,以私募股权基金为主要样本,提炼该基金小镇创新发展的先进经验。本报告分析了玉皇山南基金小镇发展的历史以及现状,并从小镇建设的主要经验、创新效应等角度探讨和归纳小镇创新发展的主要内涵。重点选取入驻数家基金小镇的私募股权基金公司,进行深入的案例分析,研究基金小镇服务实体经济的主要路径及其效应。本报告分为五章,具体安排如下:

第一章为杭州玉皇山南基金小镇发展报告。该章主要对山南基金小镇的创新发展进行总结与分析。首先,回顾了基金小镇发展的主要基础,以及从创建开始到现在取得的一系列成果;其次,对基金小镇的空间布局、产业集聚现状、服务平台搭建进行了较为详尽的分析,并总结了其经济效应和示范效应;再次,分别从要素集聚、平台升级和机制创新等角度总结了基金小镇的创新发展经验;接着分析了基金小镇的几大创新效应,包括要素集聚效应、转型升级溢出效应、创新创业引领效应、财富管理效应和资本辐射效应;然后对国内外知名基金小镇进行比较分析;最后对玉皇山南基金小镇未来发展进行了展望。

第二章为玉皇山南基金小镇精选案例。该章主要是对入驻基金小镇的私募股权基金进行较为深入的案例分析,聚焦基金小镇集聚金融机构服务实体经济的特征,对赛伯乐等知名的私募股权基金公司进行深入剖析,总结基金小镇成立以后出现的一些经典案例,归纳基金小镇发展的创新效应。

第三章为玉皇山南基金小镇大事记。该章主要对玉皇山南基金小镇从初创到现在的一些重要事件进行汇总,包括重要领导调研、标志性成果、重大事件等。

　　第四章为入驻基金小镇的金融机构名录。该章对入驻基金小镇的各类金融机构按日期排序,并予以展示。

　　第五章为玉皇山南基金小镇创新发展相关的政策汇编。该章主要整理了玉皇山南基金小镇创建以来各级政府推出的相关政策,包括税收政策、人才政策等。

目　录

第一章 杭州玉皇山南基金小镇发展报告

一、山南基金小镇发展回顾

玉皇山南基金小镇一期所在的位置,已经历了两次产业的升级换代。这里原本是陶瓷品交易市场,粗放的落后产能面临淘汰。2009年起,废旧的仓库改建成文化产业园区,在政府的引导下,一些轻资产的文化创意企业进驻园区,实现了产业的第一次更新,也成为浙江省现代服务业集聚示范区。文化创意产业以创意取胜,但起步阶段,资金的短缺问题凸显。2010年,浙江赛伯乐基金顺势进驻,成为首家进驻小镇的金融企业,解决文创企业的融资困难。那个时候产业园名称为"杭州山南国际创意金融产业园",一些私募机构、银行及券商陆续跟进。与此同时,玉皇山南基金小镇也抓住了浙江省打造万亿级金融产业的机遇,重点围绕五大金融产业联动、四大金融产业平台衔接以及三大区域金融建设的格局,大力推动基金小镇规划建设。杭州是全国第五大金融中心,在浙江金融业的发展规划中,定位是"中小企业金融服务中心"和"民间财富管理中心"。随着金融机构自己找上门来,杭州市上城区政府调整发展思路,目标定位于打造一个以私募金融产业为核心的中国版格林尼治小镇。提起格林尼治小镇,闻名遐迩,它是美国40多年前打造的基金小镇,现在集聚着380多家对冲基金总部,掌管超过1500亿美元的资本,享誉全球金融市场。对比其他城市正在打造的私募金融集聚区,玉皇山南具有极为稀缺的地理区位、自然资源、产业基础和城市人文环境,是国内发展私募基金少有的优质区域,与美国格林尼治等对冲基金小镇极为相近。

(一)具备先天的创新发展优势

玉皇山南基金小镇总占地面积200万余平方米,总建筑面积25万余平方米。园区结合周边优美的自然生态,在设计中大量采用观景平台和阳光中庭结构,强调建筑与环境、景观的有机结合,打造多种风格迥然、形态各异的建筑组团。近年来陆续被评为省、市现代服务业集聚示范区,并被列入杭州市十二五规划重点金融项目基地,具备了非常好的金融产业发展优势。

1. 区位条件非常优越

玉皇山南基金小镇位于杭州市上城区,北依西湖、南临钱塘江,东靠杭州新CBD(钱江新城)、西望群山,可谓山水相依、城湖合璧。区内汇集四大公园——八卦田遗址公园、白塔公园、江洋畈生态公园、将台山南宋佛教文化生态公园。玉皇山南基金小镇向北通过玉皇山隧道与西湖核心景区和杭州城市中心直接相连,与延安路、庆春路传统金融集聚区联系便利;西接虎跑路,方便进入西湖西线景区并直达西溪湿地;东连复兴路迅速上中河高架通达南北,并可通过之江路连接钱江新城CBD及未来的钱江金融城;南可通过钱江一桥、四桥,与新兴的滨江高新区、湘湖金融集聚区交通通达。

玉皇山南与上海的金融区位关系,类似于格林尼治与纽约的金融区位关系。格林尼治距离纽约40至70分钟路程,处在纽约东北向的康州对冲基金走廊上。玉皇山南距离上海45分钟高铁车程,与上海具有同城效应;在90分钟交通圈内,可搭建连同上海、南京、宁波及长三角洲南翼的大金融空间(见图1-1)。同时,玉皇山南紧靠杭州市中心,距离西湖3千米、杭州新CBD钱江新城6千米,距萧山国际机场半小时车程,为一处交通便利、闹中取静的绝佳产业集聚园。因此可以充分发挥杭州的"后花园"优势,借力和对接上海国际金融中心,按照"纽约—格林尼治"模式进行金融产业分工和协同,承接上海金融人才和产业的溢出效应,与上海重点发展的公募基金错位,把私募金融产业做大做强。

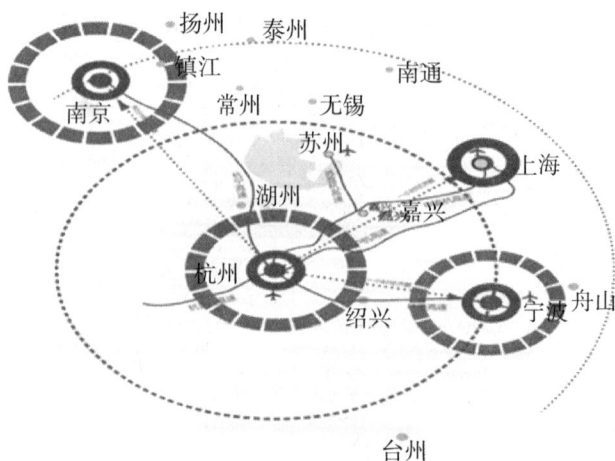

图1-1 长三角金融城市区位图

2. 自然人文实现高度融合

杭州拥有极为稀缺的城市人文、自然环境资源,坐拥国内第一流的城市品位、生活品质和独一无二的城市型山水环境,对私募基金等高端财富管理机构具有强烈吸引力。基金小镇规划区域背靠世界文化遗产——杭州西湖和玉皇山,三面环山,一面临江,拥享西湖风景名胜区凤凰山景区的八卦田、白塔两大景群,负阴抱阳,坐北朝南,风水极佳。具有"三个融合"的特征:一是历史与人文的融合。玉皇山南基金小镇地处南宋皇城遗址,是南宋造币(会子)之处和祈福之地(八卦田),人文历史深厚,文化源远流长。山南区块位于杭州吴越文化与南宋文化的交汇点,临近世界上最早的国家发行纸币——"会子"的印制地,是中国金融文化、皇家文化和商帮文化的重要起源地和集聚地。二是环境与文化的融合。基金小镇背靠西湖和玉皇山,拥享八卦田遗址公园、白塔公园、江洋畈生态公园、将台山佛教文化生态公园等四大景群,可谓是山水相依、城湖合璧,区内文化、建筑、环境、景观有机结合,特色鲜明。三是金融与文创的融合。既集聚着国内一流的私募金融机构,也集聚着包括诺贝尔文学奖大师莫言在内的文化人士和一流的文创企业,为两者间的对话搭建了桥梁,是国内任何私募金融集聚区所无法比拟的。因此,其对高端金融人士具有很强吸引力。

3. 前期建设打下厚实基础

杭州山南国际设计创意产业园自2008年12月全面启动建设以来,按照高起点规划、高标准实施、高强度投入、高效率管理的要求,进一步完善了山南创意园产业规划及一体化设计,同时进一步加强园区在硬件建设、软实力提升、招商引资的工作力度,并取得重大突破。山南国际创意产业园集聚规划10个组团,以陶瓷品市场转型升级为抓手,分期分批对玉皇村服务经济联合社原有仓储功能及山南地区简易粗加工形态进行调整提升。致力于打造园林式办公楼,在绿化、景观方面加大投入,坚持品质导向,坚持高标准建设。截至2011年年底,累计完成近4万平方米(包括凤凰山组团、天龙寺组团)更新项目,地下停车库、配套物管公司及餐饮企业均已到位并投入使用,马儿山、安家塘、甘水巷、樱桃山、目术塘5个组团也陆续启动更新。2010年获得了"中国特色文化产业园区"及"2010中国创意产业年度大奖最佳园区奖"两项全国性荣誉,列为杭州市第二批文化创意产业园区。2012年山南国际设计创意产业园及复兴国际商务广场分别作为文化创意产业集聚区及商贸服务业集聚区成功入选杭州市首批现代服务业重点类集聚区,是上城区仅有入选的两个集聚区。

玉皇山南基金小镇以贯彻落实省委、省政府"三改一拆"的决策部署为契机,不搞大拆大建,依托得天独厚的自然环境和人文优势,大力推进玉皇山南区块旧住宅、旧厂房、旧仓库改造和拆违工作,实现了由过去简单的仓储加工业向文化创意产业,再向私募金融高端产业的成功转型升级。在产业发展之初,成功集聚了一批特色鲜明的文化创意企业,包括本土培育的主板上市公司思美传媒、新三板上市的安正科技、特色小镇建筑设计公司南方设计院等等,新华传媒、中央电视台浙江记者站等也入驻小镇,还有民营资本运作的光达美术馆、蕉叶山房、泽雨堂等一大批优秀文化艺术企业,在小镇内定期举办一系列文化交流活动,文化氛围浓厚,私募机构参与踊跃,实现了文化与金融的有机结合。

(二)拥有良好的产业集聚条件

1. 发达的金融业为杭州发展私募金融产业提供了有效支撑

浙江是经济金融大省,也是资本市场大省,省会杭州位于中国经济最发达的长三角核心区,拥有高度发达而广阔的经济腹地。近年来,杭州金融业增加值占 GDP 的比重持续超过 10%,金融业发展的主要指标均仅次于"北、上、深",与广州互为伯仲,与同处于长三角的南京、苏州相比,存在明显优势。来自杭州市统计局的数据显示,2015 年,杭州市金融业累计实现增加值 978.03 亿元,占 GDP 比重达 9.7%;同比增长 15.2%,高于全市 GDP 增速 5 个百分点,拉动全市 GDP 增长 1.5 个百分点。杭州的存贷款余额增速显著。2015 年 12 月末,全市本外币存款余额 29863.83 亿元,较去年同期多增 5413.32 亿元,同比增长 13.87%,存款增速居全省首位。全市本外币贷款余额 23327.95 亿元,较去年同期多增 2011.12 亿元,同比增长 9.27%,贷款增速居全省第二位。至 2015 年年末,全市企业在各类市场合计发债 1062.7 亿元,同比增长 20.4%。

同时,杭州是全国金融机构种类最为齐全的城市之一,市场竞争程度高。作为省会城市,杭州金融行业门类齐全、业态完整,所有国有银行、股份制商业银行均在杭州设有分行,大多数浙江省法人金融机构、金融服务企业和在浙外资金融机构的总部都设在杭州,金融机构数量占浙江省近六成,金融服务业已发展成为最大的支柱产业。杭州市金融业实际发展水平已超越 GDP 排位,进入由金融推动经济增长的阶段。

作为长三角区域性金融服务中心的杭州,为资本市场融资提供了更多可能,正力求以创新来释放更强的驱动力。2015 年,网商银行、网金社、浙民投等新兴金融机构陆续落户杭州,玉皇山南基金小镇、余杭梦想小镇、西溪谷互联网金融集聚区等特色金融小镇在杭州集群。上城区玉皇山南基金小镇、余杭梦想小镇等金融小镇已获省政府挂牌。拱墅区运河财富小镇、萧山区湘湖金融小镇、富阳区黄公望金融小镇、桐庐县健康金融小镇等新一批金融小镇逐步成型。以银行为代表的传统金融机构积极布局互联网金融战略和移动客户端,充分利用新技术,完善服务功能,开拓新的业务增长点,逐步摆脱对营业网点的依赖,开拓自己的"云银行"之路。金融创新,无疑是推动金融与经济发展的源头活水。这座城市里的金融机构,在营利和同业竞争的驱动下,以大开放、大合作的方式,亮出了前所未有的转型诚意,努力去满足"互联网+"时代出现的新的金融需求,创造出一个又一个奇迹。

与此同时,杭州市也积聚新兴金融机构塑造创新蓝图。2015年6月25日,网商银行在杭州开业。作为首批民营银行的试点,它是国内第二个开业的网络银行。2015年年初的中央政府工作报告中,互联网金融行业首次被提及,开启了新金融迈向资本市场的大门。作为互联网金融高地,杭州也见证了许多互联网金融企业在这里腾飞;并初步形成了"业态丰富、各具特色、集群共进"的杭州特色金融小镇发展格局。杭州互联网金融创业气氛浓厚,总体水平居全国前列,并形成了"一超多强,遍地开花"的大好局面。"一超",即蚂蚁金服;"多强"包括挖财、微贷网、鑫合汇、盈盈理财等,它们代表了互联网金融细分领域的融合发展。2015年9月13日,杭州市互联网金融协会在西子湖畔宣布正式成立。首批加入协会的单位有50余家,成员覆盖了第三方支付、互联网理财、P2P平台、技术服务平台等多类互联网服务模式,以及银行、证券、行业门户等各类金融服务机构。同年9月29日,浙江互联网金融联盟在杭州正式成立。

2. 杭州发展私募金融产业能够充分借力和对接上海国际金融中心

首先,杭州市与中国最重要的国际金融中心——上海的距离仅175千米,高铁行驶时间为45分钟,与上海具有同城效应。具备按"纽约—波士顿"模式(344千米,飞行时间60分钟)和"曼哈顿—格林尼治"模式(45千米,行车时间40分钟)与上海进行金融产业分工和协同的条件。

其次,杭州发展私募金融产业,一方面与上海重点发展的公募市场和公募基金产业错位,另一方面又能够与上海大型金融机构、资本市场和公募基金协同合作,服务于上海金融中心发展。同时,也能够把私募金融服务领域扩展到江苏省的苏州、无锡等发达城市,有效对接长三角高净值投资者的需求。上海和杭州的关系更多的是合作而不是竞争关系。浙江的民资活跃,同时上海也集聚着全球性的金融资源,浙江完全可以与上海通过加强区域间的学习和资源共享,实现互利互惠。杭州也可以充分利用自身优势,采用错位发展的模式,以融入上海又差异于上海的战略、格局,进一步推动浙江和杭州民间资本有效对接上海国际金融中心和中国(上海)自由贸易试验区建设,实现协同共赢发展。杭州可以大力推动建立民间投资管理中心,一方面能够解决中小企业借贷难问题,另一方面可以鼓励和引导民间投资,从而更好地发挥浙江民资对经济社会发展的促进作用。

再次,杭州作为上海的"后花园",发展私募金融产业有可能享受上海金融人才的溢出效应,吸引高端私募投资人才落户杭州,通过私募金融产业链实现借力发展。目前上海已不仅仅将吸纳人才聚焦在优势凸显的金融领域,而是有条不紊地开展以技术为导向的跨界型人才聚合,其人才结构正在向高端化、多元化、复合型的方向迈进。这其中,以互联网金融为代表的典型业态,成为沪上人才争夺战的主战场。上海的高端人才聚集,辐射着长三角地区的人才发展态势。以杭州、苏州、南京、无锡为代表的长三角"崛起势力",正在形成"第二梯队",逐步缩小与传统一线城市的差距。可以说,上海领跑所带来的"溢出效应",间接为人才向杭州等周边地区"蔓延"起到了极大的提升作用。

3. 玉皇山南具备打造私募(对冲)基金小镇的成熟条件和独特优势

截至2016年年初,基金业协会已登记私募基金管理人25841家,管理规模5.34万亿元,一年时间增长约3万亿元。杭州市金融业"十二五规划""一区两带三圈三园多点"的空间布局,大部分在上城区。尤其是上城区近年来大力发展的股权投资行业,目前已集聚650余家股权投资企业,管理资金规模已达1000亿元,走在了全省的前列。玉皇山南国际金融园,作为上城区发展金融服务业的重点区域,是上城区金融业"十二五规划"中着力打造的"一园两区"发展格局的"一园"所在地,也是杭州财富管理中心建设"一城两带一圈两湖一溪"空间布局中的"一圈"的核心区域,在杭州金融集聚区发展中具有举足轻重的地位。

玉皇山南基金小镇规划区域位于杭州市上城区西湖以南的吴山景圈。西湖是世界文化遗产,环西湖周边区域拥有杭州顶级城市型山水环境资源。目前该区域可利用空间相当有限,发展的重点即是上城区的吴山景圈。上城区作为杭州市的中心城区,是杭州市传统的金融业集聚区和打造杭州财富管理中心"两湖一溪"生态型空间中玉皇山南金融集聚区的所在地,因而成为杭州市建设金融中心的重要组成部分。从发展现状看,上城区庆春路、延安路上城段、南山路沿街的金融总部集聚、零售型金融的网点布局和业务规模已形成明显规模优势,发展形态相对成熟。

(三)浙江特色小镇战略的有利时机

2015年6月5日,浙江省发改委发布浙江省首批省级特色小镇创建名单,杭州玉皇山南基金小镇等37个小镇入围。不仅有信息经济、环保、健康、旅游、时尚、金融、高端装备制造等支撑浙江省未来发展的七大产业,同时还兼顾茶叶、丝绸、黄酒、中药、青瓷、木雕、根雕、石雕、文房等历史经典产业。自此,浙江省走上了"小而美"的特色小镇创建之路。在经济新常态下,浙江利用自身的信息经济、块状经济、山水资源、历史人文等独特优势,加快创建一批特色小镇,这不仅符合经济社会发展规律,而且有利于破解经济结构转化和动力转换的现实难题,是浙江适应和引领经济新常态的重大战略选择。浙江只有10万平方千米陆域面积,而且是"七山一水两分田",

长期以来一直致力于在非常有限的空间里优化生产力的布局。从块状经济、县域经济，到工业区、开发区、高新区，再到集聚区、科技城，无不是试图用最小的空间资源达到生产力的最优化布局。瑞士的达沃斯小镇、美国的格林尼治对冲基金小镇、法国的普罗旺斯小镇、希腊的圣托里尼小镇等，虽然体量都不太大，但十分精致独特，建筑密度低，产业富有特色，文化独具韵味，生态充满魅力，对浙江优化生产力布局颇有启迪。特色小镇是浙江特色产业、新型城市化与"两美浙江"建设碰撞在一起的产物。既非简单的以业兴城，也非以城兴业；既非行政概念，也非工业园区概念。

过去一年，各地对创建特色小镇热情高涨。除了省级特色小镇以外，不少地市也公布了各自市级特色小镇创建和培育数量，比如台州市规划了80个特色小镇的创建和培育对象，目前已公布45个。目前，全省已经有7个市、66个县出台了特色小镇专项扶持政策。如杭州市对特色小镇的众创空间、公共科技创新服务平台，给予20万～200万元补助；允许产业项目用地出让价按同地块最低限价标准的70%起价。经初步统计，首批特色小镇创建对象2015年新开工建设项目431个，完成固定资产投资额480亿元，平均每个小镇12.97亿元，其中5个小镇年投资额超过了20亿元。玉皇山南基金小镇建设也正是在这样的背景下，充分发挥现有优势，抓住浙江省推行特色小镇战略的有利时机，敢想敢干，勇于创新，取得了优异的政策效果。

二、山南基金小镇发展现状

在玉皇山南基金特色小镇建设过程中，杭州市上城区借助浙江作为金融大省的优势，借助杭州资本财富高度集聚的优势，借助上城区作为杭州历史文化名城、创新活力之城的主平台优势，主动对标美国格林尼治基金小镇，把地理位置独特、自然环境优美、历史人文深厚的玉皇山南打造成中国版的格林尼治基金小镇。

（一）空间布局日趋完善

杭州玉皇山南基金小镇拟以玉皇山南国际金融产业园的核心部分作为规划空间，在现有一期初步完成招商引资、二期建筑施工完成三分之二的基础上，通过强化其私募（对冲）基金产业发展的业态定位与功能配置，按照分期开发的原则，优化和完善基金小镇的空间布局和功能配置。自2009年实施"三改一拆"以来，玉皇山南区块发生了翻天覆地的变化：通过仓库更新、厂房改造、农居改造、历史建筑修缮和新建建筑等方式，打造多种风格迥然、形态各异的建筑，呈组团状分布；建成了八卦田遗址公园、白塔公园、江洋畈生态公园、将台山南宋佛教文化公园四大主题公园。目前，杭州市城市规划设计院已完成《玉皇山南基金小镇空间拓展规划》初稿并进行方案深化。

1. 整体布局合理

玉皇山南基金小镇的整体布局(见图1-2)经过了非常科学的论证和规划,无论是空间布局,还是产业布局,都较为合理,总体范围包括:核心区、储备区、扩散区。

图1-2　玉皇山南基金小镇整体布局图

核心区的规划总建筑面积约14.6万平方米,分八卦田公园片区、三角地仓库片区、海月公园片区、机务段片区四个区块,其中八卦田公园片区约5万平方米,三角地仓库片区约3.3万平方米,海月公园片区(含安家塘、甘水巷、樱桃山、轨枕厂建筑)约3万平方米,机务段片区约3.3万平方米。

储备区则是将台山南宋佛教文化生态公园区块。北至将台山,西至南复路。占地面积10万平方米,建筑面积9000平方米。

扩散区包括勾山里和手表厂区块。其中,勾山里区块东靠荷花池头、西靠南山路,南临河坊街、北至广福里。以中间勾山里为界,分为南、北两个地块,规划建筑面积3万平方米。手表厂区块东到吴山、北到清波幼儿园,西、南靠四宜路。占地面积3.1万平方米,建筑面积2.3万平方米。

2. 分期规划建设

玉皇山南基金小镇规划分四期开发。不仅第一期八卦田区块已经较为成熟,入驻大量金融机构,后面几期也进展顺利,在整体改造和提升上取得了非常显著的效果,开始发挥更大的吸引力。

一期包括八卦田区块。已经先行开发,入驻企业以创业企业、文化创意企业、传媒、股权投资、私募(对冲)基金为主,其中金融、类金融企业已呈现良好的集聚度,表明玉皇山南打造对冲基金小镇具有良好的需求基础。

二期包括白塔片海月水景公园区块。包含安家塘、甘水巷两层宿舍的改造建筑、樱桃山独栋及合院农居的改造建筑及临湖建筑群。内部环境资源最好,建筑容积率最低。业态规划为私募(对冲)基金龙头型企业集聚区,通过国内、国际龙头企业的号召力和影响力形成集聚氛围,进而有利于三、四期大体量建筑的招商。近两年重点做好白塔岭地块居民房屋收购工作,已经累计搬迁居民37户,腾空房屋1302平方米。

三期包括三角地仓库区块,四期包括白塔片机务段区块。三、四期的开发次序将依据工程进展速度、预招商中企业意愿反馈情况进行调整。三、四期的业态规划包括为基金小镇提供配套金融服务的私募中介机构、辅助性产业和共生性产业,已经初创及成长性的私募(对冲)基金等。目前指挥部已经对梳理出的水澄路六和源南地块、三角地仓库地块、景区将台山公园地块、四季青储存站及田园畜产品厂地块、铁路南星货场、景区白塔公园、塘北公交首末站地块、杭州警察学校、轿子巷地块、陶瓷品市场、八卦山庄等11处地块进行规划指标、用地性质等调整,用作基金小镇规划用地。

3. 实施项目建设提升

在原来的园区建设基础上,杭州市上城区也积极做好项目的品质提升工作。一方面,做好G20峰会项目——馒头山地区及中河高架两侧综合整治,提升整体环境面貌,改善区域内百姓生活居住条件;另一方面,做好玉皇山南基金小镇空间品质提升和服务配套提升,为G20峰会期间参观游览小镇做好准备。杭州市城市规划设计院也已完成《玉皇山南基金小镇空间拓展规划》初稿并进行方案深化。2015年启动小镇塘南组团、塘北组团、八卦山庄、啤酒仓库等组团建设,启动目术塘组团小企业孵化器、行政服务中心、国际医疗中心、展示中心等项目装修,新开工面积4万平方米。完成安家塘、甘水巷、樱桃山、汽修厂等组团扫尾工作,已有小企业孵化器、行政服务中心、展示中心装修,凯泰资本、湖畔山南、朗润资管、中信证券基金小镇营业部等23家企业正式入驻小镇办公。

玉皇山南基金小镇的整体布局恰如北斗七星之形(见图1-3),天枢、天璇、天玑、天权构成的北斗之"魁",恰好是小镇的二期和四期位置,天枢星的方位在基金小镇的四期即机务段区块,天璇星的方位在二期的安家塘、甘水巷片区,天玑星位于二期的樱桃山片区,而天权星恰位于二期海月公园北区块即金融家俱乐部所在片区。玉衡、开阳、摇光构成北斗七星的"杓",串联起了小镇的一期、三期区域,其中摇光和开阳位于基金小镇一期位置,正是基金小镇开局之象征,可谓机缘巧合;玉衡星位恰在基金小镇的三期,此片区是整个基金小镇的连接枢纽。而三期在本规划中的功能

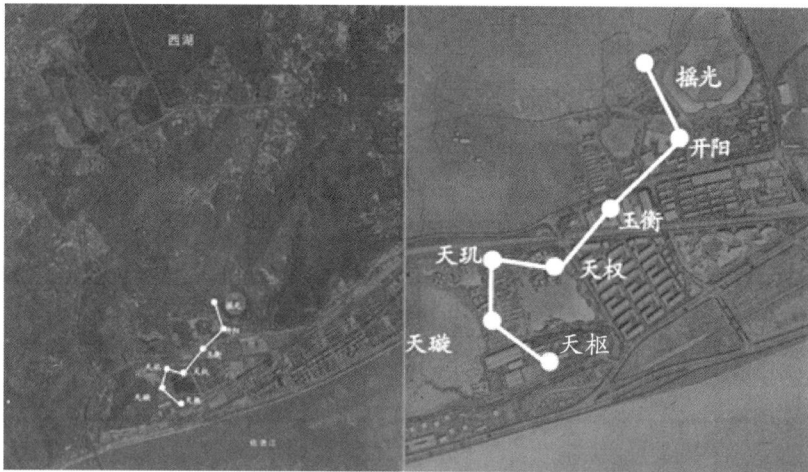

图1-3　玉皇山南基金小镇规划"北斗七星"概念图示

定位,也恰好要承担整个基金小镇的公共配套及对冲基金孵化功能,是重要的"枢纽"和"衡器"。

(二) 产业集聚规模凸显

杭州市上城区积极发挥玉皇山南基金小镇的独特优势,加快小镇基础设施建设,优化创新环境,引进优质项目,集聚高端智力,相继吸引了中信证券、永安期货、凯泰资本等国内一流的金融公司入驻,构建了一条对接北京、上海,辐射"长三角"的金融产业链,成为配套完善、规模巨大、发展迅猛的浙江金融资本、财富管理的高地,成为浙江转型升级、金融创新的典型样本。

到2013年年底,园区入驻企业128家,其中园区自身企业121家(文创类企业76家,金融类企业45家)。全年新增企业29家(文创类企业16家,金融类企业13家)。到2014年12月底,园区共入驻企业160家,新引进包括国家级动漫企业、浙商回归重点项目甲壳虫动漫在内的文创类企业15家,阿里旗下杭州湖畔山南资本管理有限公司等金融类企业36家,两大产业已呈明显集聚。到2015年12月底,园区企业总数则达到了500家(其中文创类企业98家,金融类企业402家),管理资产规模突破2000亿元。而到了2016年6月底,入驻的企业总数已经达到1024家。可以说基金小镇在短短几年时间,已经形成了一个非常良好的产业生态,所以才可能吸引到这么多的企业集聚。其中,基金小镇入驻金融机构数量,如图1-4所示。

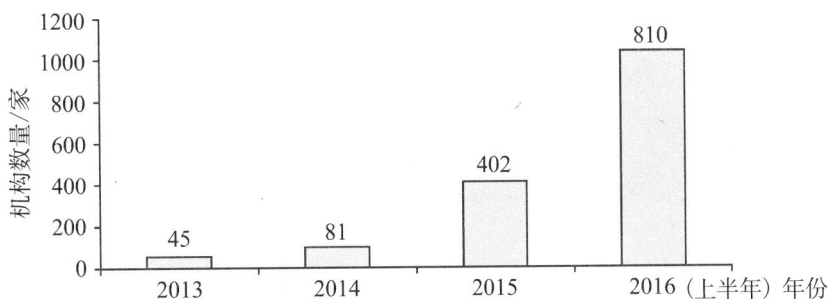

图1-4　基金小镇入驻金融机构数量

小镇基金产业生态链已初步形成。一是期货板块优势明显。目前,小镇期货规模已占浙江省期货板块的1/3,吸引到永安期货、南华期货等国内实力靠前的期货公司,以及在二级市场期货领域首屈一指的投资和管理机构敦和资管、国内大宗商品贸易商标杆企业远大物产、杭州热联集团等。以敦和资管、朗润资产为代表的证券期货类投资机构,在国内处于龙头地位。二是股权投资产业链日臻完善。集聚了一流股权投资机构,吸引了一大批国内外顶尖的投资机构和人才团队,如以赛伯乐、凯泰资本为代表的股权投资机构,管理资产规模均突破百亿元。吸引了省、市政府及部分民间产业母基金落户,以国家开发银行、中国工商银行、中国建设银行、浙商银行资管业务为代表的产业基金,以及省市各类产业母基金相继落户小镇。集聚了财通资管等为代表的资管公司,也吸引了股权投资行业权威数据分析机构、中介机构清科集团入驻。三是财富管理机构蜂拥扎堆。大量私募基金公司的入驻带动了财富管理机构的集聚。交通银行成立山南对冲基金支行,专门服务小镇企业,浙商银行、中信证券等银行、券商的入驻也进一步夯实了小镇财富管理示范基地的基础。

（三）服务体系初步构建

玉皇山南基金小镇管委会从多方面加强配套,努力打造一流的发展环境,初步搭建了较为完备的服务体系。

一是国际化教育配套推进顺利。推进国际化中小学及国际化幼儿园建设。目前,娃哈哈双语学校已按照国际化学校的标准完成改建,国际化幼儿园选址已明确,正协调相关部门进行规划调整。

二是基金小镇国际医疗中心正式启动。邵逸夫医院与上城区签订战略合作协议,"邵逸夫医院杭州玉皇山南基金小镇国际医疗中心"正式揭牌,在2016年年初正式投入使用。共三层1300平方米的医疗中心参照诊所标准,初定采用"会员制"和"一般诊疗制"相结合形式,为不同需求的员工提供医疗服务(含中医)。

三是建成基金小镇行政服务中心。首先是启动基金小镇行政服务中心建设。该服务中心建成后,将主要针对基金小镇及周边企业提供国税、地税、工商、人社等各类行政服务。其次是开展"五证合一"、"一照一码"试点。新的营业执照在"五证合一"的基础上,将以往代表五个部门的五个号码统一为一个"统一社会信用代码",实现了"一表申请、一网互联、信息共享、一照通用"功能,为小镇企业办事提供了诸多便利。

(四)经济效应已见成效

玉皇山南基金小镇管委会以基金小镇为核心,运用现代化、国际化的运作模式和管理理念,融合政府推动力、市场主导力、企业主体力,打造高端产业生态圈,并已经开始取得良好的经济效应。

2012年,园区实现税收13580万元,地方财政收入7500万元,同比分别增长45%和42%,获得省、市各类奖项5项。到2013年,园区总税收20732万元,地方财政收入11340万元,同比分别增长58%和60%。园区实际企业(121家)总税收12448万元(文创类企业7845万元,占63%;金融类企业4603万元,占37%),地方财政收入6276万元(文创类企业4098万元,占65%;金融类企业2178万元,占35%)。到2014年,山南产业园实现税收1.7亿元,地方财政收入8800万元,同比增长26%和14%,增长势头强劲。2015年则取得了重大突破,税收达4.2亿元(2014年税收2.4亿元)。到2016年6月底,杭州玉皇山南基金小镇资金管理规模已达4020亿元,投向实体经济项目629个,资金规模1240亿元(其中省内353亿元);2016年仅上半年的税收收入就达到6.49亿元,地方财政收入为2.99亿元,远远超过2015年全年的总额(见图1-5)。

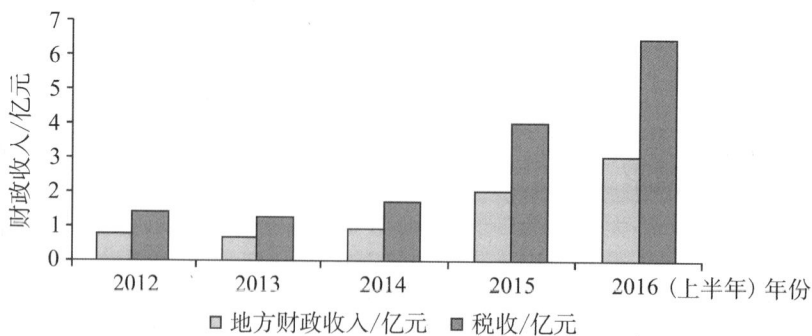

图1-5 玉皇山南基金小镇税收和地方财政收入

基金小镇的发展不仅带来了可观的就业、税收等直接经济效益,还加强了资本与产业的对接,有效助力实体经济,加速推动了众多中小企业的成长和转型,从而实现了金融资本与实体经济的互利共赢发展。例如,杭州产业投资基金已累计投资31

家本市企业,总投资金额15.6亿元,带动社会投资7.2亿元。从2015年5月挂牌至今,基金小镇有800多亿资金投入实体经济,受益企业600余家,涉及上市企业60余家。

（五）示范效应反响巨大

2015年6月,玉皇山南基金小镇正式入选浙江省首批"特色小镇",并获评浙江省级现代服务业集聚示范区20强。小镇在浙江、全国乃至国际上的知名度日益增长,中央财经领导小组办公室主任、国家发展和改革委员会副主任、党组副书记刘鹤,科技部部长万钢,证监会副主席李超等中央部委办局领导来小镇视察调研,其中刘鹤对包括山南基金小镇在内的浙江省特色小镇建设给予高度评价。他指出特色小镇处理好了政府与市场关系,政府为企业创业提供条件,大胆"放水养鱼",强调了浙江"敢为人先、特别能创业"的企业家精神的重要性,让企业家才能得到充分发挥,这些对我国经济结构升级都具有重要借鉴意义。省委书记夏宝龙、时任省长李强、代省长车俊、市委书记赵一德等省、市党政领导多次前来调研指导,《人民日报》和中央电视台新闻联播、焦点访谈等新闻媒体多次进行报道,北京、上海、广州等全国各地党政代表团纷纷前来参观学习,小镇已成为国内知名的"格林尼治版基金小镇"。截至2015年12月,小镇累计接待全国各地党政代表团300余批次,6000余人次。

2015年5月,首届全球对冲基金西湖峰会在基金小镇召开,并宣布西湖峰会永久落户基金小镇。峰会的成功举办,小镇的盛大揭牌,极大提升了山南小镇在全国乃至全球范围内专业领域的影响力和知名度。《浙江日报》《钱江晚报》《杭州日报》《都市快报》等媒体通过专版宣传小镇,在峰会期间及小镇揭牌满月等特殊节点推进小镇宣传。管委会也利用玉皇山南微信、微博两大自媒体平台,全面发布小镇各类动态信息。此外,基金小镇管委会与Alpha、私募排排网等多个业内专业平台建立合作,提升玉皇山南基金小镇影响力。玉皇山南基金小镇作为大型政论纪录片《绿水青山就是金山银山》的取景地之一,收录于第二集《组合拳效应》和第三集《寻梦山水间》,成为"绿水青山就是金山银山"的最好注解。

三、山南基金小镇建设经验

杭州市上城区切实发扬精益求精、品质至上的"工匠精神",围绕"优化产业生态"这一核心目标,以"要素保障、服务升级、制度创新"为突破口,以玉皇山南基金小镇为基石打造金融产业生态圈,打造全市、全省乃至全国转型升级、创新发展的典型范本。

（一）精准定位，围绕"特而强"完善要素保障

在原有的产业发展基础上，玉皇山南基金小镇管委会进一步精准定位，找准小镇的自身特色、进一步凸显小镇特色、放大小镇竞争力，构建了和谐有效的金融产业生态圈。

1. 优化物理空间

加快推进玉皇山南基金小镇环境设施建设，包括小镇区块内的旧住宅、旧厂房、旧仓库改造和拆违，小镇一期、二期的基础配套设施建设，小镇三期、四期地块建设等，整治周边环境，搬迁、改造陶瓷品市场，置换铁路沿线房产，高标准打造"高颜值"的国际化小镇。

（1）加快山南国际创意金融园建设，努力实现园区扩容提质。山南国际金融创意园已有凤凰山、天龙寺组团（约4万平方米）投入使用，马儿山、安家塘、甘水巷、目术塘四个组团目前正在紧张施工中。目前正加大园区建设力度，加快建设步伐，实现马儿山组团竣工交付使用，安家塘、甘水巷、目术塘组团及樱桃山生态公园配套建筑竣工交付。同时，全面推进汽修厂地块项目、大畈鱼塘南项目、樱桃山农居项目建设。在园区的建设过程中，对园区的景观设置，绿化配置方面下足功夫，加大投入，确保园区的高品质，为吸引高端优质企业的入住创造良好的招商环境。

（2）大力推进安置房和停车场库建设，全力做好两项实事工程。安置房和停车场库项目是惠及上城百姓的实事工程、民生工程。一是加快复兴单元15－3地块安置房续建项目。二是加快三处停车场库建设，即复兴商务广场地下停车场项目；甘水巷地下停车场项目，2013年上半年完成地块拆迁和景区内项目审批工作；大畈鱼塘北地下停车场项目，目前就旅游集散中心涉及土地指标问题已与市旅游集团达成共识，完成土地摘牌和方案审批，启动建设。

（3）高效完成区域道路、公园景点、人才公寓项目，完善生产、生活配套设施。一是做好南宋皇朝街巷综合工程涉及的之江路（虎跑路至飞云江路）、樱桃山路、甘水巷综合整治。之江路道路主体建设由市建委负责实施，玉皇山南基金管委会配合市建委做好之江路沿线综合整治工作，主要包括道路两侧绿化配置，文化碎片和景观小品设置及沿线和上盖物业建设，确保之江路成为杭州东南入城口的景观大道。完成之江路改造提升方案（含控规方案和道路方案）审批工作，启动试验段建设。同步做好樱桃山路、甘水巷综合整治，充分利用两条路现有的路巷曲折、古树众多的特点，结合截污纳管、电力上改下等工程，精心设计，合理施工，确保两条支小路整治后达到古朴素雅、曲径通幽的效果，为本区域的安家塘、甘水巷、樱桃山等创意园组团提供高品质的基础配套。二是全面建成樱桃山生态公园，主要包括地下停车场、附

属建筑、绿化景观、水系沟通以及公园周边的环境整治工作,建成后的樱桃山生态公园是一个以樱桃山为中心、融自然生态、水系、绿化景观、宋式建筑为一体的新景区,成为周边小区居民和创意园区员工休闲观光的场所。三是建成目术塘创意园人才公寓。对目术塘现有房屋结构作适当优化调整,进行外立面改造,完善网络宽带等弱电系统,将其改造成创意园人才公寓,为园区吸引优质企业,优秀人才提供必要的住房保障,进一步提升园区竞争力。

(4)统筹做好拆迁安置,做地招商工作,确保经济社会综合发展。一是做好拆迁工作,全面完成安置任务。完成安家塘、甘水巷、樱桃山地块余留住户拆迁工作,确保安家塘、甘水巷、樱桃山三个创意园组团全部建设投入使用。同时配合风景名胜区白塔公园建设,启动白塔岭、老复兴路一带拆迁工作。2014年完成拆迁任务262户。全面完成山南人家、白塔人家两个小区安置任务,2014年全年共安置拆迁户204户。二是完成轿子巷地块做地工作,轿子巷地块将进行合作开发,共同招商,启动项目建设,为园区增加大体量物业,提升规模优势。三是全面完成马儿山、安家塘、甘水巷、目术塘四个组团的招商任务,按照文创和金融两大产业导向,坚持高品质选商。

2. 拓展资金空间

玉皇山南基金小镇充分借鉴国际先进理念和运作模式,重点引进和培育私募证券基金、私募商品(期货)基金、对冲基金、量化投资基金、私募股权基金五大类私募基金,形成特色鲜明的核心业态,并围绕核心业态,构建具备以其他私募中介机构、辅助性及共生性产业为配套的金融生态圈。

(1)创新基金小镇的机构招引和运作管理模式。充分运用"看得见的手"和"看不见的手",以社会化、市场化、专业化的发展机制来运作基金小镇的招商引资工作。为全力推动基金小镇的建设,小镇委托浙江省金融业发展促进会、永安期货股份有限公司和敦和资产管理有限公司开展招商。

(2)充分发挥行业组织、行业龙头企业和行业中介机构的作用。运用"人才+资本"双轮驱动模式和"雁阵式发展"模式,动员会员资源和产业链服务关系开展机构招引和配套服务工作,来集约化引进和培育各类私募(对冲)基金、私募证券期货基金、量化投资基金及相关财富管理中介等机构。

(3)全面构建为行业企业服务的全产业链配套服务。在具体运作层面,开展从机构动员、落户服务、天使投资,到资本中介、基金募集、产品营销、业务协同等系列化的全产业链配套服务。同时,动员国内大型金融机构、国际知名对冲基金,为基金小镇的入驻机构提供资本对接服务和渠道对接服务。

3. 挖掘人才空间

积极争取基金小镇成为省级金融改革试点,创建杭州市金融人才改革实验区,落实《上城区打造玉皇山南基金小镇扶持意见》等一系列的人才待遇、办公补贴、后勤支持优惠政策,运用政策的杠杆推动示范型、引领型的高端金融企业和高端人才在小镇聚集。

(1)政策环境保障。目前,基金小镇成为省、市、区三级互动和政策叠加的中心。目前,省、市政府均发布《关于加快特色小镇规划建设的实施意见》,市政府发布《关于加快我市私募金融服务业发展的实施意见》,上城区发布《关于打造玉皇山南基金小镇的若干政策意见》及杭州市发布《关于杭州市高层次人才、创新创业人才及团队引进培养工作的若干意见》、上城区发布《关于吸引海内外领军型人才来上城区创新创业"1211"计划的实施意见》等。截至2015年年底,基金小镇已有各类金融人才1050人,其中海外留学归国88人,占金融人才总量的8.38%,硕士及以上学历人才190人,占总人数的18.10%。

(2)人才环境优化。除了构建"金融生态圈",还得构建生活圈。这几年,上城区出台了一个又一个服务金融业从业人员生活的政策文件。在购房、租房、信息化应用、经营用房装修、人才引进等方面给予高额、细致的资助、补贴。通过建造人才公寓,引入超市、娱乐中心、特色餐饮、配套酒吧、茶楼、美容健身等生活娱乐设施,和多种旅游休闲设施,园区形成了完整的生活配套服务体系。

(3)打造人才交流平台。在2015年的西湖峰会召开期间,对冲基金人才协会总部也落地杭州。该协会是国内首个面向全国和海外对冲基金高级管理人才的专业协会,由浙江省金融办批准成立,其宗旨是打造对冲基金界的高端人才交流平台,提供帮助海内外对冲基金落户、融资、招聘等一系列促进行业发展的业务提供服务。目前对冲基金人才协会与不少具有影响力的国际协会进行合作,包括CFA(特许金融分析师)协会、AIMA(另类投资协会)和HFSB(对冲基金标准委员会)等。目前有王铁飞、王昌南、郭海晖等国际金融界顶尖人士带领的量化投资团队回国在小镇创办投资机构。

(4)成立基金小镇管理公司。精准开展招商、管理和运营,吸引了一大批浙商回归。上城区将要把基金小镇打造成为杭州市金融人才管理改革试验区,除了推出一系列新的人才政策,小镇还将积极探索与名院名校名企合作,鼓励企业与高校、科研机构合作,联合金融监管部门和金融机构打造金融人才培养基地,鼓励金融机构建立金融实习、实训基地。

（二）精细服务，围绕"精而优"实现平台升级

杭州市上城区结合玉皇山南基金小镇自身的特质，精细服务，打造生活服务平台、企业发展平台、展示交流平台，形成"产、城、人、文"四位一体有机结合的重要功能平台。

1. **完善生活服务平台**

建设基金小镇国际医疗中心，为小镇企业职工提供基本诊疗服务和国际医保结算；完善国际教育配套，加快推进国际化幼儿园建设；在悦善堂的基础上，完善餐饮配套建设；启动南星地区社区文体中心项目，为小镇企业职工提供文化体育休闲场所；继续推进复兴商务广场地下空间项目，丰富小镇复兴商圈周边停车选择。从多方面加强配套，努力打造一流的发展环境。

（1）完善基础配套设施。一是做好宽带提速提质。山南小镇范围内已可以实现宽带千兆到桌面。二是强化通信信号。在小镇二期增设移动信号塔，确保二期移动通信信号全覆盖。三是增设双路供电。针对小镇二期内重点企业，提供双路供电，确保用电平稳。目前已委托电力部门进行方案设计。

（2）完善国际化教育配套。玉皇山南基金小镇计划建设一所国际化幼儿园和一所国际化中小学。其中，幼儿园建设初步选址位于南星街道复兴单元，总用地面积8400平方米。目前，上城区教育局正积极引进合作品牌，计划建设成为一所高标准的国际化幼儿园。国际化中小学办学将在娃哈哈双语学校的基础上，创办山南基金小镇配套的国际学校，学校选址在姚江路5号（原清河中学）。

（3）推动基金小镇医疗机构配套。2015年6月17日下午，浙江大学医学院附属邵逸夫医院与上城区签订战略合作协议，"邵逸夫医院杭州玉皇山南基金小镇国际医疗中心"正式揭牌。医疗中心参照诊所标准，初定采用"会员制"和"一般诊疗制"相结合形式，为不同需求的员工提供医疗服务（含中医）。基金小镇国际医疗中心是邵逸夫医院本部的一个延伸，依托本部优质的医疗资源，提供一站式服务。小镇"居民"不仅可到小镇国际医疗中心就诊，还可以通过国际医疗中心的绿色通道直接去邵逸夫医院国际门诊部看病，每年可参加医疗中心全科医师订制的个性化体检、享受专业疾病评估和健康咨询服务等。并且，依托邵逸夫医院在省内最早开设国际门诊的经验与优势，为小镇的国际患者提供优质医疗服务，并作为20家国际保险机构的定点医疗单位为国际患者提供商保结算。

2. **优化企业发展平台**

打造企业发展平台，丰富基金小镇产业生态，重点完善金融生态体系，提升基金小镇核心竞争力。

（1）基金产业链平台。探索与彭博、wind资讯、浙江对冲基金人才协会等合作，打造信息交流平台。一是投融资信息交流平台。目前，小镇已经集聚了包括浙江赛伯乐、杭州联创、凯泰资本等在内的一流股权投资机构；吸引了省、市政府及部分民间产业母基金落户，吸引了浙商银行等为私募股权基金（PE）加杠杆、为企业融资服务的商业银行；也吸引了股权投资行业权威数据分析机构、中介机构清科集团入驻。与彭博、wind资讯等积极对接合作事宜，让信息和资本在小镇内循环流通，企业间形成良性互动。二是基金经理人之家（FMC）。与君澜酒店管理公司合作，在二期开发精品酒店管理，丰富小镇高端配套，同时探索与第三方公司合作，在酒店定期开展路演和互动交流活动，为高端金融人士提供互动平台。

（2）基金管理人培育平台。一是通过与高盛集团合作，利用其在华尔街的金融人脉资源，吸引华尔街金融人才归国发展。二是与浙江对冲基金人才协会进行战略合作，通过协会搭建与小镇、小镇企业之间人才输送桥梁。三是与浙江玉皇山南对冲基金投资管理有限公司合作，协助小镇的海内外招商及合作，尤其是引进来自美国、英国、新加坡等国家和香港地区高端金融团队和人才入驻发展，目前，已有4家海外对冲团队通过山南对冲入驻小镇发展。四是把握国内公募基金管理人"奔私"的契机，定向招引，帮助其团队创建公司落地小镇，或者加入小镇私募机构担任明星基金管理人。

（3）融资和主经纪商业务平台。作为功能性机构，银行和券商的引入为私募基金加快发展创造了有利条件。基金小镇与交通银行合作，成立了山南对冲基金支行，专门服务小镇内各类基金机构；中信证券与小镇签订战略合作协议进行深度合作，包括派驻专业团队服务小镇内私募基金公司、"千里马计划"整体落地小镇等，进一步夯实了基金小镇财富管理示范基地的基础。交通银行、中信证券充分发挥在融资和主经纪商业务的优势，在配资、发行通道、投研能力等多方面给予私募基金全方面多层级的服务，有效促进基金小镇私募基金产业集群效应。创建路演中心，完善配套，为小镇金融企业提供项目路演场所。

3. 升级展示交流平台

基金小镇除了为入驻基金公司发展提供良好的生活服务平台和企业发展平台，还站在更高的层面，积极优化小镇品质，丰富小镇内涵，提升小镇档次，从多个角度升级小镇交流平台。

（1）"金融＋旅游"的4A小镇创建。启动国家级4A景区创建工作，打造全国首个"金融＋旅游"的4A小镇。积极与沿江、沿山规划做好对接，探索环凤凰山、玉皇山、环西湖区域现有资源，积极做好整合。不足2平方千米的山南基金小镇，拥有八卦田遗址公园、江洋畈生态公园、海月水景公园和白塔公园四个公园景群，水系覆盖率70%以上,还有南宋官窑博物馆、将台山佛教文化公园、天龙寺造像、梵天寺经幢等七处文保单位。今后,小镇将这些旅游景点"串珠成链",推出赏花、休闲、体验等多种形式的旅游项目,吸引游客参与。

小镇正在细化一些旅游规划方案,陆续对交通沿线环境进行整治,统一设立外部交通标识,规范自驾游配套服务等。小镇内正在推进信息化工作,包括WiFi全覆盖,组建小镇基础数据库及旅游系统子数据库,建设景区安防等旅游信息化管理平台等。将通过一两年的时间,打造成全国首例金融与旅游资源结合的4A级景区,形成自然生态资源与现代人文有效结合的新一代旅游示范小镇。

(2) 基金小镇展示中心(小镇会客厅)。作为小镇对外交流展示的窗口,作为全省金融改革的平台、全省转型升级的窗口、"三改一拆"的样板,为进一步加大宣传力度,提升接待质量,当地政府着手建设基金小镇展示中心(小镇会客厅)。目前,基金小镇展示中心(小镇会客厅)已完成装修并投入使用,2015年12月正式开放使用。

(3) 浙江省金融博物馆项目。玉皇山南基金小镇管委会和浙江省金融办合作,推进浙江省金融博物馆项目。引进浙江省金融业发展促进会拟创办成立的"浙江金融博物馆",将收集汇总浙江最有代表性的金融历史文化和资料,梳理浙江金融发展的历史脉络。

(4) 全球对冲基金西湖峰会。"2015全球对冲基金西湖峰会"于2015年5月16日在杭州开幕。此次峰会汇聚了国内外一流私募证券及对冲基金管理人,百余位海内外对冲基金业界领袖参会。近年来,全球金融局势变幻莫测、中国资本市场风起云涌。如何用国际视野看待世界变化和中国机会? 如何在全球化背景下谋划中国资本市场和对冲基金的发展? 中国对冲基金如何面对未来的新机遇和新挑战? 如何打造中国对冲基金的产业链和配套环境? 全球对冲基金巨头共同解读了上述问题。美国白宫总统学者委员会专员兼复瑞渤交易投资公司副董事长庞晓东、美国金融分析师协会(CFA)全球CEO保罗·史密斯(Paul Smith)、景林资产管理有限公司董事长蒋锦志及美国桥水基金中国区总裁王沿,美国全国期货业协会(NFA)主席、HTG创始人克里斯托弗·K.海米尔(Christopher K. Hehmeyer),朴盛资本创始人、高盛集团前董事总经理王铁飞共6位国内外金融业界领袖先后发表主旨演讲,聚焦对冲基金业的发展历史及趋势、中国私募基金的发展及展望、金融危机后美国金融业的复苏历程及教训、格林尼治成为对冲基金之都的成因和结果等主题。在行业领军人物对话环节,英国华人金融家协会会长王昌南,PAG创始人、HFSB协会理事克里斯·格拉德尔(Chris Gradel),国信证券总裁陈鸿桥,永安期货总经理施建军,工银标准银行董事长毕明强等海内外行业知名人士,围绕如何促进私募对冲基金产业发展的主题开展了睿智、活跃的对话讨论。

峰会还发布了《浙江打造财富管理中心倡议书》，即《西湖宣言》。提出：在浙江，"大众创业、万众创新"不仅仅发生在科技领域，它还是打造财富管理和私募金融服务强省的集结号。浙江将在私募金融领域进一步集聚人才优势、集聚创新能力、集聚资本力量，助推实体经济和产业转型。在西湖的青山绿水间，承托起资本市场的中国梦。

（三）精确引导，围绕"活而新"强化制度供给

积极探索"政府＋新型运作主体"的发展机制，以政府为主体，强化制度供给，精确引导产业发展，搭建市场化运作平台，充分发挥专业化特长和产业链优势，促进玉皇山南基金小镇集聚发展。

1. 完善政府管理机构体制创新

完善小镇管委会相关管理规章制度，进一步做好建设体制改革，促进人、财、物等资源的优化配置和效益发挥最大化。

（1）优化领导机构职能。进一步完善区私募（对冲）基金小镇领导小组的工作职能，对基金小镇的政策优惠等进行研究、创新。政府扮演"服务者"角色，为机构入驻基金小镇提供良好的硬件环境、政策配套、服务配套。各级党委、政府及时研究解决项目推进中遇到的重大问题，以定期召开重点项目协调会、重点项目联席会等形式，研究解决项目推进中的各种问题。各项目责任单位定时上报一次项目推进情况。

（2）创新运作管理模式。运用"人才＋资本"双轮驱动模式和"雁阵式发展"模式，动员会员资源和产业链服务关系，整合社会化资源开展机构招引和配套服务工作，通过"产业链招商"和"生态圈建设"模式，开展专业化的园区发展和促进工作开展从机构动员、落户服务、天使投资，到资本中介、基金募集、产品营销、业务协同等系列化的全产业链配套服务；动员国内大型金融机构、国际知名对冲基金，为入驻机构提供资本对接服务和渠道对接服务。通过岗位竞聘调整，区内相关部门借调等形式，不断提升指挥部干部队伍专业服务、管理能力。规章制度建设护航，确保各项工作有章可循、有据可依。

（3）改革政府工作机制。进一步完善小镇管委会相关管理规章制度，优化工作职能，改进工作方式，提高办事效率。进一步做好建设体制改革，严格执行新的征收补偿工作实施机制。在基金小镇设立工商事务服务室，提供企业名称预先核准、企业登记注册、品牌培育、消费投诉处理等业务受理、咨询和指导。建立多方会商协调机制和定期数据分析机制，以区市场监管局为中间枢纽，连接省工商局、市市场监管局和基金小镇等有关方面，建立多方会商协调机制。加强对拆迁安置、物业管理等

矛盾纠纷易发多发领域问题的关注,进一步落实重大决策社会稳定风险评估工作。

2. 加快公共服务体制创新

正式启用玉皇山南基金小镇行政服务中心,大力推进"五证合一"快审快批,加速整合国税、地税、人力社保、市场监管等各部门资源,构建涵盖公共服务、工作、医疗、教育、休闲等功能的基金小镇。

(1)启动基金小镇行政服务中心建设。实行"一站式"服务,协助企业做好项目申报、资金扶持对接,银企对接。组织做好各类政策解读、宣讲。进一步提升智能化管理水平,积极打造多网融合的数据处理中心。该服务中心建成后,主要针对基金小镇及周边企业提供国税、地税、工商、人社等各类行政服务。

(2)开展"五证合一、一照一码"试点。2016年5月28日,玉皇山南基金小镇工商事务服务室正式进驻小镇,6月17日下午,第一本"五证合一"营业执照正式发放到企业手中。9月28日,首张"五证合一、一照一码"营业执照发放。新执照在"五证合一"的基础上,将以往代表五个部门的五个号码统一为一个"统一社会信用代码",实现了"一表申请、一网互联、信息共享、一照通用"功能,为小镇企业办事提供了诸多便利。

(3)开展股权变更登记工作。深化"店小二"式服务,结合股权投资类企业投资人分散、变更频繁、时效要求高等实际需求,我们进一步简化私募基金的核名、股东变更等手续,采取"本人签名传真存底,玉皇山南基金小镇管委会出具证明担保、股东本人延期补签"的方式,提升服务水平和效率。

3. 加快政府监管制度创新

(1)抓廉政建设。严把责任落实、任务分解、督查考核"三个环节",深化决策、职责、纪律"三项监督",切实加强领导干部廉政意识和拒腐防变自觉性,为全局工作顺利推进、"最美园区"有序发展提供纪律保障。积极做好廉政文化进园区工作,完成山南产业园马儿山组团廉政景观小品方案设计。为指挥部全体干部职工讲授《高举反腐倡廉大旗,建设清明美丽山南》等廉政党课,提高了全员廉政意识和拒腐防变的自觉性,为指挥部工作顺利推进、玉皇山南地区有序发展提供纪律保障。

(2)抓监督制度。建立健全政府类投资项目管理制度,实现招投标制、内控机制、项目审计、项目效能监察、项目代建制"五个全覆盖",切实加强对投资项目和建设资金的监管,规范政府投资行为,确保项目工程质量,提高投资效益,真正做到干部廉洁、资金安全、工程优质、群众满意,坚决杜绝"豆腐渣工程"和"腐败工程"。

(3)抓考核机制。浙江省特色小镇建设设立了非常严格的考核标准,主要考核高端要素集聚、投资情况、特色打造等八个方面。包括特色小镇的人才储备、特色产出的比例。比如,特色小镇在"国家千人计划""省千人计划"人才中的数量,国家级省级大师、非遗传承人数量,以及开展技术合作的高校、研究院等机构,引入的国家级高新技术企业等情况;投资方面,包括年度投资总额、特色产业投资、非国有投资占比。其他还包括投资情况、特色打造等。玉皇山南基金小镇管委会严格执行省委省政府关于特色小镇的考核办法,以及市委市政府有关重点项目考核与奖励的办法,对玉皇山南综合整治工程中的各类项目实行严格考核,切实做到有奖有罚、奖罚分明。

四、山南基金小镇创新效应

金融产业集聚是指一国的金融监管部门、金融中介机构、跨国金融企业、国内金融企业等具有总部功能的机构在地域上向特定区域集中,并与其他国际性(跨国)机构、跨国公司、国内大型企业总部之间存在密切往来联系的特殊产业空间结构。由于信息的不对称性质,金融部门需要接近于信息源。

Davis(1990)通过对金融服务业领域的调查发现,在大都市区域里,大、中、小型的金融服务产业都倾向形成集聚。通过专业的劳动力人才以及其他相关领域的企业协助,例如会计业、保险精算、法律咨询等,金融服务产业将更加接近市场,减少交易成本,通过彼此之间知识与经验的分享,开发出创新技术。随着金融服务的日益信息化,经济学家则更多的从信息流和"不对称信息"角度分析金融集聚效应。Porteous(1995,1999)、Martin(1999)、Thrift(1994)认为金融集聚可以获得"信息外在性",即金融机构的集结能使区内企业在信息量倍增中获益。Bossone等(2003)的研究表明,金融中介的参与,使得投资者与通过银行信贷而经营的企业家之间信息交流充分,从而提高了整个价值投资链的利润。对于支付手段复杂而且信息灵敏度高的股票和金融衍生品来说,投资者和券商地理位置的接近有利于掌握更加丰富的金融信息。Clark(2004)的研究也确认了金融系统地理接近性的重要性。Vernon(2001)认为,金融机构的聚集提供了近距离的交流与沟通的便利,吸引了那些以较快的互动速度为必要条件的行业。

国内对于金融产业集聚的研究着重分析其集聚效应。潘英丽(2003)认为,金融机构的集聚提高了市场流动性,降低了融资成本和投资风险,这种外部规模经济加速了金融中心的形成。连建辉、孙焕民等(2006)也指出金融企业集群使得金融机构具有区域金融创新优势、金融风险缓释优势以及生产经营效率优势等方面的竞争优势,能够为区域经济金融发展提供强劲的成长动力,由此成为现代金融活动的基本组织形式和栖息地。王步芳(2006)、滕春强(2006)等人也支持金融集聚促进经济增长的结论。刘红、叶耀明(2007)则从交易费用视角分析了金融产业集聚效应,认为金融集聚通过与当地服务业、制造业的互动委托拓展了金融业的市场广度；通过金融企业之间的竞争关系增加了金融产业的市场深度，对区域金融产业产生积极的集聚效应，促进了地区金融业的良性发展。徐新华、陈铭仁(2008)认为金融集聚通过外部规模经济、知识集聚和信息外溢、市场机制及区域文化影响的共同作用，各类金融机构在空间集聚，而其还通过与其他产业的互相促进，逐步形成金融产业集群。黄解宇、杨再斌(2006)提出金融集聚具有金融集聚效应、金融扩散效应、金融溢出效应，并说明金融集聚如何通过金融功能促进实体经济增长。刘军、黄解宇、曹利军(2007)对金融集聚效应通过外部规模经济效益、网络效益、创新效益、加速技术进步效益、自我强化机制效益影响经济增长；金融扩散效应通过"涓流效应"和"极化效应"促进经济增长。丁艺、李林等(2009)把金融集聚作为促进区域经济增长的作用途径，为促进区域经济与金融发展提供了理论上的支持。丁艺、李靖霞、李林(2010)发现金融集聚对经济增长存在明显的促进作用。学者们的研究，基本上可以证实区域间的金融资源流动性问题成为影响区域金融发展和经济增长的重要因素，金融资源的跨区域流动，容易形成金融集聚或者金融中心，这也在某种程度上促进了集聚地经济的发展。

玉皇山南基金小镇建设带来的创新效应，体现在几个方面(见图1-6)：一是创新要素集聚效应。通过基金小镇的建设，实现了金融生态环境的优化，从而推动了金融产业的要素集聚，吸引了大量优质的金融机构入驻基金小镇，并带来了高端金融人才和全球范围的资金的汇集。二是转型升级溢出效应。通过基金小镇的建设，实现了包括金融产业集聚的经济效应，尤其是对区域经济转型升级的引领作用，一方面推动了传统产业的转型发展，另一方面推动了新兴产业的进一步发展。三是创

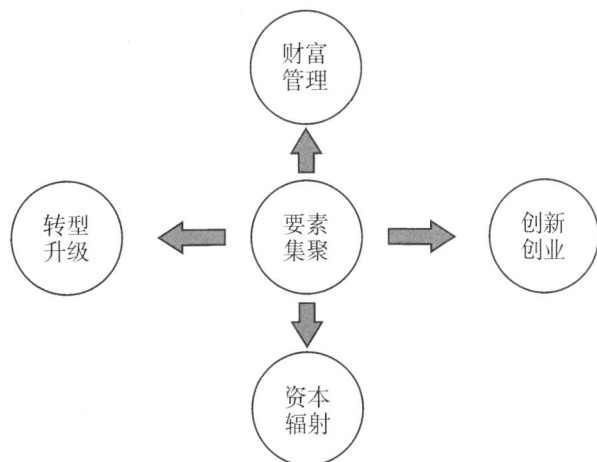

图1-6　基金小镇金融产业集聚的创新效应

新创业引领效应。通过基金小镇的建设,发挥股权投资基金的引领作用,优化了创业生态,推动创新创业的多元化融资渠道,让中小微企业的创新细胞活跃起来。四是财富管理增长效应。通过基金小镇的建设,大量的资金管理公司集聚于此,利用基金小镇优良的信息传导机制,引导社会资金有序流入实体经济,促进广大投资者共享财富增值服务。五是金融资本辐射效应。通过基金小镇的建设,起到示范作用,引领浙江、辐射华东,服务全国,真正成为资本高地、金融体制改革创新平台,服务"一带一路"战略。

（一）创新要素集聚效应

玉皇山南基金小镇通过建设产业链上下游的服务配套,引入产业链各环节的参与者,而成为一个资源整合平台和信息获取平台,使机构、企业、投资人三大主体能够获取便捷的服务的同时,带动其他支持性机构的发展,从而推动基金小镇在基金领域实现全产业链的覆盖,成为集生态居住、财富聚集于一身的综合性平台,构建具备多种业态和新型金融机构的多元化金融格局,为创新发展提供良好的要素集聚效应。从主要城市金融中心的经验看,发展私募（对冲）基金业,除了在增加税收方面的优势外,也会对与基金相关的其他衍生产业产生明显的带动作用,并将促进直接就业和间接就业的增长。这些行业可能包括:(1) 与私募（对冲）基金主要业务直接相关的金融部门。对冲基金产品的发行可以通过银行理财、专户理财、信托等不同渠道,对冲基金根据投资品种的区别需要通过证券公司或者期货公司完成交易,这增加了与其业务直接相关的金融部门的需求。(2) 一般性的金融专业服务部门。从全球主要城市金融中心区域发展可以看到,金融产业集聚会带动一批相关服务的专业化,包括账户清算、数据供应商、金融市场和金融产品的研究服务、IT外包、财务公司、第三方审计、合规审查、法律顾问等。这有助于中长期金融服务领域发展的专业化和独立性。(3) 与金融相关的其他衍生高端服务。金融企业的进驻虽然不会像一般传统企业带来明显的上下游生产型的产业链,但平行层面的交际网络容易衍生出更加丰富的高端专业化服务。(4) 与高端人才引进相关的生活服务。作为智力密集型产业,金融和其他高科技产业一样,行业需要吸引相对高端的人才进入,伴随的是相对高档的生活环境和服务设施。

在小镇建设初期,管委会就十分注重招引有知名度的私募金融机构,以龙头作用带动私募金融产业的快速集聚。随着浙江赛伯乐、敦和资管、杭州联创等纷纷入驻,湖畔山南资管、玉皇山南对冲基金资管、永安国富资管、财通资管、中信证券（浙江）等大型资管类公司成功落地,山南基金小镇企业总管理规模快速突破。除此以外,小镇还搭建各种投融资信息交流、项目对接和产业母基金引导平台,比如参照北京中关村"车库咖啡"模式打造升级版基金小镇车库咖啡;借鉴上海虹口的做法,设立相应的财政性扶持基金,借助社会力量筹建母基金,形成多方位、多层次的专项资金扶持体系。加强与省、市政府引导产业基金对接,吸引优质金融企业入驻玉皇山南基金小镇,形成资本集聚效应。

玉皇山南基金小镇的创建过程中,非常注重以企引企,推动全产业链打造,构建涵盖私募中介机构、辅助性产业、共生性产业、配套支持产业等相关产业的多层次生态圈,打造国内最完善和最高效的私募(对冲)基金产业链和生态系统,实现资本推动人才、土地、技术等要素集聚。一是通过与高盛集团合作,利用其在华尔街的金融人脉资源,吸引华尔街金融人才归国发展;二是与浙江对冲基金人才协会进行战略合作,通过协会搭建与小镇、小镇企业之间人才输送桥梁;三是与浙江玉皇山南对冲基金投资管理有限公司合作,协助小镇的海内外招商及合作,尤其是引进来自美国、英国、新加坡、中国香港等国家、地区高端金融团队和人才入驻发展,目前,已有4家海外对冲团队通过山南对冲入驻小镇发展;四是把握国内公募基金管理人"奔私"的契机,定向招引,帮助其团队创建公司落地小镇或加入小镇私募机构担任明星基金管理人。

目前,山南基金小镇已经吸引了索罗斯基金前经理戴霂昕,芝加哥著名衍生品交易对冲基金经理、芝加哥华人交易俱乐部副主席毛煜春,美国著名量化对冲基金 Citadel 基金经理、纽约证券分析师协会会员、特许金融分析师王锋等多名高端金融人才加盟。还有王铁飞、王昌南、郭海晖等国际金融界顶尖人士带领的量化投资团队回国在小镇创办投资机构。

赛伯乐是入驻基金小镇的第一家私募股权基金,其主导创建的杭州硅谷孵化器积极引进国际化优秀创投、天使投资基金、创业组织等回杭对接,引进国际化的创业投资理念及合作机构,其中组织包括 AME 杨致远基金、Formation 8、中经合基金、丰元创投基金、SV Tech Fund、加拿大溢斯得瑞基金、富士康基金、硅谷天使会、硅谷创业者联盟、硅谷高创会等各种机构来杭对接考察。赛伯乐创设了"1+2"的管理模式。"1"是指市高科技投资公司,由该公司作为硅谷孵化器的出资主体,并负责整体管理和运行。"2"是指海外团队和外派团队,采用赛伯乐海外专业团队、浙江赛伯乐公司和杭州外派团队相结合的管理模式。其中海外专业团队负责孵化器的日常运营管理、入孵人才项目的培育、顾问团队和合作伙伴的选择等工作;杭州外派团队主要负责与杭州风险投资、产业投资机构,以及区、县(市)的人才项目对接,参与日常管理运营并负责海外资产的运作安全。浙江赛伯乐公司负责孵化器日常管理,并对每个入孵项目以10%比例进行配套投资。

(二)转型升级溢出效应

玉皇山南基金小镇的发展不仅带来了可观的就业、税收等直接经济效益,还加强了资本与产业的对接,有效助力实体经济,加速推动众多中小企业成长转型,从而实现金融资本与实体经济互利共赢发展,有效推进了杭州市"一号工程"建设。基金小镇服务实体经济,推动产业转型升级,支持传统产业和新兴产业中的优秀企业发展。坚持产业智慧化和智慧产业化"两化驱动",做好"科技+金融"、"人才+资本"文章,推动私募金融与现代科技融合发展,实现跨界融合、协同发展。激发企业、高校、科研机构的创新活力,引导私募资本向高新技术企业、科技初创型企业投入,促进科技成果转化,增强内生发展新动力,打造转型升级新引擎,实现发展方式由资源依赖向创新驱动转变。

风险投资对于科技的创新、高新技术企业的扶持作用,已经被市场所认可。我国现在正在进行供给侧结构性改革,以适应经济发展新常态。供给侧结构性改革从企业角度出发,需要企业淘汰落后产能,进行转型升级,同时要考虑市场需求,提高供给质量。在改革过程中,会产生很多投资机会,风险投资将资金投入有发展前景的转型中的企业,帮助企业成功转型。同样市场需求的变化,也带来新的商机,形成新兴产业,这些产业的初步发展需要风险投资资本的支持,当企业做大做强时,风险投资退出获得盈利。

如最早入驻小镇的浙江赛伯乐投资管理有限公司,根据杭州市硅谷孵化器国际化、专业化以及重点加强与杭州对接的建设运营目标要求,采用赛伯乐海外专业团队、浙江赛伯乐公司和杭州外派团队相结合的模式。同时,市科委杭州市高科技投资有限公司委派子公司杭州高科技创业投资管理有限公司总经理赵弋常驻硅谷,负责硅谷优秀高科技项目、人才与杭州市对接,并充分利用海外母基金的资源引导更多硅谷创业企业来杭产业化发展,拓宽项目人才引进渠道。

再以凯泰资本为例。由于发展阶段与经济体制的原因,我国的房地产、钢铁、煤炭、低端制造等产业占据了社会大量的金融资源,中国经济结构调整核心是社会资本流向的调整,从而提高资金和资源的配置效率。在中国经济结构调整与转型升级的大背景下,社会资本将从出口型、资源消耗型的产业流向内需型、创新型的产业。正是在这样的背景下,凯泰资本重点关注消费和创新产业领域的投资。凯泰资本看好中国消费升级领域的投资机会,比如文化娱乐、医疗健康、休闲旅游等消费升级产业方向;也看好技术创新领域的投资机会,如:精准医学、生物技术、核聚变能源技术等技术创新方向。美国、中国等国家以及欧洲各国的生物技术逐步进入产业化的节点。全球许多顶尖实验室的生物技术,比如哈佛、MIT(麻省理工学院),清华、北大、浙大、中科院的生物技术逐步进入产业转化阶段。此外,中国已经进入工业化的中后期,在工业化的进程中产生了严峻的老龄化与健康问题。因此,在技术逐步成熟、健康需求驱动的产业化背景下,我们选择生物医疗作为我们未来天使和VC阶段核心的投资方向之一,包括生物技术和医疗健康。

还有好望角投资公司,其投资理念可以概括为:"聚焦裂变复式协作整合汽车数据服务行业",即以营销传媒业务为基础构建开放性的汽车数据平台、聚焦突破新车交易平台、重点布局汽车金融和汽车后市场服务平台,三大平台复式协作整合,不断裂变创造新的价值。其特点是走专业化道路,用互联网大数据来改造提升汽车全产业链,目标是打造汽车数据公司。好望角投资以行业聚焦为根本,自2010年起专注于数字营销领域的股权投资,2015年后对团队和投资方向进行整合升级,聚焦于汽车服务领域,致力于以数据为核心以复式协作为整合战略重塑汽车服务业。

再看安丰创投公司,其投资的一家供应链管理公司"川山甲"登陆新三板。安丰创投公司董事长阮志毅介绍,安丰先后为"川山甲"注资7500万元,并进行了转型引导。"川山甲"转型后,采用先进的物联网技术,为500多家制造商打理工业品辅料,西门子、通用电气、吉利汽车等企业都是其签约客户,如果这套物联网系统在全国应用,每年可以为制造业节约近1万亿元。

（三）创新创业引领效应

创新创业是指基于技术创新、产品创新、品牌创新、服务创新、商业模式创新、管理创新、组织创新、市场创新、渠道创新等方面的某一点或几点创新而进行的创业活动。创新创业是基于创新基础上的创业活动,既不同于单纯的创新,也不同于单纯的创业。创新强调的是开拓性与原创性,而创业强调的是通过实际行动获取利益的行为。因此,在创新创业这一概念中,创新是创业的基础和前提,创业是创新的体现和延伸。

玉皇山南基金小镇不承担孵化功能,因为相对而言,园区需要配套给创业型企业的服务更多,但是对政府而言创业型企业的税收收益却相对较低。出于商业化运作考虑,园区更愿意将有限的场地给优质的股权投资公司,以使"平效"最大化。但为了更好地服务园区内的投资公司,基金小镇会和其他孵化园区联合举办各领域的项目路演推介会,并邀请园区内的企业参与。许多投资公司通过这些活动对接到了较为优质的创业项目,并且投资公司之间也会协同合作,一起参与创业项目的投资。基金小镇进一步发挥"车库咖啡"等创新创业载体作用,提升管理服务内涵,优化创新创业环境,让想创业、能创新的人都有机会、可作为。设立政府主导型创业投资基金,鼓励和引导小镇基金投资本土创业项目,进一步拓展推动创新创业的多元化融资渠道,让中小微企业的创新细胞活跃起来,用私募金融的集聚效应,换取大众创业、万众创新的乘数效应,撑起经济发展新未来。

如浙江赛伯乐公司帮助成立的杭州硅谷孵化器作为杭州海外高层次人才创新创业大赛、江干钱塘之星创新创业大赛等杭州各类人才活动的重要支持单位,积极帮助推荐海外优秀项目、参与项目评审。2015年杭州市首次举办"创客天下·杭州海外高层次人才创新创业大赛",在硅谷孵化器的协助下,共有300多个海外项目报名参赛,最终8个项目入围总决赛,其中冠军项目当场得到风投公司近1个亿的资金。

和阿里巴巴有着颇深渊源的湖畔山南资本,也引领着"互联网+"以及相关领域的创新创业。湖畔山南秉承着与逐梦者一起成长的理念,在风险投资领域不断前行。其创始人谢世煌为阿里巴巴"十八罗汉"之一,团队成员皆出身阿里巴巴投资部,拥有精英团队的湖畔山南资本专注于互联网相关产业的创业投资,第一期资金规模5亿元人民币,从创立之初到现在,已投资30余家企业,其中4家公司已登陆新三板市场。除了投资资本,湖畔山南资本力图更多地为创业企业输入创业经验、管理理念等,为创业企业的成长提供全方位的支持,帮助创业企业跨过一道道创业发展中遇到的障碍,提高创业的成功率。

还有红榕资本,它是一家以创业投资为主要经营业务的公司,虽然公司规模并不是很大,成立的时间也比较短,但公司一直秉承技术优先、宁缺毋滥的原则,在公司不断发展壮大的过程中,也帮助很多中小企业实现了飞跃式发展,不仅解决了财务上的困难,同时还让这些企业获得了全方面的智力支持。红榕资本公司各股东拥有矿业、医药行业、文化传媒行业、酒店旅游行业、餐饮业、高端制造业等行业的创业发展经验,并均在各自行业取得骄人业绩。自红榕资本成立以来,公司先后投资了多家企业,分涉高新技术产业、服务业、环保业和医药生物行业。

(四)财富管理增长效应

金融服务业已发展成为杭州支柱产业之一,金融机构数量占浙江省近六成,金融业总量与发展质量位于全国各城市前列。在浙江金融业的发展规划中,定位是"中小企业金融服务中心"和"民间财富管理中心"。杭州市"十二五"金融业发展规划已确定了建设"中小金融机构总部集聚区、资产(财富)管理投资机构集聚区"的目标。

财富管理同时面向企业和个人,一方面在传统产业回报率下降时,为传统企业提供向高技术产业、战略性新兴产业转型的通道,是促使金融资源流与实体经济对接的重要环节;另一方面在民间资本雄厚的长三角地区,财富管理则有助于为高净值人群财富增值提供更多选择,为民间资本投向实体经济提供重要渠道。杭州明确打造财富管理中心的政策目标,有利于吸引更多综合性金融机构、财富管理机构进驻杭州,加速资金流、人才流、信息流的汇集,放大杭州金融产业发展的"洼地效应"。伴随更多金融机构与人才的集聚,也有望对城市消费形成拉动。更重要的是,财富管理机构的集聚有利于进一步盘活杭州乃至浙江的资本存量,聚沙成塔,为实体经济转型升级提供更有力的资本支持。

在玉皇山南基金小镇,大量私募基金公司的入驻带动了财富管理机构的集聚。永安期货、财通证券等纷纷在小镇成立资管机构,交通银行成立山南对冲基金支行专门服务小镇企业,浙商银行、中信证券等银行、券商的入驻也进一步夯实了小镇财富管理示范基地的基础。玉皇山南基金小镇预计在未来5年,集约化引进和培育100家以上、辐射带动周边300家以上各类私募(对冲)基金、私募证券期货基金、量化投资基金及相关财富管理中介机构,管理资产余额超过5000亿元人民币。在未来5~10年,推动杭州市私募(对冲)基金机构数和管理资产额在全国省会城市占据榜首,推动浙江省私募基金机构数和管理资产额在全国省域经济居于前列,打造成与上海协同错位发展、民间资本活跃的财富管理高地。

（五）金融资本辐射效应

玉皇山南基金小镇在创建过程中,真正做到了引领浙江,辐射华东,服务全国,成为资本高地、金融体制改革创新平台。招商银行和贝恩资本联合发布的《2015中国私人财富报告》显示,全国可投资资产在1000万元以上的高净值人群超过100万人,其中上海、江苏和浙江都超过了10万人。浙江省民间资本存量达到1万亿元,是全国性的"资金洼地"和"资本高地"。当前,浙江已经成为全国金融改革最活跃的地区,浙江提出要把金融产业打造为七大万亿级现代产业之一,持续做强主力金融,发挥主力支撑作用,打造"资金洼地"、"资本高地"。浙江银行业存贷比的平均水平高于全国。大量资金涌入浙江,又随着浙商足迹向外投资,进入实体经济,一进一出,形成完整的循环体系。

杭州作为浙江省的省会城市和经济中心,高净值人群和企业总部的聚集度在长三角仅次于上海,是我国资本聚集度最高的城市之一。2015年杭州市在中国证券基金业协会备案的私募基金管理人达到104家,注册资本(认缴资本)60.09亿元,分别占全省的55%和82.4%。备案私募基金42支,占全省的68.9%。在杭州还有许多阳光私募,有众多没有注册登记的私募团队。未来,杭州将成为长三角南翼最重要的区域金融中心,成为在全国有影响力的中小金融机构总部集聚区、财富管理机构集聚区和金融服务外包等公共服务基地。杭州私募基金集聚度和活跃度仅次于北京、上海和深圳,居于国内主要城市第四位。有关部门预计,10年后我国私募基金规模将达到7.8万亿,比目前增长25倍,而杭州市私募基金行业未来10年有望争取到全国30%的份额。

以玉皇山南基金小镇为典型代表的杭州正在成为金融机构竞相进驻的资本热土和金融高地,必将在金融资源的配置中起到越来越重要的作用,不仅仅是满足本地区的资金需求,也会在未来发挥资本的辐射作用。玉皇山南基金小镇创建时间虽然不长,但是产生的辐射效应却非常大,对产业资本和金融资本进行高效配置,为实体经济的腾飞装上了"加速器"。山南基金小镇运用金融资本的杠杆,撬动实体经济转型发展。目前,小镇"造血"实体经济的资金已经有800多亿元,受益企业600多家,涉及医药健康、节能环保、消费升级、先进制造等产业,帮助60多家企业实现上市。

五、国内外基金小镇比较研究

基金小镇,就是将多家基金公司聚集在一起,形成一个当地的金融资源聚集地。这一模式主要效仿国外,比如美国著名的格林尼治对冲基金小镇等。我国目前已经有多个基金小镇正在创建,其中杭州市玉皇山南基金小镇、嘉兴市南湖基金小镇等发展较为迅速,并且成效也比较显著。国内的基金小镇在创建过程中,也呈现出与国外基金小镇较为相似的特点。

(一) 国外基金小镇发展现状

从全球范围来看,私募(对冲)基金的地理分布具有靠近金融中心并相对集聚的倾向,其中最有代表性的是美国格林尼治对冲基金小镇(见图1–7)及康州对冲基金走廊。康涅狄格州的对冲基金数量占美国的8%,管理的资产规模占美国的11%,是美国第三大对冲基金基地。美国排名前200的对冲基金中,有18家在康州,其中有10家在格林尼治。格林尼治小镇占到康州顶级对冲基金数量的55%,且这10家公司的资产管理总规模约达1700亿美元。小镇的基金所管理的资产达到3500亿美元,被称为对冲基金大本营。格林尼治仅是一个人口只有6.2万的小镇,人口数量仅为纽约的1/100。但美国排名前200的对冲基金公司总部数量为纽约的1/10,资产管理规模为后者的1/9。也就是说,格林尼治对冲基金的机构数量和资产管理规模密度均远高于全球金融中心的纽约,这也是格林尼治以"对冲基金小镇"在全球金融市场闻名的原因。

图1-7　曼哈顿和格林尼治的交通距离

除格林尼治外,韦斯特波特(Westport)、斯坦福德(Stamford)和南诺沃克(South Norwalk)也是对冲基金较为集中的地方,如全球最大对冲基金桥水公司(Bridgewater)和对冲基金巨头之一的SAC就分别位于韦斯特波特和斯坦福德。沙丘路(Sand Hill Road)是硅谷乃至全美最显赫的一条道路,聚集了美国最重要的风险投资机构,这条道路于美国新兴市场的意义如同华尔街之于证券市场。它是加州的门洛帕克(Menlo Park)小镇上的一条路,位于斯坦福大学西侧。从30年前开始,这里逐步成为风险投资机构设立办公室的首选之地,如今汇聚了美国60%的风险投资机构,形成良好的积聚效应,也由此成为硅谷的发展引擎。几乎每个顶级的硅谷公司都在创业初期接受过来自沙丘路的风投资金,比如苹果、微软、亚马逊等。它只有两三千米长,却有十几家大型风险投资公司。在纳斯达克上市的科技公司至少有一半是由这条街上的风险投资公司投资的。其中最著名的包括红杉资本(Sequoia Capital,在中国称作红杉风投)、KPCB(Kleiner, Perkins, Caufield & Byers)、NEA(New Enterprise Associates)、Mayfield等等。红杉风投是迄今为止最大、最成功的风险投资公司,它投资成功的公司占整个纳斯达克上市公司市值的十分之一以上,包括苹果公司、Google公司、思科公司、甲骨文公司、Yahoo公司、网景公司和YouTube等。

从格林尼治和沙丘路的发展路径可以看出,基金小镇要实现金融机构的集聚发展,除了优美的自然环境和居住环境以外,还需要有一定的要素禀赋,才能够为基金小镇的发展壮大提供有利条件,归结起来主要有三点。

第一,地理位置很便利。以格林尼治和沙丘路为例,格林尼治是美国康涅狄格州西南部的一个城镇,位于长岛海峡上。在纽约州边境附近,被作为纽约市的住宅卫星城镇,距离纽约的曼哈顿仅45千米,行车40分钟,其区位因素是其吸引众多基金及金融服务人才集聚的独特优势。沙丘路的地理位置也是非常好,地处硅谷,紧邻斯坦福大学。沙丘路在硅谷之所以成为今天的沙丘路,除了交通方便靠近Ⅰ-280高速公路、周围居住环境好之外,紧邻斯坦福大学当然应算最重要的原因。

第二,周边经济很发达。格林尼治附近的纽约市,是世界的经济中心,也是世界三大金融中心之一。纽约证券交易所拥有全球最大上市公司总市值,全球市值为15万亿美元。有超过2800家公司在此上市。根据美国联邦政府的报告,截至2013年年底,纽约市的所有财产总值为879万亿美元。在世界500强企业中,有73家企业位于纽约。沙丘路所在的旧金山湾区,是美国西部最大的金融中心和重要的高新技术研发与制造基地,它是美国最富裕的地区之一以及第三大的美国大都市地区。硅谷的GDP占美国总GDP的5%,而人口不到全国的1%,人均GDP全美第一。美国薪资最高的15个企业中,9个在湾区。2015年5月9日《金融时报》公布的"北美未来城市(2015—2016)"排名显示,纽约市则连续三年排名第一,旧金山市高居第二,旧金山湾区的桑尼维尔市则排名第五。可以看出,格林尼治和沙丘路所处的区域经济发展水平非常高。

第三,区域创新能力强。格林尼治所在的周边区域,创新能力非常强,纽约州有13个产业集群,主要包括计算机硬件与电子、工业机器与系统、交通设备、生物医药、材料加工、光学与成像、软件、食品加工、金融服务、通信与传媒、金融与保险服务业等。纽约州光电子制造业就业数在全美排名第1位,国防电子制造业排名第2位,高技术制造业排名第3位。纽约州有82个技术孵化器,包含企业600家,雇用员工4000多人,其中纽约市就有14个孵化器。沙丘路所在的硅谷在高科技方面更是拥有强劲的发展势头,是计算机技术的核心基地,拥有电子工业公司达1万家以上,所生产的半导体集成电路和电子计算机约占全美1/3和1/6。硅谷也是美国高科技人才的集中地,更是美国信息产业人才的集中地。在硅谷,集结着美国各地和世界各国的科技人员达100万以上,美国科学院院士在硅谷任职的就有近千人,获诺贝尔奖的科学家就达30多人。

(二)国内基金小镇发展比较

国内基金小镇大都兴起于近几年,普遍发展时间不长,但发展速度较快。目前在国内,北京、天津、浙江、新疆、福建等地都在打造自己的PE集聚中心。位于杭州的山南基金小镇、北京房山基金小镇、嘉兴南湖基金小镇、成都天府国际基金小镇、鄞州四明金融小镇、慈城基金小镇等等,都已有相当数量的基金公司入驻。相对来说,当前发展较有代表性的主要是杭州玉皇山南基金小镇、嘉兴南湖基金小镇和北京房山区的基金小镇(见表1-1)。

表1-1　国内知名基金小镇基本情况(截至2015年12月底)

小镇名称	正式成立时间	入驻企业/家	资产管理规模/亿元	税收/亿元
嘉兴南湖基金小镇	2014.7	1282	1500	3.20
杭州玉皇山南基金小镇	2015.5	402	2000	4
北京房山基金小镇	2015.7	77	1500	——

1. 嘉兴南湖基金小镇

位于浙江省嘉兴市的南湖基金小镇是国内首家基金小镇。2010年12月,在省委、省政府的关心支持和省级相关部门的帮助指导下,南湖区积极申报并获批成为全省首批七个金融创新示范区试点单位之一。在成功申报省级金融创新示范区后,区委、区政府决定将要素需求较少、产出效应明显的股权投资业作为推进金融创新示范区建设的主导产业,并提出打造实体基金集聚地——"基金小镇"。南湖基金小镇总规划面积2.04平方千米,位于嘉兴市东南区域核心地块,即长水路以南、三环南路以北、三环东路以西、庆丰路以东地块,距嘉兴高铁站、沪杭高速公路出口均约2千米,区位优势明显。经过近几年的发展和培育,南湖基金小镇在吸引投资产业集聚、服务区域实体经济发展等方面取得了一定的成效。

一是基金小镇股权投资产业进一步集聚。截至2015年年底,已累计引进投资类企业1282户。其中投资类管理公司210户,注册资金39.39亿元;投资类合伙企业1072户,认缴资金1500亿元,实缴资金600亿元。信业基金、华夏幸福、方兴地产、中兴创投、北京喜神、稳盛投资等国内知名机构新设基金加速向南湖区集聚设立。

二是基金小镇经济效益进一步体现。南湖基金小镇税收效益逐步释放,2015年实现税收3.2亿元,同比增长113%,3年年均税收增长超300%,实现了从百万到千万再到亿元的跨越。基金小镇引进的基金投资项目共计33个,投资金额129.31亿元。其中,投资嘉兴项目17个,投资金额80.45亿元,为区域金融创新和转型升级提供了推动力。

三是基金小镇金品牌进一步打响。借助微博、官方微信、专题报道、集中采风、基金招商网、高层次峰会等形式开展多角度宣传,南湖基金小镇在业内取得了一定的品牌效应和较高的知名度,信业、鼎信、方兴地产等国内知名机构新设基金加速向南湖区集聚设立。同时,基金小镇建设得到省市领导的高度重视,《南湖区打造"基金小镇"的做法和启示》等多篇信息获李强省长、朱从玖副省长和嘉兴市委书记鲁俊等省市领导批示。

2. 北京房山基金小镇

京西房山区的长沟镇,一个新型的产业生态圈——北京基金小镇初现雏形。房山区政府将小镇定位并建设成国内最大的以生态环保、智慧科技、宜居宜业、业城融合为主题的基金产业生态圈。2016年,北京基金小镇将吸引创业投资基金、股权投资基金、证券投资基金、对冲基金等各类基金及相关金融机构入驻,以形成基金产业集聚区。随之,小镇将整合产业链上下游资源,支持资产管理计划等家庭财富管理产品及其他财富管理产品的良性发展。据了解,截至2016年2月底,已经引进文资光大、国开城市发展基金、柒壹资本、追远财富等77家企业入驻,资产管理规模超过1500亿元。小镇还将培育孵化成熟的基金管理人和资产管理公司,并与北京大学、中央财经大学、沃顿商学院等合作成立研究院及基金研究中心和培训中心,以此完善小镇的功能平台,助力北京基金小镇建设。北京基金小镇力争到2020年,引进、培育具有较大规模的基金机构超过500家,管理的资产总规模超过1万亿元。优质高效的服务平台、生态绿色的自然环境、配套齐全的基础设施、毗邻国家高速的便利交通,这些来自北京基金小镇为入驻企业提供的服务项目,融合成为小镇建设产业生态圈的另一个撒手锏。北京基金小镇的一期建筑面积32万平方米竣工并投入使用,包括办公基地、住宅及相关生活配套等。另外,总建筑面积2.78万平方米的北京基金小镇国际会议中心已在2015年投入使用。

3. 鄞州四明金融小镇

鄞州四明金融小镇位于浙江省宁波市。小镇引进量化投资、私募基金、财富管理等金融产业,定位打造为国内一流的财富管理集聚区、长三角创新金融中心。该小镇已与华旗盛世、中钰资本签订战略合作协议,在鄞州区成立总规模超过100亿元的基金项目。依托小镇内的鄞州公园、博物馆、商业广场等诸多社区资源,小镇管理部门还计划让小镇成为金融精英休闲聚会、高端沙龙以及开展财富教育、体验旅游的优先选择,打造成为金融精英的社交聚会区。在优惠扶持政策方面,四明金融小镇出台了一系列从产业政策和人才政策两大方面加以细化,在落户开办、场地供给、贡献奖励、人才引进等方面予以扶持。

4. 金柯桥基金小镇

金柯桥基金小镇坐落在浙江省绍兴市。继与天堂硅谷成立产业转型升级基金后,绍兴柯桥区又有"双百产业"、"文创产业"等多只政府产业基金陆续诞生。经过各方近半年的努力,"金柯桥基金小镇"基金集聚发展已初具规模,除政府产业基金落地外,另有30余家金融私募机构已签约落户柯桥。金柯桥基金小镇的发展目标是通过集聚一批有资质、有品牌的私募金融机构,力争到2018年年底引进、培育私募金融机构100家以上。同时,借助产业基金的市场化运作,充分发挥市场在资源配置中的决定性作用,增强对产业转型升级的支持力度,促进柯桥区经济社会持续健康发展。

5. 慈城基金小镇

慈城基金小镇位于浙江省宁波市。慈城镇近年来不断强化优质服务理念,为投资商提供全程服务,及时跟踪和帮助企业协调解决经营中遇到的困难和问题,千万百计为投资者创造"放心、舒心、安心"的投资环境,使项目能够引得进、留得住、发展好。慈城基金小镇已集聚了100余家股权类企业,管理上市公司及新三板挂牌市值近200亿,贡献税收超7亿元。

6. 梅山海洋金融小镇

梅山海洋金融小镇坐落在浙江省宁波市。该小镇将围绕多层次的海洋金融支持体系,重点发展航运基金、航运保险、船舶租赁以及航运价格衍生品等航运金融业务,发起设立海洋主题产业基金、海洋专业银行,集聚引进涉海私募股权、创投、并购重组等新兴海洋特色金融业态。根据规划,梅山海洋金融小镇项目核心区占地约1平方公里,三年内计划总投资约50亿元。主要包括海洋金融创新基地、海洋金融高端会务区、滨海金融创意展示区、海洋金融研发培训实验区、类金融机构高端私享互动区、金融信息服务公共平台区。

(三) 国内基金小镇的共同特点

1. 区域人文地理优势明显

玉皇山南基金小镇自然不必赘述。再看国内其他在建基金小镇,都具备良好的区域人文地理优势。北京基金小镇,落地于"首都的后花园"房山区。房山地处北京西南部,是距离北京城区最近的郊区,有着优越的地理位置、绝佳的自然环境和便捷的交通路网。这里不仅是历史悠久的人类文明发祥地,以龙的故乡而饮誉华夏,而且以其优越的地理位置、绝佳的自然环境和便捷的交通路网,被称为首都的后花园。从这里出发抵达金融街,车程不超过1个小时。

再以嘉兴南湖基金小镇为例,它借鉴的是美国沙丘路建设模式。沙丘路位于美国加州的门洛帕克,长度2~3千米,连接美国的州际公路I－280和阿尔卡米诺路(El Camino Real),是通向斯坦福大学和硅谷的重要路径。1972年,第一家风投机构在沙丘路落户,风险资本极大促进了硅谷的成长。1980年,苹果公司成功上市,吸引了更多风险资本来到硅谷,沙丘路逐渐成为风险资本的代名词。嘉兴的地理环境和沙山路非常相似,地处中国最具经济活力的长江三角洲都市圈的中心位置,东接上海,北邻苏州,西连杭州,南濒杭州湾。距离中国的国际金融中心上海只有半个小时的高铁车程,南湖区完全借鉴沙丘路的模式,目标是做一个中国版的基金小镇。

2. 区域经济发展水平较高

以北京基金小镇、杭州玉皇山南基金小镇和嘉兴南湖基金小镇为例,可以明显看出,基金所在区域的经济水平较发达,处于经济较有活力的地方,为基金小镇的发展提供了良好的经济基础(见表1—2)。

表1—2 基金小镇所在城市经济发展水平比较(2015年)

小镇名称	所在城市	所在城市GDP/亿元	所在城市GDP全国排名	人均GDP/万元	城镇居民人均可支配收入/元
房山基金小镇	北京	22968.6	2	10.58	52859
杭州玉皇山南基金小镇	杭州	10053.6	10	11.31	48316
南湖基金小镇	嘉兴	3517.1	48	7.81	45499

北京市2015年实现地区生产总值近22968.6亿元,按可比价格计算,同比增长6.9%,增速比上年回落0.4个百分点,北京全市人均GDP为10.58万元,按常住地分,城镇居民人均可支配收入52859元,农村居民人均可支配收入20569元。

杭州市2015年全年实现地区生产总值10053.6亿元,正式成为全国"万亿元俱乐部"成员。全市人均GDP为11.31万元。根据世界银行划分贫富程度标准,杭州市已达到"富裕国家"的水平,步入发展新阶段。2015年城镇常住居民人均可支配收入为48316元,同比增长8.3%(扣除物价上涨因素实际增长6.4%),农村常住居民人均可支配收入为25719元,同比增长9.2%。

嘉兴市2015年全年实现地区生产总值3517.1亿元,比上年增长7.0%。全年人均生产总值7.81万元。城镇常住居民人均可支配收入45499元,农村常住居民人均可支配收入26838元,均高于全省平均水平,分别排全省第4位和第1位。可以看出,尽管嘉兴GDP总量仅在全国排在第48位,但是区域经济发展水平较高,农村常住居民的人均可支配收入排在全省第1位,显示出深厚的经济发展底蕴。再加上嘉兴距离上海、杭州、南京等东部沿海区域中心城市非常近,更是提供了很好的经济集聚优势。

3. 区域金融生态环境良好

金融生态是指金融业生存和发展的外部环境及其对外部环境冲击的自我调控的制度安排。从广义上讲,金融生态环境包括政治环境、经济环境、法律环境、人文环境等方面。从狭义上讲,微观层面的金融生态环境包括法律、社会诚信体系、会计与审计准则、中介服务体系、企业改革、银企关系及金融企业的制度安排和服务水平等方面,各因素相互联系、相互依赖、相互作用,形成金融生态环境的有机整体。对基金小镇的建设来说,良好的区域金融生态环境既是金融产业集聚的主要动力,也是小镇可持续发展的重要保障。杭州市的区域金融环境在前面已经较为详细地进行了分析。北京市作为GDP总量仅次于上海的城市,有大量的金融机构的总部在这里入驻。到目前为止,北京是全国金融总部拥有最多的城市。与北京、杭州相比,其他基金小镇也基本上都具备较好的区域金融生态环境(见表1-3)。

表1-3　基金小镇所在城市的区域金融发展水平比较(2015年)

城市	金融业增加值/亿元	金融机构存款余额/亿元	金融机构贷款余额/亿元	上市公司数量/家
北京	3926.30	128573	58559.4	265
杭州	978.03	29863.83	23327.95	118
嘉兴	243	5957	4919.82	40

南湖基金小镇所在的嘉兴市金融生态环境总体良好,2015年年末,全市银行业纳入授信总额联合管理贷款余额1461亿元,占全部企业贷款余额的39.5%;由联合授信方式转型为银团贷款13个,累计新签银团数量列全省前三;共切断复杂担保链2600余条,涉及担保金额逾200亿元。全年累计处置不良贷款53.67亿元,年末不良贷款余额60.12亿元,不良贷款率1.22%,低于全省平均1.15个百分点,资产质量连续排名全省第一。实现了企业银行融资利率负担、银行信贷资产不良率、企业资产负债率三个"全省最低"。2015年,嘉兴在全省率先成立两家专属命名的科技支行,并通过科技信贷风险补偿基金,将财政资金引入科技支行,鼓励银行按风险补偿基金的10倍进行授信。到2015年年底,全市首批1200万元的科技企业投贷联动产品成功落地,市本级117家科技型企业拿到银行贷款7.12亿元,全市科技金融信贷余额达420亿元。同时,嘉兴市的金融支撑作用好于全省,直接融资规模也在持续扩大,金融服务质量有所改善。

4. 地方政府引导力度较大

各个基金小镇的创建过程中,地方政府的引导力度较大,在政策的研究制定、政策的奖励力度及兑现可行性、注册的便捷程度,以及各类相关资源的提供和支持等方面都给予了较高程度的保障,为投资类企业的相关行政审批设立绿色通道,完成注册手续的简便化。

随着各地政府吸引PE落户的竞争趋于激烈,越来越多的PE发现,这种竞争正迅速演变为各地PE落户税收优惠幅度的比拼,甚至某些PE基金瞄准地方政府对招商引资的热情,耍起了融资套利的把戏。全国范围内,地方政府出台了优厚的补贴和优惠政策,吸引金融服务租户入驻。比如,在北京的房山基金小镇,如果公司打算购买写字楼或公寓,政府将提供每平方米办公楼补贴2000元,最高补贴100万元的优惠。比如,杭州市的上城区政府专门成立了区私募(对冲)基金小镇领导小组,对基金小镇的政策优惠等进行研究、创新;活用现有政策资源,制定并实施了较为科学的扶持机制,实现了省市区三个层次扶持政策的叠加。目前,玉皇山南基金小镇的扶持政策涵盖了企业所得税、落户奖励、购房补贴等诸多方面。

再看嘉兴南湖基金小镇,非常注重服务环境、信用环境和诚信政府等投资软环境的打造,为符合入驻要求的企业给予政策鼓励,并遵守承诺,按时兑现政策。招商服务人员提供全程、全面和高效便捷的服务。针对合伙企业注册登记的特殊性,招商人员主动协调工商、税务等部门,开辟基金注册登记的"绿色通道",专人为企业提供"一站式"全程服务。(1)政策兑现服务。为符合入驻要求的企业给予政策鼓励,并遵守我们的承诺,按时兑现政策,基金小镇服务人员全程协助完成兑现政策奖励的申请。(2)基金注册服务。嘉兴南湖基金小镇为投资类企业的相关行政审批设立了绿色通道,完成注册手续仅需3个工作日(特殊情况可以更快办理),企业注册可以全程委托"基金小镇"服务人员制作资料及办理,免费提供注册地址,无须提供身份证原件,无须到场面签。(3)基金变更服务。嘉兴南湖基金小镇考虑到私募基金的特性,需要多次变更合伙企业信息,对于变更也开通了相应的绿色通道,整个流程只需要3个工作日(特殊情况可以更快办理),企业变更可以全程委托"基金小镇"服务人员制作资料及办理,无须提供身份证原件,无需面签。(4)基金迁入服务。嘉兴南湖基金小镇为原本在外地注册的企业,整理了迁入流程,开通了整个企业迁入的绿色通道,在收到档案资料后仅需3个工作日即可完成工商迁入程序(特殊情况可以更快办理),企业迁入后可协助企业领取变更后的档案。(5)基金清算服务。嘉兴南湖基金小镇考虑到私募的项目结束清算过程,专门为企业定制化整理清算流程。整个清算过程均由"基金小镇"服务人员与工商、税务沟通并整理相关资料。

六、总结和展望

杭州市以玉皇山南基金小镇为核心打造高端产业生态圈,通过讲好"金融文化故事",培育产业生态环境,创建产业发展平台,取得了较好的政策效果,为特色小镇建设提供可资借鉴的经验,有三个方面值得进一步思考:(1)如何有效界定政府与市场的合理边界,推动资源配置的最优化。金融体制的改革创新,需要政府尊重市场规律,界定政府与市场的边界,在金融产业生态的完善和金融资源的有效配置中才能实现帕累托最优。玉皇山南基金小镇的建设正是立足于地方政府的工匠精神,精准作为,政府着力优化空间布局、提供完善服务、优化产业生态,并充分发挥市场对资源的主导作用,以企引企,有序集聚,实现金融资源的有效配置,为地方金融体制改革提供优异的示范样本。(2)如何综合运用一体化的政策运作模式,实现政策效用的最大化。玉皇山南基金小镇从规划到实施推进的过程中,涉及旧城改造、环境整治、产业升级、特色小镇建设等多个政策目标。在具体的项目推进中,上城区政府在政策环境保障、产业平台规划、土地集约化管理、政府管理体制、民生工程等层面推行一体化的政策运作模式,保证科学决策,寻找产城融合的最优路径,实现政策的最大化效用,具有较大的借鉴意义。(3) 如何积极落实政府管理体制的转型,以确保政府服务的主动化。政府职能边界的界定和政策目标的落实,重要前提是政府服务理念和服务体制的转型。在玉皇山南基金小镇的规划建设中,杭州市上城区政府主动谋求政府职能转变,通过良好的宣传、引导和精准服务,实现从政府管理向政府服务的体制转型。按照当好"店小二"的工作要求,从多方面加强配套,在教育、医疗、行政服务、网络、供电等方面积极落实,努力打造一流的发展环境。

杭州市上城区弘扬工匠精神,以玉皇山南基金小镇为核心打造高端产业生态圈,不失为一种创新之举,其核心价值在于:地方政府政策落地与中央深化体制改革等顶层设计的有效对接,体现出可复制性特点,并具备推广价值。主要体现在三个方面。

(一) 探索金融体制改革中的地方创新经验与有效改革路径

《中共中央关于制定国民经济和社会发展第十三个五年规划的建议》,立足"十三五"时期国际国内发展环境的基本特征,围绕创新发展、协调发展、绿色发展、开放发展和共享发展五大理念,为未来五年深化金融体制改革明确了目标,提出了要求。该建议提出要积极培育公开透明、健康发展的资本市场,"十三五"时期,应着力加强多层次资本市场投资功能,优化企业债务和股本融资结构,使直接融资特别是股权融资比重显著提高,要深化创业板、新三板改革,完善多层次股权融资市场,要强化资本市场对科技创新支持力度,鼓励发展众创、众包、众扶、众筹空间,发展天使、创业、产业投资。创新间接融资服务科技创新方式,银行与创业投资和股权投资机构投贷联动。

要实现我国金融体制改革的目标,实际上是一个非常系统的工程,涉及政府与市场的合理边界、中央政府和地方政府的不同着力点、不同地区金融生态的差异性、金融体制改革与经济发展如何匹配等多个值得进一步探讨和研究的问题。如何在中央政府出台的一系列改革制度创新基础上,根据本地区金融发展的基本规律,充分发挥地区的特点,激发金融行业发展的内在动力,创造性地进行一些地方金融创新举措,应该作为地方政府的重中之重。地方政府积累的一些经验也可以推广到全国其他地方。

杭州市上城区创造性地利用有限的物理空间和政策空间,抓住金融体制改革中的几个关键要素,即金融生态的有效构建、金融资源的市场化配置,以及资金来源的多元化,形成了基金小镇为代表的标志性地方金融创新特色。基金小镇的建设也发挥了供给侧结构改革先发优势,接轨正在规划的钱塘江金融港湾,打通上海金融中心,打通国际金融市场,充分利用政策资源、大数据资源,引进国际化专业人才和国内大量从事金融行业、互联网金融的企业,不断提升基金小镇在全国乃至国际上的影响力。玉皇山南基金小镇作为地方金融机制创新的一个典型,值得进一步总结经验。

(二)提炼特色小镇建设中的资源有效整合与改革创新经验

面向未来的新产业生态和成长空间,在新常态下建设特色小镇,主要是融合产业转型升级、文化资源挖掘、旅游品牌打造等功能,使得特色小镇成为传承文化和推进城乡统筹的平台,实现产业、文化、旅游、生态、社区功能的叠加,做到"特而强""精而美""聚而合""活而新"。在特色小镇建设中,要使市场在资源配置中起决定性作用和更好发挥政府作用,就要求当地政府抓好空间布局,聚焦某个特色产业,合理控制规划面积,给小镇提供基本的公共服务和社会保障,从而使特色小镇真正成为聚合资源、提升特色产业的新载体,谋划大项目、集聚创新要素的新平台。当前正在建设的特色小镇,地方政府最关心的一个抓手就是如何结合小镇的产业特点和要素禀赋,整合资源,得到政策的最大效果。

在玉皇山南基金小镇的创建过程中,杭州市上城区政府充分利用了基金小镇原有的要素禀赋条件,在拆迁安置、环境优化、园区升级等工作中,充分发挥政府整合资源的潜力,通过政府管理体制机制创新、金融产业生态优化等手段,实现了资源的充分利用。既不阻碍企业的自主发展,给予市场发育发展的空间和时间,大力推进特色小镇建设;也为企业提供创业或转型升级所需的全方位、专业化、社会化服务,为企业营造相应的创新创业文化氛围,为企业提供所需的基础设施和公共配套,从而使政府的引导真正接地气,吸引、促进目标企业的转型升级及可持续发展。

玉皇山南基金小镇的不断创新发展,既产生了巨大的经济效应和社会效应,又值得总结推广基金小镇发展经验,发挥基金小镇的辐射放大效益。一方面,值得进一步探讨在传承历史文化、激发创新活力和集聚发展要素中如何实现生产、生态、生活三美兼具、和谐发展,走上"特而强""精而美""聚而合""活而新"的特色小镇发展之路。另一方面,值得进一步探索以高端和创新为两大标杆,如何深挖、延伸、融合产业功能、文化功能、旅游功能和社区功能,推动小镇和金融产业集群规模效应显现。

（三）探讨政府管理体制改革如何满足经济新常态发展需求

适应经济新常态,需要在更高层次上实现政府职能转变新常态,而政府职能转变的核心仍然是处理好政府和市场的关系,使市场在资源配置中起决定性作用和更好发挥政府作用,这对于实现国家治理体系和治理能力现代化具有十分重要的现实意义。在政府职能转变过程中,创新行政管理方式是提高政府治理能力和绩效的重要途径,也是政府职能转变的重要内容。行政管理方式是政府为实现行政目标所采取的各种管理措施、手段、办法、技巧等的总和。此外,加强公共服务体系建设,特别是推进基本公共服务均等化是解决这一问题的重要措施,也是政府职能转变的重要目标。

玉皇山南基金小镇的创建过程中,杭州市上城区政府不断完善小镇管委会相关管理规章制度,进一步做好建设体制改革。严格执行新的征收补偿工作实施机制,进一步规范用人管理和考核办法,促进人、财、物等资源的优化配置和效益发挥最大化。不断加快公共服务体制创新,启用玉皇山南基金小镇行政服务中心,大力推进"五证合一"快审快批,加速整合国税、地税、人力社保、市场监管等各部门资源,构建涵盖公共服务、工作、医疗、教育、休闲等功能的基金小镇。不断加快政府监管制度创新。健全基金小镇相关投资项目的管理制度,实现招投标制、内控机制、项目审计、项目效能监察、项目代建制"五个全覆盖",切实加强对投资项目和建设资金的监管。可以说,玉皇山南基金小镇的创建过程,也是基层政府部门管理体制的不断创新过程。

在基金小镇的建设中,杭州市上城区政府如何集聚核心产业要素,淘汰落后产能,从"低、小、散"走向"高、大、上",实现转型发展?政府如何适应新业态、新领域迅猛发展趋势,当好政策的宣传员、发展的引导员、企业的服务员,通过政府职能转变,成为当之无愧的经济发展"店小二"?如何做到创新金融服务,有效推动基金小镇的产业集聚?这些都是地方政府管理体制改革创新值得进一步总结的地方。

（谢文武　吴青松）

第二章　玉皇山南基金小镇案例精选
——私募股权基金

　　玉皇山南基金小镇充分借鉴国际先进理念和运作模式,重点引进和培育私募证券基金、私募商品(期货)基金、对冲基金、量化投资基金、私募股权基金五大类私募基金,形成特色鲜明的核心业态,并围绕核心业态打造私募(对冲)基金生态圈和产业链。私募股权投资基金主要投资于企业发展阶段的各类股权,广义的私募股权投资,则不仅涵盖企业发展各阶段,从种子期天使投资、初创发展期的创业投资、风险投资、扩展期和成熟期的追加投资、Pre-IPO阶段的投资,到上市后私募股权投资(简称PIPE)、并购投资等,还包括房地产基金、夹层资本等。

　　私募股权基金在发达国家的经验证明,作为金融创新和产业创新结合的产物,它能够为新兴公司提供创业和持续发展所需的宝贵资金,催生新的产业,促进产业结构和消费水平的升级,扩大就业机会。首先,私募股权基金推动了科技创新成果转化和国家创新战略的实施。作为以支持创新、创造、创业为主的投融资机制,对未来新兴行业有着敏锐的触觉,拥有将高科技项目市场化的专业和实力。其次,私募股权基金拓宽了企业融资渠道,特别是中小企业。由于其前瞻性的专业眼光,往往能帮助优质的但暂时不符合银行贷款条件和上市融资资格的中小企业实现融资和超常规发展。再次,私募股权基金促进公司治理结构的完善。由于所投资的企业通常处于发展的初创期,经营业绩的波动性较大,因此,私募股权投资机构为了控制投资风险,提高企业业绩,经常介入所投资的企业的管理,而这在客观上协助企业不断提高管治水平,从而尽快走上稳健发展的正轨。最后,私募股权基金的发展促进了多层次资本市场的发展。私募股权投资基金一般侧重于一级市场的投资,通过VC和PE的专业眼光和积极介入,可以为二级市场挑选和培育更多优良的企业,推动我国中小板和创业板市场的发展。

　　目前,小镇已经集聚了包括浙江赛伯乐、凯泰资本等在内的一流股权投资机构。这些私募股权投资机构不仅带来了可观的就业、税收等直接经济效益,还加强了资本与产业的对接,有效助力实体经济,加速推动了众多中小企业的成长和转型,从而实现了金融资本与实体经济的互利共赢发展。玉皇山南基金小镇正式挂牌以来,私募股权基金的发展已经在某种程度上展示了金融有效服务实体经济、加快实体经济转型升级的内在价值,也证明了玉皇山南基金小镇政策创新所带来的深远影响。本篇之所以选取私募股权基金作为精选案例进行深入探讨,也是基于其带来的经济效应和示范效应,总共选取了包括赛伯乐、凯泰在内的10家私募股权投资公司,通过研究相关案例的投资理念和成功案例,了解玉皇山南基金小镇创建以来所取得的成就,探讨基金小镇入驻的私募股权基金未来的发展方向。

赛伯乐投资:搭国际平台,促创新创业

　　赛伯乐是一家专注于服务早中期科技创新和模式创新的创业投资基金管理公司,基金管理规模超过100亿元人民币。公司获得清科福布斯2014最佳创投24强、2014最佳创投50强等称号,是中国著名的优秀创业投资基金之一。公司和浙江省政府、宁波市政府、绍兴市政府及上海市政府、山东省等十多个地方政府引导基金紧密合作,为各地中小科技创新企业的成长和优秀企业家的成长提供深度综合增值服务。赛伯乐投资起源于美国硅谷,由硅谷著名高科技精英和浙江众多优秀民营资本联合创办发起,赛伯乐基金已经成为名副其实推动浙江"大众创新、万众创业"和经济升级转型的重要力量之一,成为打造战略性新兴产业的综合性服务平台,成为汇集全国乃至海外"人才＋资本"的创新平台。

一、公司简介及管理层分析

(一)公司简介

　　公司成立于2008年6月16日,2010年11月8日成为首家入驻杭州山南基金小镇的金融企业。公司成立以来,根植于长三角地区、放眼全国,整合地方丰富的社会资源与民间资本,重点投资于互联网金融、医疗健康、新材料及新进制造业等领域。

　　赛伯乐基金创始合伙人兼总裁陈斌,管理100多亿元人民币基金,"国家千人计划"评审专家,浙江省股权投资协会常务副会长、浙江省创业风险投资协会常务副会长,浙江省金融十大领军人物,浙江大学经济学院兼职硕士生导师;同时担任几十家高科技成长型企业的董事。荣获"2011年中国新锐投资人50强"和"浙江省十大金融领军人物"等称号。在陈斌总裁的领导下,短短几年,赛伯乐基金迅速成长为中国创投及股权基金的领军品牌。赛伯乐基金是中国本土十佳创投机构,被宁波和嘉兴等地方政府聘请为"资本战略顾问",为区域经济转型升级做出了巨大贡献。基金投资的聚光科技公司的投资回报率高达300倍,创造了中国创投回报的历史奇迹,在中国创投界"奥斯卡奖"评选活动中荣获"2010年度最佳投资案例"大奖。

　　陈斌总裁和美国著名早中期风投机构NEA、欧洲PG母基金、浙江省政府、杭州市政府、绍兴市政府、宁波市政府、中国投资集团及浙江优秀民营企业家群体共同发起和管理30多只基金:杭州灵峰赛伯乐基金、杭州赛伯乐晨星基金、浙江赛康基金、浙江赛盛基金、浙江赛业基金、宁波甬科基金、宁波赛宝基金、杭州思凯盛银基金、杭州赛硅银基金、杭州赛圣谷海大基金、滨江众创基金等。成功投资孵化了如挂号网、连连科技、阜博通、华澜微、聚光科技等一批优秀创新企业,它们大部分已经发展成为中国细分行业龙头企业,仅2014年就有多达7家企业并购或借壳上市。2013年获清科创投中国创业投资机构前15强,2014年获福布斯中国最佳投资机构第24名。陈斌在大数据、大健康、新能源、新材料、环保节能等现代服务业和高科技相关领域具有丰富的行业与投资经验;帮助企业在种子期、初创期、成长期等不同发展阶段,利用和配置金融资源促进企业快速发展;针对企业不同发展阶段为企业提供差异化战略定位、市场规划、组织管理等服务内容,推动企业的高速成长;尤其擅长企业商业模式创新和市值管理服务,是一位既熟悉国际风险投资理念与技术,同时又对中国本土民营企业家有深刻认识的实战型风险投资专家。

赛伯乐以其创新创业的精神和不断被历史证明的良好投资业绩持续吸引着国内外不同行业、不同背景的优秀人才加盟,以此构建自身的精英团队。公司目前在全球拥有150位在各领域有突出成就的合伙人,管理资金总规模超1000亿元人民币,为国内创新创业者的加速成长提供强有力的支持。2013年被评为中国创业投资机构50强(外资)第9名,中国专注早期投资创投机构10强,中国清洁技术领域投资机构10强,中国先进制造业领域投资机构10强。2014年被评为福布斯中国最佳创投机构,中国创业投资机构50强。2015年被评为福布斯中国最佳创投机构。

二、投资理念与投资领域

(一)投资理念

赛伯乐秉承借力资本、扎根产业的投资理念,通过“投资＋创业”的投创模型打造开放的众筹与众包双创模式,构建培育创新创业的创融生态系统和驱动新兴产业发展的产融生态系统,规模化培育生态系统级的“互联网＋”公司。

同时,赛伯乐也是创新创业的培育和孵化者。赛伯乐聚集了科技背景扎实的团队,积累了硅谷、国内创业和早期投资的丰富经验,融合了对创客文化的深入理解,擅长通过孵化小微企业培养产业的创新创业氛围,为产业成长提供资本和科技动力。赛伯乐以产业资本为纽带、以科技为抓手,投资并与企业家共同创业,建立真正的事业伙伴关系,共创生态系统型伟大公司。

（二）投资领域

赛伯乐致力于通过打造创融生态系统和产融生态系统,支撑战略性新兴产业的落地,培育全球领先的产业领跑者。在投资偏好方面,赛伯乐重点投资基于高科技和大数据的现代服务业,投资比例是10％的高科技＋90％的服务业。10％扶持高科技的双创,如医疗设备、传感器、人工智能等;90％扶持服务业的双创,如旅游、健康、教育等未来中国经济上行的主流行业。赛伯乐重点投资的领域包括:

（1）以云计算、大数据和人工智能为代表的新一代基础设施。如云计算基础设施、通信网络基础设施、能源互联网和交通网络的投资、建设和运营;云服务、大数据和人工智能的产业应用。

（2）产业的"互联网＋"。主要包括大电商、大健康、大旅游、小微服务、大教育、大金融、大农业、大文化、创新制造。

（3）区域众创生态。主要以小微企业服务、双创云城两大平台打造新兴产业创融＋产融生态环境——众创大厦、创业服务、创业大学、产业基金、全球金服、网络平台等。赛伯乐集团致力于营造创新创业的双创氛围,提高社会正能量,努力把中国建设成世界强国。

（4）城市国际化环境提升。主要包括国际学校、国际医院、国际论坛等城市配套设施建设及运营等。

（三）主要投资案例

公司成立于2008年6月16日,2010年11月8日成为首家入驻杭州玉皇山南基金小镇的金融企业。成立以来根植于长三角地区、放眼全国,整合地方丰富的社会资源与民间资本。重点投资于互联网金融、医疗健康、新材料及新进制造业等领域,创造了一系列成功案例。

1. 连连科技

连连科技是赛伯乐2006年孵化的移动互联网金融支付项目,该公司提供基于互联网及移动互联网的便利支付服务,自主开发建立了"空中充值"的创新支付平台,是中国移动、中国电信、中国网通等机构最大支付合作伙伴。2008—2012年获得美国最大风投NEA、美国运通等机构2亿多美元战略投资,共同打造国际化创新金融平台。

2. 挂号网

挂号网是赛伯乐2009年孵化的互联网医疗健康服务创新项目,是国家卫生和计划生育委员会批准的全国就医指导及健康咨询平台和国际领先的移动医疗服务平台。截至2014年7月,已经与全国23个省、自治区、直辖市共900多家重点医院的信息系统实现连接,拥有超过3000万的实名注册用户和10多万名重点医院的专家;截至2014年8月,挂号网累计服务患者人次已突破1亿,是国内最大的就医服务平台和互联网就医服务第一入口。2009—2014年获得红杉资本、今日资本、晨兴资本、复兴资本、腾讯资本1亿多美元的战略投资。

3. 聚光科技(深圳创业板股票代码:300203)

聚光科技是赛伯乐投资50万美元早期孵化的高科技企业,2011年4月15日在深圳创业板成功上市,是世界领先的环境与安全检测分析设备及服务提供商,拥有国际一流的研发、营销、应用服务和供应链团队,致力于业界最前沿的各种分析检测技术研究与应用开发,提供满足全球市场需求的高端分析测量仪器、完善的行业应用解决方案和售后服务。聚光科技为客户提供环境监测、食品安全、工业安全、公共安全等领域完整的分析检测及信息化管理整体解决方案。产品广泛应用于环保、能源、农业、交通、制药、航空及科学研究等众多行业。主打产品在国内市场居于领先地位,并出口到美国、日本、英国、俄罗斯等国家。通过自主创新,聚光科技拥有相关产品全世界最多的发明专利,并承担国家标准和国际标准的制定工作。相关成果获得包括国家科技进步奖在内的多项奖励。

4. 硅谷零距离

浙江赛伯乐投资管理有限公司成功地将硅谷创业经验与海外风险创业资本引入国内,将海归精英国际化资源与本土民营资本创业精神有机结合。在2014年与杭州市人民政府合作,设立WESTLAKE VENTURE(杭州硅谷孵化器)。通过视频连线、电话会议、定期实地考察等多种方式,实现杭州与硅谷的零距离对接,立足大数据、云计算、云服务、网络安全等领域,在近一年内投资了一系列硅谷优秀项目。

5. 阜博通(VOBILE)

公司致力于提供全球领先的音视频内容识别技术产品和服务。自主研发"影视基因"核心专利技术世界领先;能够自动识别、保护和管理各种多媒体资源,主要面向广电、公安、版权、互联网安全等领域。目前国家版权局已采用该技术用于打击盗版侵权行为。同时迪士尼、20世纪福克斯电影公司、索尼哥伦比亚电影公司等也是其重要客户。

6. 电子DNA(Identity Mind Global, IDM)

IDM公司于2011年在硅谷成立,对支付、电子商务等交易活动的实时监控和反馈,为客户提供关于支付安全的解决方案。拥有210个国家的身份认证数据,通过建立权威的用户和关系的全球身份认证数据库,利用参数去定义用户、账号、商务活动等的安全性。追踪这些个体交易行为,随之立即建立相关的档案和信誉信息。预防在线支付欺诈、对可疑的洗钱活动进行防控、认证客户身份、跟踪交易活动、对可疑账户的创建进行预警。

7. 智能汽车传感器(OCULII)

OCULII(欧克利)公司位于美国俄亥俄州比弗克里克。利用先进的3D传感器技术,为全球的公共和私人客户提供交通安全解决方案,是交通监测系统领域的引领者。

三、赛伯乐投资经验分析

(一)浙江赛伯乐的孵化运作机制

2015年,浙江赛伯乐积极发挥专业特长,帮助杭州市政府设立美国硅谷孵化器,通过跨境风险投资的方式精准引育海外高层次人才项目。孵化器运行一年多来,已投资孵化高端人才项目22个,其中15个项目落户杭州或达成落户意向,9个项目已正式落户,项目总估值近20亿元人民币,跨境市场化引才的"杭州路径"初见成效。

硅谷孵化器作为"政府引导、市场运作"的引才探索,在运营架构、管理模式、激励机制等方面进行了大胆实践。如创设"1+2"的管理模式。"1"是指市高科技投资公司,由该公司作为硅谷孵化器的出资主体,并负责整体管理和运行。"2"是指海外团队和外派团队,采用赛伯乐海外专业团队、浙江赛伯乐公司和杭州外派团队相结合的管理模式。其中海外专业团队负责孵化器的日常运营管理、入孵人才项目的培育、顾问团队和合作伙伴的选择等工作;杭州外派团队主要负责与杭州风险投资、产业投资机构,以及区、县(市)的人才项目对接,参与日常管理运营并负责海外资产的运作安全。浙江赛伯乐公司负责孵化器日常管理,并对每个入孵项目以10%比例进行配套投资。

1. 直接孵化投资

为配合杭州市重点发展智慧经济,打造杭州经济"升级版"的发展战略及"招才引智"战略方向,杭州硅谷孵化器聚焦于大数据、云计算、互联网安全、企业级信息化应用、生物技术等领域,重点筛选或培育具有较高壁垒核心技术和素质优秀的团队,侧重于华人背景的创业者,专注于产品和服务在国内外应用领域、市场前景广阔的项目。因此,杭州硅谷孵化器投资孵化的项目都具有较高产业化价值,未来成长潜力较好,且对接杭州或落户杭州均有较强的可能性。截至2015年12月底,杭州市硅谷孵化器已孵化投资项目20个(直接"投资+孵化"项目16个,孵化项目4个,清单详见附件),其中直接投资金额240万美元,并联动其他创投机构投资额超6600万美

元。所投项目中60%为海外优秀华人创业项目,也包括一批硅谷主流非华人优秀创业项目。典型项目如下:

（1）CENTRILLION——"第三代基因芯片"项目。该项目为华人团队创业项目。创始人为周巍,具有斯坦福和弗吉尼亚理工的双博士学位。该项目具有国际领先的基因测序技术,产品为新一代"基因芯片",产业化后的前景和发展有望使杭州市在全球占据此领域的技术、产业制高点。

（2）才云——"云"容器技术项目。该项目为华人团队创业项目。才云的核心团队成员拥有美国顶尖学府卡耐基梅隆大学硕士或博士教育背景,并且曾在世界知名企业谷歌、亚马逊、微软等工作多年。多位联合创始人拥有丰富的专业技术和管理经验,在国际大赛上获得过国际机器人竞赛头等奖等奖项,并且在科研领域发表国际论文数十篇。才云项目使用的是美国最前沿的"容器"技术,旨在成为国内第一个"容器云",

（3）DIRECTLY——共享经济"专家集群服务平台"项目。该项目为非华人团队创业项目。作为独特创新视角切入的互联网应用服务企业,该项目显示出了爆发性成长的态势。杭州市硅谷孵化器天使投资不到一年,项目就完成了A轮融资,目前公司发展刚满1年已经有多家主流著名投资机构排队争抢B轮融资机会。该项目已经成为硅谷地区"明星项目",得到了顶尖投资人的高度关注,未来有望成长为10亿美元级估值的公司。

2. 母基金投资

除直接孵化投资,杭州硅谷孵化器通过母基金投资进一步在硅谷建立合作渠道关系,进一步拓宽对接优质项目回杭的范围。杭州硅谷孵化器重点关注硅谷及北美具有品牌优势的投资领域企业和杭州市产业优势对接可行性强的优秀创投及天使基金。2015年已积极考察、洽谈了包括FORMATION 8、ZPARK、中经合（WI HARPER）、青云创投、SVC Angel、SV Tech Fund、Prop X、溢斯得瑞、China Rock等在内的硅谷著名的创投或天使基金10家,并与杨致远基金、SVC Angel等行业中领头基金建立合作关系。经过专业团队的考察和分析,母基金于2016年对ZPARK、SVC Angel、SV Tech Fund、中经合、溢斯得瑞等5家实力雄厚的基金进行投资,协议总出资额400万美元,参股设立的基金总规模超过2.7亿美元。

（二）引进项目人才回杭发展成效显著

硅谷孵化器借鉴硅谷风险投资成功经验,通过天使直接投资、母基金投资、跨境创投对接服务等市场化方式,对具有产业化潜力的高层次人才项目进行海外孵化,并帮助对接杭州市人才政策、市场、资本等各类资源,推动高层次人才项目来杭创业。百余次落地对接,9个项目成功落户杭州。到2016年5月底,硅谷孵化器天使直接投资孵化项目22个,总投资305万美元,联动社会创投机构投资超过1亿美元,所投项目估值达40亿元人民币。其中,才云科技、生捷科技、品融等9家人才企业已落户杭州,为杭州引进了斯坦福大学周巍博士、卡耐基梅隆大学张鑫博士等32名拥有海外名校、名企经历的高端人才。

硅谷孵化器通过母基金已完成或基本确定对中经合集团、丰元创投、峰瑞资本、BGV等8家优秀创投基金进行投资,协议出资总额525万美元,参股设立的基金总规模超过4.45亿美元。通过母基金投资,硅谷孵化器与国际优秀创投机构及国际资本形成了紧密的合作关系,深入硅谷创新创业生态系统,预计可对接孵化项目400余个,大大拓宽了高层次人才项目的接触渠道。

引进项目都已申请"国家千人计划"、"省千人计划"或"全球引才521计划"等各市区县人才申报评选。杭州市本级和区、县(市)各类人才计划对硅谷孵化器项目都给予重点推荐和优先支持。目前已帮助硅谷孵化器项目申报"国家千人计划"、"省千人计划"、"全球引才521计划"3名。滨江区"5050"计划对孵化器推荐落户在本区的4个人才项目开辟绿色通道,已有3个人才项目入选"5050"计划,资助资金达1550万元人民币。

同时,杭州硅谷孵化器作为杭州海外高层次人才创新创业大赛、江干钱塘之星创新创业大赛等杭州各类人才活动的重要支持单位,积极帮助推荐海外优秀项目、参与项目评审。2015年,杭州市首次举办"创客天下·杭州海外高层次人才创新创业大赛",在硅谷孵化器的协助下,共有300多个海外项目报名参赛,最终8个项目入围总决赛,其中冠军项目当场得到风投公司近1亿元人民币的资金。

1. 引进项目人才回杭落户取得重点突破

为加快实现杭州硅谷孵化器对杭州市在海外培育、引进高科技创业项目的推动作用,杭州硅谷孵化器从成立之初就特别强化为所投资及孵化企业与杭州进行对接服务工作,积极推动孵化投资项目回杭落户。2015年,全年共帮助孵化投资项目、其他硅谷企业与杭州市对接超过20项(次),帮助各类高端人才与杭州对接超过10人(次)。至2015年年底,杭州硅谷孵化器已成功完成了CENTRILLION(第三代基因芯片)、才云(云容器技术)、诺知(公共平台大数据分析)3个重点项目的引进回杭落户工作。另有Namocell(单细胞抓取技术)、Pier Deck(互联网金融一站式服务平台)两个重点项目已基本确定落户杭州经济技术开发区和杭州高新(滨江)区。此外,还有5个项目初步具备在杭州落地的意向。

已完成或确定落户杭州项目具体情况如下:

(1) CENTRILLION——"第三代基因芯片"项目。该项目具有国际领先的基因测序技术,创始人周巍博士是硅谷的杰出华人代表。该项目目前已经落户杭州市滨江区,首期注册资本达到1000万元人民币,具有很强的产业化潜力。

(2)才云——"云容器技术"项目。该项目具有美国最前沿的"容器技术",其建立的云平台控制系统能够有效实现不同云平台兼容,并很好实现云平台的管理、监测和控制,在企业应用领域具有广阔市场空间。创始人是以张鑫博士为首的4名华人高级人才,该项目及团队已经整体落户杭州市滨江区,实现项目与人才的双引进。

(3)Knogen——"公共平台大数据分析"项目。该项目具有独特的大数据挖掘及整理核心技术,通过公共领域大数据的挖掘、整理,在提供企业征信排名等第三方排名应用领域有很大市场潜力。创始人为硅谷著名投资人、创业家张晓东为首的创业团队,目前该项目已经落户杭州市江干区清华长三角研究院杭州分院。

(4)Namocell——"单细胞抓取技术"项目。该项目拥有当前美国最前沿机械视角细胞选择技术。其产品将大大提高诊断效率,能够测出传统机器不能测出的少量的植入细胞,解决了肿瘤诊断的一个瓶颈。创始人兼首席执行官Junyu Lin博士在生物技术产业有超过10年的工作经验,目前在美国持有4个认证专利。该项目与团队有明确意向落户杭州经济技术开发区。

(5)Pier Deck——"互联网金融一站式服务平台"项目。该项目拥有目前最前沿的大数据征信风控系统技术。其产品结合消费者、出资方和商户搭建互联网消费金融平台。消费者可以在品而信用申请信用额度,由出资方提供资金,消费者在品而的合作商户中直接使用额度进行消费。该项目目前已有明确意向落户杭州高新(滨江)区。

这些确定落户杭州的项目,创始人及团队人才层次高,均具有较高壁垒的核心技术,产品产业化前景广阔,对杭州市引进高科技项目、高端人才有很好的示范作用。杭州硅谷孵化器作为为杭州服务、连接杭州与硅谷优秀项目和高端人才的桥梁,通过所投资项目体现出很好成长价值及回杭对接成功,有效增加了杭州市对硅谷优秀华人创业及非华人创业企业的吸引力,为未来吸引更多优质高科技企业对接回杭打下了基础。

2. 引进国际化风投对接杭州初见成效

除引进创业项目回杭对接落户之外,硅谷孵化器还积极引进国际化优秀创投、天使投资基金、创业组织等回杭对接,引进国际化的创业投资理念及合作机构,其中组织包括AME杨致远基金、Formation 8、中经合基金、丰元创投基金、SV Tech Fund、加拿大溢斯得瑞基金、富士康基金、硅谷天使会、硅谷创业者联盟、硅谷高创会等各种机构来杭对接考察。

3. 开始探索与在杭企业的海外对接及服务工作

除项目人才引进平台之外,杭州硅谷孵化器同时也在努力成为杭州市企业"走出去"的海外窗口服务平台。2015年,硅谷孵化器和浙江省高新技术企业协会、浙江省电子商务联合会、浙江省科技中介代表团等各类协会、行业组织,以及浙江大学创新研究院、杭州电子科技大学、杭州大华技术股份有限公司、杭州迪安诊断技术股份有限公司、浙江盾安集团、浙江三维通信技术股份有限公司、杭州市创投引导基金合作创投机构等来自杭州的科研院校、上市公司、产业集团、创投机构进行对接,并初步形成了帮助在杭企业、创投在海外引进技术、项目、产业化并购的相关服务意向。

4. 加强与杭州硅谷工作站、浙江大学的联系与工作配合

根据杭州市委、市政府"三位一体"工作要求,杭州硅谷孵化器加强了与杭州市硅谷招才引智工作站、未来科技城湾区代表处的工作协同与配合。积极与工作站、未来科技城代表沟通,邀请工作站及未来科技城参加杭州硅谷孵化器组织的有关活动,同时将杭州硅谷孵化器孵化投资项目及团队华人人才信息定期发送给工作站、未来科技城,并形成帮助项目回杭对接共同跟进服务的方案。此外,杭州硅谷孵化器还积极与浙江大学校友会、浙江大学驻湾区代表联系,建立良好合作互动关系。

(三)浙江赛伯乐的宣传推广与海外布局实施情况

1. 宣传推广与渠道建设

为尽快扩大杭州市硅谷孵化器在硅谷当地的影响力,增强杭州市对海外创业者的吸引力,2015年杭州市硅谷孵化器积极参加了硅谷当地的一系列比较有影响的创业活动及会议。主要有杭州市海外高层次人才创业大赛、硅谷高创会峰会、MIT CHIEF论坛、溢思得瑞投资论坛等大型活动。

除积极参加各类有影响的活动、增强线下影响力以外,杭州市硅谷孵化器也加强了公司线上宣传平台建设及宣传工作。2015年,杭州市硅谷孵化器微信公众平台已经正式活跃在微信圈,在对杭州市硅谷孵化器有关孵化投资项目以及活动通过公众平台发布后取得了很好反响。同时公司中文网站建立完成。后续公司英文、微网站、APP、社交媒体账号等将相继上线,将逐步形成完善的宣传平台及持续的内容宣传,以扩大杭州市硅谷孵化器宣传推广力度。

杭州市硅谷孵化器充分吸收美国硅谷优秀孵化器的运营经验,采取"点面结合、资源整合、项目融合"的建设原则,项目孵化采取"天使投资+虚拟孵化"模式,业务拓展采取"联合投资+投资合伙人(创业导师)"机制,快速整合孵化项目资源与渠道,与硅谷著名孵化器、加速器、天使投资机构、创投机构形成了战略合作伙伴关系,如F50、Y Combinator、Plug and play、Founder Space、斯坦福孵化器StarX、卡耐基梅隆

孵化器、杨致远基金(Jerry Yang Fund)、硅谷中国天使会(SVC)等。

2. 主动实施海外布局

浙江赛伯乐在美国硅谷设立专业团队之后,已经陆续在美国洛杉矶、波士顿、北卡,还有以色列、德国、英国、日本和韩国组建工作团队或合作团队。2016年4月中旬,朱从玖副省长带队的浙江省上市公司海外并购考察团专程赴英国、德国和以色列三国开展海外并购洽谈及项目对接活动,浙江赛伯乐在2016年6月和7月组织了两场大型中德和中英对接会,德国和英国团队共带来30余个高科技项目来杭与浙江省内上市公司精准对接。与会200余家上市公司,目前已有10余个项目与上市公司达成初步合作意向。

浙江赛伯乐在未来五年的战略重点就是通过成立海外产业投资基金,继续搭建和完善国际跨境合作平台,将上市公司和浙江省内优质企业与全球顶尖高科技项目更顺畅地对接,为浙江省经济的转型升级助力。

3. 团队与机制建设逐步完善

根据杭州市硅谷孵化器国际化、专业化以及重点加强与杭州对接的建设运营目标要求,杭州硅谷孵化器采用赛伯乐海外专业团队、浙江赛伯乐公司和杭州外派团队相结合的模式。浙江赛伯乐总裁陈斌全面主持工作,赛伯乐硅谷合伙人薛宏担任硅谷孵化器总经理负责日常运营与管理。同时,杭州市高科技投资有限公司委派子公司杭州高科技创业投资管理有限公司总经理赵弋常驻硅谷,负责硅谷优秀高科技项目、人才与杭州市对接,并充分利用海外母基金的资源引导更多硅谷创业企业来杭产业化发展,拓宽项目人才引进渠道。在此基础上,杭州市硅谷孵化器不断逐步完善当地工作团队建设,目前杭州市硅谷孵化器已经有4名全职工作人员(含核心管理团队2人),2016年计划在当地再招聘2~3名具有一定专业能力、工作经验的中高级人才,加强充实工作团队。

在工作团队建设同时,杭州市硅谷孵化器还创新设计了一系列运行管理机制。包括国内外联动的项目决策机制、与赛伯乐的风险匹配机制、风险合伙人机制等。通过"风险共担、利益激励"的原则和机制实现市场化和政府引导目标的良好结合。硅谷孵化器还根据国有资产管理要求,建立了规范的内部管理和财务管理制度。制定了大额支出提前报备、财务报表定期同步、预算执行检查、费用管理审批等一系列制度,保证财务管理的规范、透明。与此同时,形成项目决策、人员招聘、实习生管理、保密管理等一系列规范的内部制度并严格执行。

四、小结

赛伯乐多次被业内权威机构评为中国本土十佳创投机构和浙江本土十佳创投机构,是中国最专业的创投机构之一,专注于投资科技创新和商业模式创新的成长型中小企业。赛伯乐拥有国内外顶级风险投资的资本源泉,中国和美国创业、成功上市及并购的直接经验,全球化的发展视野,以及全球领先的IT信息服务平台技术。同时,赛伯乐还拥有一支具有丰富全球化运营经验的投资管理团队,为国内的创新创业者的加速成长提供有力支持。经过10多年的发展,赛伯乐已经投资了金融、教育、医疗健康、高科技以及先进制造业等领域的企业。丰富的资源,强大的品牌和政府支持,高效的产业经营联盟,以及行之有效的整合创新模式,造就了赛伯乐在多个领域的成功投资典范。

(韩振华)

凯泰资本：聚焦长周期，分享新经济

随着中国经济去产能化阶段不断演进，经济结构的调整步伐越来越快，在这个过程中，私募股权基金的发展起着非常重要的引导作用。而杭州凯泰资本管理有限公司正是众多私募股权家族中非常重要的一个成员，在引领资金回归实体经济、服务实体经济方面，杭州凯泰资本管理公司都有着自己独特的做法。它们不仅从经济周期发展变化的角度来选择投资的行业，更专注科学技术的产业化应用以及经济结构升级换代过程中朝阳产业带来的投资机会，从而在实现公司盈利和规模稳步增长的基础上，更好地促进了实体经济的转型升级。

一、凯泰资本及其管理团队分析

（一）公司发展简介

凯泰资本成立于2009年，是一家以风险投资为核心方向的私募股权投资管理机构，主要从事风险投资、产业投资、财富管理业务，投资领域包括文化娱乐、医药医疗、旅游和体育、金融服务、"互联网＋"等。

2015年3月，凯泰资本正式入驻玉皇山南基金小镇凤凰谷。之所以选择入驻基金小镇，凯泰资本创始合伙人与首席合伙人徐永红认为主要有两个方面的原因：第一，基金小镇实现了基金产业集聚，风险投资氛围非常好，行业交流方便；第二，非常有利于创新资源与资本的整合。而公司创始合伙人之一的徐皓以投资人的眼光这样评价和定位基金小镇："这里的服务意识和政务环境非常好，可谓是得天独厚，已形成金融'产业集聚'效应。"2015年，凯泰资本完成了近20个项目的投资工作，主要集中在生物技术、精准医疗、医疗服务、文化娱乐、金融服务等方向；实现了6个项目的并购重组和资本化退出工作，项目主要集中在文化娱乐和医疗服务方向。截至2016年8月底，凯泰资本管理的基金总规模已逾350亿元，其中创新投资基金10期，总规模50亿元；联合管理的产业投资基金总规模300亿元。

（二）管理团队分析

1. 管理层分析

凯泰资本是由徐永红和徐皓共同创建的一家以风险投资为核心方向的私募股

权投资管理机构。

徐永红在风险投资和创新投资领域具有十余年投资管理经验,是中国最早的一批专业风险投资人,其完整地创建和管理了多只基金,包括万向创投(通联资本)、凯泰资本、浙江创新产业基金、深圳市厚德前海产业投资基金等,同时受著名风险投资人阎焱和羊东的邀请参与和管理过软银亚洲基础设施投资基金,对中国风险投资产业具有深刻的行业理解力和执行能力。

徐皓是凯泰资本创始合伙人、首席执行官,负责凯泰资本创新投资业务及基金管理工作。徐皓2001年开始从事风险投资、创业投资以及项目管理工作,是较早从事股权投资及私募股权基金管理的专业人士,曾经完整地募集和管理过多期私募股权基金,为出资人创造过良好的基金投资收益。

2. 公司员工结构分析

管理团队希望依托十几年投资经历中建立起的体系化的行业知识、专业化的投资能力、系统和工程化的金融理解、创新的投资理念,以及覆盖全国的投资网络和人脉资源,力争将"凯泰资本"打造成一家专业的创新投资平台和风险资本管理品牌,为中国创新经济和创新投资的发展服务。

凯泰资本现有66名正式员工,其中管理人员9名,投资人员28名,研究人员25名,保障人员4名,其中,本科学历9人,硕士学历53人,博士学历4人(见表2-1)。从占比来看,研究人员与投资人员占主体,学历分布来看,硕士学历占比最大。这与投资基金行业发展背景相吻合。从公司员工所处行业分布来看,学经济、金融的人数最多,有28人,占43%,生物科技行业人数与理工行业人数相差不大,两者合起来有44%,这与凯泰资本的投资方向也是紧密联系的。

表2-1 凯泰资本员工学历结构分析

人数	管理人员	投资人员	研究人员	保障人员	合计
本科	6	0	0	3	9
硕士	2	26	24	1	53
博士	1	2	1	0	4
合计	9	28	25	4	66

从毕业院校上看,凯泰资本的员工1/3毕业于浙江大学,1/3毕业于北京大学、清华大学、复旦大学、上海财经大学,另外约1/3毕业于加州大学伯克利分校、伦敦政治经济学院、帝国理工大学、香港科技大学、香港理工大学等国际知名学府。

二、投资理念与思路分析

凯泰资本的投资理念是发现价值、创造价值、分享价值。从公司成立开始,凯泰资本就特别重视宏观经济研究、行业调研和产业分析。只有看清楚大趋势,才有可能实现大盈利。只有顺应经济发展和技术进步的潮流,才可能在风险最小化的基础上谋求利润的最大化。不仅如此,从具体投资产业和项目的选择上,凯泰资本也非常重视微观分析,其投资理念和分析思路是从宏观和微观两个层面加以展开的。

从宏观的角度看,凯泰资本认为从2008年以来,全球经济进入后经济危机时代。从长经济周期角度看,2008—2015年属于衰退期;2016年开始步入萧条期,预计萧条期将持续到2025—2026年;消费不足是衰退期和萧条期一个重要的特征。凯泰认为,专业的投资机构应该寻找符合长经济周期趋势的产业进行布局。比如之前的以计算机为核心驱动力的互联网与信息产业,从20世纪60年代第一台电子计算机诞生发展到21世纪初,大概50至60年的时间,刚好符合康德拉季耶夫周期。下一个长经济周期的驱动产业在哪里?凯泰资本通过研究发现生物技术是最核心的驱动产业之一,有望带领全球经济从危机中走出来。事实上,除了生物技术,凯泰资本还关注能源革命,如以核聚变为核心的能源也将是一个大的方向。从全球竞争的角度来看,全球经济竞争归根结底是创新人才与创新资本的竞争,而在下一个长经济周期,全球各经济体争夺的核心是生物技术、新一代信息技术、新能源等领域的创新人才、创新资本;尤其是生物技术在医疗和农业方向的研究性和产业化人才。

从微观的角度看,凯泰资本认为2016年下半年美国或将开始新一轮的加息与紧缩政策,全球部分美元回流美国,美元的回流降低了美国整个社会运行的成本。与此同时,凯泰资本也看到美元资本回流也有利于美国实体经济的发展,尤其是包括基因测序、生物医药、基因治疗、肿瘤治疗在内的生物技术和精准医疗产业,美国通过吸引创新人才与创新资本为未来几十年的产业优势逐步构建基础。以生物技术和精准医疗产业为例,凯泰资本在选择投资项目时,考虑的因素是多方面的。

第一,技术竞争优势最关键。生物技术是一个全球化竞争的领域,企业只有掌握了全球原创性的技术,再加上强大的产品转化能力,才有可能成为全球引导型的企业。所以,凯泰资本会对这个领域颠覆性的技术保持非常强的关注。

第二,专业性强,具有不可替代性。主要体现为:一是技术本身很细分,每一个细分领域对技术和专业能力的要求都非常高;二是技术转化为产品的复杂性,很多技术在实验室状况下可行,但要转化成能利用于人体、农业等方向的产品却是非常复杂的事情;三是临床试验和临床应用的不确定性会非常大,即便是做得非常专业,也还是会面临这种不确定性。

第三,注重长周期,拒绝短视。很多创新的药品,5到8年甚至10年以后才能投向市场;现在的基因治疗技术刚刚起来,基因治疗大规模应用到人体可能是八九年以后的事情。

正是因为有这些方面的因素,也使生物技术和精准医疗投资退出方式呈现多元化。目前主要的变现方式包括跟大药企里程碑付款合作、并购以及上市。从这个意义上说,多层次资本市场体系和机构化的投资者结构对于未来支撑生物技术和精准医疗体系的发展非常重要——机构才会对技术方向有更专业的判断。

三、投资方向与项目分析

目前,凯泰资本受托管理了多只私募股权基金,管理团队已投资和管理过近百个项目,已资本化的项目有完美世界(002624)、北京文化(000802)、金科娱乐(300459)、思创医惠(300078)、刚泰控股(600687)、博易创为(836025)、能新科(836561)等。凯泰资本投资的项目中还包括诺游动漫、趣酷科技、裕隆生物、佐卡伊等拟资本化项目。

从凯泰资本所投行业的分布来看,文化娱乐和生物技术、精准医疗领域所投规模最大,两者加起来超过了53%,其他几个方向不到50%,这也体现出凯泰资本在这两个行业的深耕细作,并且从投资效果来看,也是这两个领域的投资回报收益率最高。

从所投行业数量来看,2011—2016年间,凯泰资本所投生物医疗行业数量最多,有22家,占所投总企业的33.8%,超过1/3的比例了。其次是文化娱乐行业,有17家,占比有26.2%,这两个加起来超过其所投总数量的一半(见表2-2)。从介入程度来看,生物医疗行业介入比较深,投资选择的方式是深度合作,这与行业特性有很大的关系,因为生物医疗初始投资要求甚多,不仅仅是需要资本,更需要技术以及对市场方向的把握,因此,选择与已有规模企业的深入合作,才是最佳选择。

表2-2 近五年凯泰资本所投行业项目数量与所投阶段分析

数量	互联网+	生物医疗	文化娱乐	体育旅游	其他	合计
种子阶段	2	4	1	0	3	10
初创阶段	3	6	4	1	5	19
早期发展	2	6	7	2	4	21
深度合作	0	6	5	2	2	15
合计	7	22	17	5	14	65

（一）"互联网＋"方向

凯泰资本将"互联网＋"作为主要投资方向之一,以发展普惠金融为初心,积极布局互联网金融产业,投资了云贷365、搜道网等金融服务公司(见表2-3),并将对企业征信、消费金融、供应链金融等领域进行持续投资,推动社会信用体系发展,降低金融服务门槛。

表2-3　凯泰资本"互联网＋"领域投资分析

公司名称	细分行业	商业模式
云贷365	电商金融服务	电商大数据信用评级和信贷服务商
搜道网	互联网社交	以"美女"为核心的女性网络社区
佐卡伊	互联网钻石销售	互联网钻石直销品牌
吉象吉送	互联网电商	本地化生鲜电商平台
万里牛	企业服务	电商SaaS ERP服务公司
差钱吗	互联网小贷	互联网小贷交易撮合平台
魔方金服	房产金融服务	中小物业租约证券化服务商

"互联网＋"领域部分已投具体项目信息如下:

（1）云贷365

云贷365就是凯泰资本布局互联网金融产业的一个投资项目,公司为银行等金融机构提供基于大数据的电商企业信贷风险评价评级服务,通过云贷365平台连接电商企业和银行两端,帮助电商企业获得低成本的银行资金,帮助银行降低信贷风险和服务成本,实现产业链上下游双赢。云贷365于2015年年底获得凯泰资本千万元投资,凯泰资本除提供资金支持外,还帮助公司整合上下游资源,帮助公司的资金端、风控能力和渠道能力实现提升,推动公司进入快速发展阶段。

（2）吉象吉送

吉象吉送是本地化生鲜电商平台。用户通过吉象吉送电商平台下单购买蔬菜、水果、水产等时鲜商品,通过公司线下社区加盟超市提货或接受公司自建物流配送服务。同时,作为城市O2O购物、服务平台,为本地用户提供本地各类商家折扣信息、网上购物线下提货的服务等。

（3）佐卡伊

深圳市佐卡伊电子商务公司,创立于2004年4月,英文名为ZOCAI,是一家利用互联网信息技术优化钻石珠宝供应链、颠覆传统钻石销售模式、根植于安特卫普、领引电子商务珠宝设计品牌潮流的国际钻石直销机构。作为中国互联网第一钻石品牌,佐卡伊始终致力于引领全新钻石消费潮流。从2004年年初创立品牌到2011年建立国内首座五星级佐卡伊钻石大厦,时至今日,"佐卡伊钻石"把线上线下的全新钻石销售模式从深圳相继带到了北京、杭州等各大城市。

（4）搜道网

搜道美女时钟是一家成立于2009年的互联网公司,公司自创立以来,围绕"女性"核心用户,通过"时钟美女"精品折扣、造星活动运作、女性电商服务,整合全国优质美女资源,形成了以"美女"为核心的女性网络社区,为电商行业提供网络营销推广和女性微商服务。其是目前中国真实美女最多的生活分享社区,中国最大女性体验式电商营销平台。

（5）魔方金服

魔方金服是存量地产行业综合服务商。作为行业内的领先品牌,魔方金服致力于构建"互联网＋金融＋房地产"的商业模式,公司旗下拥有火骏资产、尘埃投资、魔房宝理财平台、公寓运营增值服务云寓四大业务板块助力行业发展。旗下尘埃投资中心具备私募投资基金管理人牌照;旗下理财平台魔房宝通过优选资产,稳健灵活的风控手段,创新的"租约证券化"产品设计,为广大中产阶级提供高收益、高安全性、期限灵活的理财产品。

（二）生物技术和精准医疗方向

医疗健康行业是凯泰资本长期关注的领域（见表2-4）。随着我国医疗改革的不断深入推进,生物技术的不断突破创新,国家政策对医疗健康产业的大力扶持（"到2020年健康服务业总规模达到8万亿元以上"）,医疗健康产业有巨大的发展前景。

表2-4　凯泰资本生物医疗领域投资分析

公司名称	细分行业	商业模式
裕隆生物	第三方医学检验服务	诊断试剂产品研发及医学检验服务提供商
同创检验	第三方医学检验服务	特种医学检验服务提供商
云帕斯	远程影像诊断服务	影像诊断综合服务平台
医惠科技	医疗信息化服务	医疗信息系统及医疗服务提供商
奇云生物	基因大数据服务	生物信息分析服务商
艾克尔特	可穿戴医疗设备	慢性病管理服务品牌
璞迈医疗	医生集团	高端私人医生品牌
允英医疗	基因诊断服务	基因诊断服务商
云卫康	可穿戴医疗设备	以可穿戴医疗设备为入口的医疗服务平台
Lab on a Bead	抗体纯化技术	抗体纯化技术提供商
睿道医药	超氧化物歧化酶技术	超氧化物歧化酶为核心的生物技术提供商

续表

公司名称	细分行业	商业模式
Newave Pharmaceutical	肿瘤激酶抑制剂创新靶向药物研发	以肿瘤激酶抑制剂创新靶向药物研发为核心的医药公司
新屿信息	肿瘤医学数据服务	以肿瘤医学数据为核心的医疗服务平台
中人科技	肿瘤缓释剂	区域缓释植入剂的研发、生产以及销售

凯泰资本自2011年开始投资医疗健康板块,本着通过技术创新和模式创新更好服务用户健康、提升医疗服务有效供给的理念,凯泰资本投资了第三方医学检验服务(裕隆生物、同创检验)、远程医学影像诊断平台(云帕斯)、可穿戴医疗设备(云卫康)、医疗信息化与医疗大数据[思创医惠(300078)、保医通]以及医生集团(璞迈医疗)等医疗服务类项目。

(1)医惠科技

杭州医惠科技有限公司(思创医惠300078),成立于2009年6月4日。主要业务模式是为大型医疗机构提供医疗物联网应用系统,建设医疗信息系统集成平台和临床数据中心;通过提供医疗物联网应用系统,应用国际上通行的医疗行业标准,将医护流程标准化。医惠产品包括智能信息平台、闭环管理业务系统和移动智能终端等,覆盖了从家庭、社区、医院、养老等整个医疗健康服务领域。2015年,医慧科技与中瑞思创完成并购重组,实现资本化。投资医惠科技,是凯泰资本在医疗服务领域里的重要布局,在完善产业链上下游投资的同时,获得了超额收益。截至2015年年底,基金将持有上市公司全部股权择机抛售实现退出,基金获得项目最终权益近6亿元;项目增值倍数约为23倍。

(2)允英医疗

上海允英医疗科技有限公司(以下简称"允英医疗")是一家以无创肿瘤基因检测技术为核心的肿瘤基因检测服务商。公司成立于2015年2月。公司的核心产品为无创肿瘤用药指导检测产品ALLdetectTM。在2015年5月至2015年8月期间,凯泰资本生物技术团队系统地梳理了当时国外知名液体活检公司,主要得到了以下结论:①肿瘤液体活检技术已逐步走向临床;②国外知名投资基金认可肿瘤液体活检技术,并对相关公司进行了大量的投资;③主要的肿瘤液体活检技术包括NGS、qP-CR、数字PCR。

允英医疗在获得凯泰资本投资以后,迎来了飞速的发展。在团队方面,公司员工数量从2015年10月的13名,增长到现在的45名。在研发方面,公司已成功研发出国产捕获试剂及NGS产品,实际效果表现良好,且具有显著的成本优势和时间效率优势。另外,公司正在研发基于外泌体检测技术的肿瘤液体活检技术,以及HPV、

EBV、结核杆菌检测产品。同时,公司将在2016年8月内获得GMP车间认证,并将启动三类医疗器械证书的申报工作。在医学检验所建设方面,公司已获得了嘉兴市医检所的设立许可,并将在2016年8月完成医检所的装修,预计能在2016年内获得医检所资质。市场拓展方面,公司与上海、北京、南京、江苏、山东、浙江等省市的多家三甲医院肿瘤科室医生达成了合作。

（3）中科体检

中科体检是凯泰资本在预防医学平台的一个重要布局,公司是中部地区领先的高端体检品牌,为数十万中国高端用户提供体检、中医、健康管理、候鸟式疗养等服务。公司的旗舰体检中心面积1.6万平方米,年体检人次超过20万人,公司在为客户提供整体的健康管理解决方案的同时,整合高端医疗资源,为体检客户提供中医、口腔等健康管理和诊疗服务;目前公司计划与万达商业合作进行规模化复制。公司于2016年获得凯泰资本数千万元投资,公司将与凯泰资本投资的传奇文化(旗下拥有八达岭、南岳、长白山、张家界、旅顺港、博鳌古村落等旅游目的地项目)共建候鸟式度假基地,为中高端用户提供完整的疾病预防、健康管理、休闲疗养等一体化的服务。

（三）文化娱乐

凯泰资本自2010年开始投资文化娱乐板块,本着为用户带来更多快乐的初心,凯泰资本投资了小说创作(博易创为)、影视制作[完美环球(002624)、北京文化(000802)]、游戏研发与运营[金科娱乐(300459)和趣行天下]、娱乐营销(瑞格传播)以及动漫创作(诺游动漫)等文化娱乐项目(见表2-5),实现了IP打造和IP在不同娱乐产品之间的协同和创新。

表2-5　凯泰资本文化娱乐领域投资分析

公司名称	细分行业	商业模式
博易创为	网络文学创作	原创网络小说内容创作平台
完美环球	影视剧内容制作	综合娱乐服务商
北京文化	影视剧内容制作	精品电影制作和发行公司
趣酷科技	游戏内容制作	游戏研发公司
诺游动漫	游戏运营平台	动漫娱乐平台
哲信信息	游戏发行渠道	线下手游发行公司

（1）完美环球(完美世界002624)

完美环球娱乐股份有限公司创立于2008年8月,是中国领先的影视文化投资、制作及发行机构。目前,公司业务涉及电影、电视剧、游戏等多个领域。2014年12月

19日,完美环球通过借壳上市正式登陆国内A股资本市场。完美环球是国内最早涉足游戏研发的网络游戏公司之一,以领先的技术和研发实力,丰富的IP储备,全球化的运营能力为业界所熟知。完美环球注重游戏产品的自主研发和创新能力,其首款游戏《完美世界》采用的Angelica3D引擎历时三年时间自主研发,完美环球在引擎研发、3D建模与渲染等核心技术方面拥有独特优势,使得其游戏研发具有天生的优良基因。

完美环球属凯泰资本在文化娱乐板块的一个重大布局。作为完美环球的早期投资人,凯泰资本见证了影视行业发展、影游联动和端游页游手游电竞虚拟现实领域的产品的创新、集团化国际化布局及娱乐行业的蓬勃发展。据测算,凯泰资本持有的完美世界股票价值将达到20亿元以上,项目增值倍数达到13倍左右。除了完美环球外,凯泰资本在文化娱乐产业积极布局,深度参与文学创作、内容生产、运营发行、品牌植入等核心产业环节,先后投资了北京文化、哲信信息、诺游动漫、瑞格传播、趣行天下、博易创为等多家优质企业,初步形成了垂直化的产业协同效应。

(2)哲信信息(金科娱乐300459)

杭州哲信信息科技有限公司成立于2010年5月25日,是一家从事移动休闲游戏研发、发行及运营为主的移动互联网娱乐平台。核心团队均来自于浙江大学、浙江工业大学等高校,拥有多年互联网娱乐行业从业经验。公司旗下拥有数百款的优质产品,累计独立用户突破近2亿。公司与中韩两国的当地高校也有着密切合作。公司建设国际游戏产业基地,并吸引数十支来自海内外的专业研发团队入驻。经过5年多潜心研发及行业积累,哲信信息打造了开放型移动休闲游戏生态体系,以自主研发的开放型"移动游戏综合运营平台"为依托,通过自动化筛选、接入精品化的移动休闲游戏产品,以及多元化的发行渠道体系,将优质的游戏内容和服务提供给数以亿计的用户。

2016年4月29日,中国证监会核准批复上市公司金科娱乐(300459)发行股份及支付现金购买资产并募集配套资金暨关联交易事项,金科娱乐以交易对价29亿元收购凯泰资本投资的杭州哲信信息技术有限公司100%股权,这是凯泰资本在文化娱乐领域中的又一项投资成果。作为哲信信息的早期投资人和最大的机构股东,凯泰资本协助公司整合了产业链相关资源,见证了公司业务的高速发展、产业链的上下游整合和团队的快速成长,也获得了理想的投资回报。2015年12月28日上市公司金科娱乐(300459)公告,拟以29亿元收购哲信信息100%股权,基金持有哲信信息9%的股权;本次收购的对价支付方式为"上市公司股份+现金";据测算,凯泰资本持有的哲信信息的权益价值预计为6亿元,项目增值倍数约为25倍。

（3）博易创为（博易创为836025）

博易创为是以数字阅读为基础,粉丝营销为桥梁,IP运营为核心,将数字内容打造及传播、IP粉丝营销汇聚、垂直化版权经济融为一体的综合性数字文化娱乐公司。公司立足于数字内容泛娱乐行业,拥有香网(www.xiang5.com)和天地中文网(www.tiandizw.com)网站、笑眼看书APP和阅阅客户端,以UGC(用户生产内容)＋PGC(专业生产内容)的独特生产模式,打造并积累了大量优质原创小说内容,通过与咪咕阅读、沃阅读、天翼阅读、腾讯阅读、360阅读等主流运营平台形成原创小说内容战略合作,保证公司基础业务稳定发展。同时,通过粉丝营销推广及汇聚,整合自有优质原创小说IP价值,并放大传统名家小说IP影响力,以深度合作的模式,与业内多家知名影视公司及游戏公司达成IP输出及战略合作,实现公司衍生业务的快速发展。作为内容的出品方,博易创为将从文学、影视和游戏等方面深入切入打通各方链条,通过文学内容的生产、影视剧的传播放大、粉丝的社交互动等环节,形成开放而完整的产业链布局。

（四）体育、旅游

凯泰资本自2014年开始投资休闲旅游、户外运动和体育板块,已投资旅游目的地综合开发运营公司——传奇文化等。未来,凯泰资本将整合国内外金融资本、产业资源和旅游目的地资源,围绕旅游目的地,在休闲旅游和户外体育产业链上投资布局露营产业、户外赛事产业、户外娱乐产业、户外体育消费社区、户外体育媒体等环节,创新旅游、户外体育领域的产品和服务,为大众提供良好的旅游和户外体育消费体验。体育产业领域,重点关注户外体育服务品牌、连锁化的场馆管理品牌、专业化的体育媒体平台和连锁化的足球服务品牌。目前,凯泰资本已投资项目包括体育场馆运营商"中馆体育",赛事运营商"樱桃体育"等(见表2-6)。

表2-6 凯泰资本体育、旅游领域投资分析

公司名称	细分行业	商业模式
传奇文化	旅游目的地	以优质的景区为入口提供综合开发运营服务
樱桃体育	体育赛事	以户外赛事为入口的户外服务品牌
中馆体育	体育场馆运营	场馆运营服务品牌

传奇文化是一家旅游目的地整体开发和运营商,核心团队自2007年开始从事大型景区的综合开发和运营管理,拥有多个大型景区项目完整的开发和运营经验。公司整合大量国内外优秀的景区开发和运营团队,通过景区的整体规划、产品研发、投资和专业化的运营管理,完善景区旅游产品和服务体系,提升景区旅游综合接待能力和游客体验。

传奇文化已搭建较完整的旅游产品和服务体系,涉及景区交通、商业综合体、演出、飞行影院、冒险公园、古城、民宿、露营地、集装箱酒店、会议酒店、博物馆等,旗下已有北京八达岭长城、湖南南岳衡山、吉林长白山、贵州海龙屯遗址公园、博鳌华侨古村落、山西北岳恒山、山西大同古城墙、大连旅顺港、张家界槟榔坪户外基地等旅游目的地项目。

2016年5月,传奇文化项目荣获国家旅游局"2015年度中国旅游投资企业百强名单"第五名。在新鲜出炉的747个全国优选旅游项目名单中,传奇文化有四个旅游目的地综合开发与运营项目位列其中。传奇文化项目的投资与成功运营,对凯泰资本在休闲度假旅游、户外运动和体育产业的布局、产业要素资源的整合与协同等方面具有重要意义。

四、投资效益综合分析

(一)价值发现与价值创造并重

社会和经济的飞跃性发展往往都来源于技术的革新,资本的天性是逐利,资本不仅会追逐已有技术可能会带来的市场价值,同时,资本还会主动关注或介入带来颠覆性影响的技术创新。专业创造价值,社会的分工会越来越精细,各个细分专业方向的投资也越来越专业。在凯泰资本投资标的选择的过程中,充分体现出对颠覆性技术创新的追逐。生物技术领域有很多陷阱和不确定性,只有通过专业能力的提升以及专业的投后服务,才能够真正地给企业创造价值。

此外,凯泰资本在选定投资目标之后,会针对不同投资阶段的企业的特点,提供有效的资源整合和投后管理服务,将价值创造的链条尽可能延长。在价值发现与价值创造的过程中,凯泰资本还对投资的不同阶段做了非常详细的区别对待方案。比如天使阶段,投资标的可能只是几个人的团队和一个核心技术,投资标的面临的风险其实很多,包括:技术风险,比如技术创新的科学逻辑是否成立;研发风险,比如研发是否能变成试剂或者药品;市场风险,比如产品能否进入到医院;财务风险,以及是否能够上市退出的资本化风险等。而凯泰资本会从很多方面去为投资标的提供服务,创造价值。第一是资金支持使其在技术方面得到进一步验证;第二是在团队的构建和配置上可以帮助引进专业化、有产业化经验的团队,降低研发风险;第三是沿着产业链投资的思路投了很多医院和医疗服务企业,在渠道上面可以共享,降低市场风险;第四是在财务上,推动投资标的的规范财务。

而在VC阶段,投资标的在技术风险上没有什么问题,这个时候就需要介入后期的管理,帮助企业创造更多的价值。以凯泰资本投资的国内领先的肿瘤液体活检企业上海允英为例,凯泰资本重点协助他们进行产品注册和市场营销,如对接临床医院、落地区域性检验中心、推广产品和服务,在董事会层面给他们一些财务和管理方面的协助,在这些方面都有非常多的成功经验。生物医疗领域PE阶段的投资相对比较少,主要对投资标的上市、产业的并购与整合提供服务。

（二）挖掘创新和消费两大方向的机会

由于发展阶段与经济体制的原因,我国的房地产、钢铁、煤炭、低端制造等产业占据了社会大量的金融资源,中国经济结构调整核心是社会资本流向的调整,从而提高资金和资源的配置效率。在中国经济结构调整与转型升级的大背景下,社会资本将从出口型、资源消耗型的产业流向内需型、创新型的产业。

正是在这样的背景下,凯泰资本重点关注消费和创新产业领域的投资。凯泰资本看好中国消费升级领域的投资机会,比如文化娱乐、医疗健康、休闲旅游等消费升级产业方向;也看好技术创新领域的投资机会,如精准医学、生物技术、核聚变能源技术等技术创新方向。

美国、中国等国家以及欧洲各国的生物技术逐步进入产业化的节点。全球许多顶尖实验室的生物技术,比如哈佛、MIT、清华、北大、浙大、中科院的生物技术逐步进入产业转化阶段。此外,中国已经进入工业化的中后期,在工业化的进程中产生了严峻的老龄化与健康问题。因此,在技术逐步成熟、健康需求驱动的产业化背景下,公司选择生物医疗作为未来天使和VC阶段核心的投资方向之一,包括生物技术和医疗健康。

（三）促进技术进步

技术的进步离不开资本的支持,资本为技术研究与开发提供源源不断的投入,并承担着技术研发可能失败带来的后果。如果没有外部资本的支持,仅仅是公司内部积累的投入,现代科学技术前进的步伐会被大大地拖后。

在促进技术进步方面,凯泰资本的投资项目寻找与选择做得非常成功。以精准医疗放心投资为例,2016年3月,凯泰资本生物医学与精准医疗团队完成对科济生物医药(上海)有限公司的增资事宜,这是凯泰资本在精准医疗领域的又一重大投资布局。科济生物是一家聚焦CAR-T细胞治疗技术的公司,在实体瘤的CAR-T治疗领域拥有国际领先的技术实力,具备成为未来国内细胞治疗龙头潜力。其目标是成为CAR-T细胞技术尤其是实体瘤CAR-T细胞治疗的全球领先者。公司的主要亮点是在实体瘤CAR-T细胞治疗方面取得可喜进展(美国诺华—宾大团队, Kite, Juno等在血液肿瘤上的细胞治疗已经取得显著进展,但在实体瘤方面尚需研究攻克,而肿瘤多数为实体瘤)。资本的支持,让科济生物公司在当前研究以及未来技术储备方面都处于行业的前列,而且通过国际合作,将这种技术优势扩大到全球。

(四)加速科技成果与产品的转换

科技是经济增长的发动机,是提高综合国力的主要驱动力。促进科技成果转化、加速科技成果产业化,已经成为世界各国科技政策的新趋势。当前,我国科技成果转化率不足30%,先进国家这一指标为60%～70%。资本的参与让科技成果转化为产品的步伐大大加快了,从而创造出更多的社会和经济价值。当前,在高新技术领域,全球竞争的焦点在创新人才和创新资本。在"技术＋资本"、"科学家＋企业家"这种合作模式背后,有着深刻含义,就是企业家、科学家应各司其职。对于一个科学家来说,他更为关注的是科学和技术的创造性,对于成本以及生产的具体问题便并非是其所擅长;而对企业家而言,这个新产品能否批量生产、性能是否稳定、成本是否低廉、是否能够满足市场需求是他的关注所在。

在加速科技成果转换为产品方面,凯泰资本特别重视生物医疗技术的市场化转换与运作。在细分的产业方向上,凯泰资本正沿着两大方向布局。

第一个方向是在医疗服务领域。公司希望抓住我国医疗体制改革带来的制度红利,去打造成熟的第三方医学产业平台。凯泰资本将会连续地收购或者并购医院,搭建自己的医院产业平台。这里面商业保险支付体系的建立和医生要素的流动是最关键的两个要素,期待制度红利的不断释放,使我国巨大的医疗市场向先进的医疗服务产业转化。

第二个方向是沿着全球性的技术创新角度。凯泰资本正追逐全球颠覆性的生物技术,重点布局基因检测、精准治疗、医疗大数据、再生医学等领域,通过资本的介入,加快科技成果转换为有效产品,从而为民众提供更好的医疗服务,更好地服务于普通百姓。

五、小结

通过对凯泰资本公司发展以及投资项目的分析,我们可以看出凯泰资本的投资活动都是紧紧围绕其理念发现价值和创造价值而展开,并取得了丰硕的回报。凯泰资本利用自己的知识优势与研究特长,紧密结合当前国内国际经济发展的新趋势,专注投资互联网＋、生物技术和精准医疗、文化娱乐、体育与旅游以及其他行业。这些行业既有代表经济发展方向的新兴行业与产业,同时又有对传统产业升级换代的深度渗透与参与。这样的运作模式,既分享新经济成长带来的机会,又挖掘传统行业细分市场带来的新需求,从供给侧为经济的转型升级注入了新活力。凯泰资本在为社会创造更多的社会价值的同时,也为自己创造了丰厚的经济利润。在引领资本服务实体经济的同时,又完成了自身资本的不断积累,从而为今后更好的发展打下了坚实的基础。

(汪　涛)

安丰创投：专业化创投，高增值服务

在当前的金融市场环境下，由于很多初创型的企业和成长型的企业没有提供或者看不明白有稳定现金流的产品和服务，必然导致这些创业企业很难融到商业银行的资金，而私募股权基金和其他金融机构在前期投资这些企业时也相对风险较大。为了解决中小企业融资难和成长困难等问题，现在在国外成熟金融市场有一种比较行之有效的解决办法，那就是金融机构充分利用自己的资源对被投资企业不仅提供资本而且还提供各种增值服务，帮助被投资企业与金融机构共同成长。增值服务从需要资金的创业企业这个角度来讲，一方面解决了融资难的问题，另一方面也解决了产品市场如何推广、公司如何管理组织、企业之间资源如何共享、进一步在资本市场如何融资等等问题；从金融机构的角度来讲，减少了信息不对称的问题，可极大帮助创业企业成长为现金牛企业，从而大幅度提高了小微企业成长为好公司的机会。安丰创业投资有限公司在增值服务这方面是国内基金公司的先行者，它的经验值得很多公司效仿。

一、公司现状

（一）公司背景

安丰创业投资有限公司成立于2008年，是一家以投资参股拟上市公司，并为其提供整体资本运营顾问服务的专业投资公司。公司是中证机构间报价系统股份有限公司的早期会员，是浙江省创投行业副会长单位。

安丰创投的经营模式是充分利用自身的专业能力、经验与资源优势，帮助优质的成长型公司，按照公司上市的审核要求，完善公司治理结构、提升管理水平、优化发展战略、统筹协调中介机构、制定合适的上市途径和策略等，使其顺利进入资本市场。在公司成功上市后，继续帮助公司策划资本运作方案，充分利用上市公司的资本平台，促进公司快速稳健发展，通过推动公司上市和持续提升公司上市后的价值，在实现公司价值和股东价值最优化的同时，实现股权投资的保值增值和公司的共赢发展。安丰创投立足于浙江等长三角地区，现在也开始进驻湖北等地区，投资行为通过旗下的基金进行投资，包括安丰进取基金、安丰汇盈基金等。

（二）管理团队

公司管理人员主要由两部分组成：一部分是企业界的精英、公司创始人、上市公司董事长、银行行长，他们对企业的创业发展与经营管理具有独到的见解；另一部分是对资本运作、公司战略、营销管理等有丰富的专业知识与成功经验的专业人士。公司具有优秀的经营团队。公司经营团队成员大部分源自浙江大学，他们或在企业中有多年的经营管理和投资经验，或长期从事企业管理咨询和研究工作，已经具有良好的个人品牌。还有一部分成员长期在银行系统中担任行长等重要职位，是拥有丰富行业经验的金融专家。经营团队成员已主持或帮助十余家公司成功上市，具有丰富的上市公司管理的理论优势和实际经验，对拟投项目的价值与能否上市有较强的判断能力。公司的管理团队主要成员如下：

（1）阮志毅，著名创业投资家、创新商业模式研究实践者。现任安丰创业投资有限公司董事长、总裁。

（2）刘云晖，资深证券从业人士、公司IPO运作专家。现任公司执行董事、副总裁。

（3）邢以群，著名管理学教授、优秀管理咨询顾问。

（4）张大亮，管理实践知名教授、资深管理咨询顾问、投资与资本运作管理专家。现任公司执行董事。

（5）胡柏藩，高级经济师，著名民营企业家，现任公司董事、投资决策委员会委员。

（6）黄新华，高级经济师、工程师。现任公司董事、投资决策委员会委员。

（7）王乐，现任公司执行董事、副总裁、投资决策委员会委员。

二、投资理念和投资项目

（一）投资理念

安丰创投凭着自己的专业能力，主要投资那些高成长性和合理估值的项目，力求成为被投资企业共同成长的合作伙伴。主要投资高端制造业、节能环保、TMT（互联网科技、媒体和通信）、文化传媒、现代服务业及其他新兴产业的拟上市优秀企业。现在的业务主要立足于浙江，面向全国，以投资成长型拟上市企业为主，包括上市公司重大资产重组，定向增发等股权投资业务，以及资产管理的各类业务。

（二）投资项目和投资效益

安丰投资最近几年主要投资的项目如表2-7所示。

表2-7　主要投资项目

投资项目	企业产品服务	行业
创业软件	电子计算机软件的技术开发	TMT
华欣材料	电动助力车蓄电池、耐火材料	高端制造业
慧达科技	计算机应用软件开发	TMT
川山甲	供应链管理服务平台	现代服务
秀山美地	现代高科技农业	现代农业
合众信息	数据交换和数据处理产品研制生产	TMT
山地茶叶	西湖龙井茶种植、加工	现代农业
永乐影视	影视剧策划、投资、拍摄、制作和发行	文化传媒
莱源科技	触摸屏和RFID、薄膜开关、EL	高端制造业
剑桥科技	开发、设计、制作计算机软件,计算机网络设备维护	TMT
商康电商	医药B2B电子商务	现代服务
华丽达	提供专业视听技术服务	现代服务
快客传媒	公路客运传媒	文化传媒
嘉叶科技	精细化工,香精香料,食品添加剂,动植物提取,医药原料及中间体	高端制造业
童石文化	动漫娱乐内容	文化传媒
德联科技	集中供热、暖通节能、工业锅炉和电站能源等领域的能源自动化集成	节能环保
华尚新能源	能源工程技术、节能减排技术、供热、供气设备、环保设备	节能环保
圣世互娱	前期项目开发、拍摄制作和投资于一体的影视娱乐	文化传媒
中科德润	各种自动机械设备、数控装备等高新技术产品的开发	高端制造业
迅博达	移动网络基础产品解决方案、社会化媒体营销服务以及互联网原创内容经营	TMT
金泰科技	通信、电子、电力系统及钣金产品加工	高端制造业

从发达国家的成熟经验来说,经济发展到一定阶段产业升级是绕不过去的一个坎,我国也不可能例外。随着经济的发展,我国的经济结构已经发生了很大的变化。我国原来的优势现在变成了劣势,有些则恰好相反。首先从要素市场来讲,最近几年劳动力数量开始下降,但人力资本素质不断提高,大学毕业人数占就业人数的比例越来越高,农村就业人口的数量越来越少;资本数量积累增速放慢但资本存量很大,资本使用效率非常低;可用土地数量减少,环境恶化,需要提高各种资源的使用效率;技术引进的边际效应越来越低,因为中国很多技术已经处于世界先进水平,再要提高只能通过创新才能实现;等等。其次从需求角度来讲,居民收入提高,消费升级趋势日益明显,需要有一些新的产品来满足需求,比如旅游、文化娱乐,去国外旅游和代购商品火爆就是很明显的证据;居民存款增加需要有各种金融产品来

满足投资需求,等等。杭州最近几年选择基础好、前景广的文化创意、旅游休闲、金融服务、电子商务、信息软件、先进装备制造、物联网、生物医药、节能环保、新能源十大产业加快发展,这些产业主要是现代服务业和战略性新兴产业,代表着杭州产业结构调整和转型升级的发展方向。图2-1是公司最近几年的一些投资所在的行业情况。

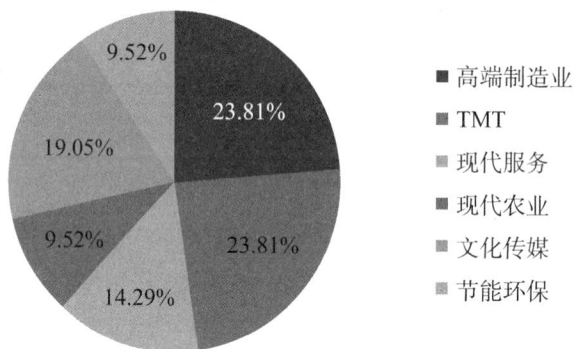

图2-1 投资项目行业分布情况

从图2-1中可以看到公司主要投资于高端制造业、TMT、文化传媒等这些产业,这些产业也恰好是上述产业升级的方向。从调整国家产业结构的角度来讲,安丰起到了优化资源配置、引领产业结构转型的作用。公司投资不仅仅满足于普通的投资业务,而且投资完成后充分利用自身的专业能力、经验与资源优势,帮助所投公司按照公司上市的审核要求,完善公司治理结构、制定公司发展战略、协助完成后续融资、帮助公司引进专业人才、统筹协调中介机构、制定合适的上市途径和策略等,使其顺利进入资本市场。公司股东和经营团队作为核心成员作为管理顾问已经完成十余家公司,如广宇集团、盾安环境、新海股份、新和成、创业软件、德联科技、童石网络、川山甲等的上市工作。

投资一个项目的周期一般时间都比较长,而公司创立时间也不长,公司投资的很多项目都还没有彻底退出来,因此,很难整体评估公司的投资收益。但可以从具体的已经退出来的项目中评估公司的投资收益,以达到窥一斑而知全豹的效果,比如创业软件。上市完成后,安丰创业投资有限公司占创业软件股份总数的3.47%;安丰管理的浙江安丰进取创业投资有限公司占股份总数的2.60%,合计占6.07%。即使按目前处于市场低谷来看,创业软件总市值93.7亿元,安丰系持股市值约5.7亿元。2008年,安丰系总共投资金额为2050万元,从创业软件这个项目来评估的话,回报近30倍,投资报酬率相当可观。

三、增值服务

（一）提供增值服务的原因

国内外的实践经验表明,创业企业的成功率很大程度上受创投公司提供增值服务效率的影响。创投公司通过增值服务让创业企业在尽可能短的时间内快速增值,并从中获得益处:一是有利于创投公司持有股权的退出并获得可观的资本利得;二是容易使创投公司赢得良好的口碑,既有利于创投公司在资本市场募集资金又有利于增加投资项目的机会。

随着全民创业时代的来临和资本市场的发展,在未来的资本市场,提供增值服务是创投公司除了提供资本以外的标配服务。那么为什么增值服务会变得越来越重要的呢? 由于创业投资项目的产品和服务往往是比较新颖的,没有现成的市场经验可以参考,所以该项目的前景是不确定的。投资资产的流动性也比较差,期限跨度比较大而且又无担保这些因素决定了创业投资风险较高。另外创业者普遍存在经营和管理经验不足的问题,不可避免地会在成长过程中出现既有共性又有特性的问题和困难。共性方面的问题主要有以下几方面的问题:

首先,战略管理能力不足。企业战略是实现目标的综合计划,搞好战略管理工作在企业发展过程中是非常关键的。由于初创阶段,一部分企业没有意识到它的重要性,使得企业发展有如"脚踩西瓜皮——滑到哪里算哪里";还有一部分企业虽然比较重视,但由于战略管理能力不足,制定的战略与企业实际存在很大的差距,基本上缺乏可操作性,也不能有效地指导实际工作。由于创投企业对行业和企业的视角更加高远,而且成功管理经验也比较多,如果这个时候创业投资公司从行业发展的角度出发,利用各种资源条件以及自身的行业经验和敏锐的洞察力,帮助创业企业制定战略规划、分享经验,并根据规划对内部管理进行优化和改善,那将对创业企业是非常有益的。

其次,应对外部环境的能力不足。任何企业的成长与发展过程实际上就是与外部环境(市场环境、政策环境、资金环境和人文环境)交流和利用的过程。由于自身条件的限制,创业企业一般都比较缺乏信息、人力和社会关系资源,而且对所处的外部环境了解也有限,这必然导致不能区分环境因素的利弊。这些缺点可能会使管理者缺乏处理危机事件的能力,从而使企业的生存受到严重的威胁。而如果创投企业能够提供商业模式企业的战略设置,进行行业方面的资源对接,则可大大提高处理危机事件的能力。

最后,缺乏后续资金支持。随着规模和产品研发投入的增加,创业企业对资金的需求量会越来越大,但是即使企业已经发展到了成长阶段,该企业的经济实力和资信水平也很难满足传统商业银行等金融机构的放贷条件。因此,创业企业即使引进风投,还是需要继续"喂奶"才能跨过发展的各个阶段,而创业企业一般缺乏融资的渠道,需要金融支持。在此情况下,创投企业一方面按分段投资计划追加对该项目的投资,并在企业以债券方式融资时,提供融资渠道等帮助,直至以创业企业的股权作抵押,为其融资担保;另一方面当时机成熟时,帮助创业企业通过新一轮增资扩股,引进战略投资并帮助企业进行IPO等。

(二)安丰创投提供增值服务的实际案例

安丰创投在国内基金中是比较重视为创业企业提供增值服务的少数企业之一,这也可以说是比较有特色的一块业务。从核心管理团队的职业背景可以发现,公司高层一般都既具有创办企业、经营企业的公司管理经验,又具有在资本市场进行公司改制重组、新股发行、项目投资和公司发展战略方面的经验,而且还有扎实的以浙江大学作为依托背景的学术基础。安丰创投这些优质的特点决定了对被投资企业不是进行简单的投资而是还要提供各种增值服务,在公司成功上市后,还将继续帮助公司策划资本运作方案,充分利用上市公司的资本平台,促进公司快速稳健发展,通过推动公司上市和持续提升公司上市后的价值,在实现公司价值和股东价值最优化的同时,实现股权投资的保值增值和公司的共赢发展。这些增值服务主要包括这几个方面:内部管理的优化和改善、商业模式企业战略设置、上市顾问、进行行业方面的资源对接。以安丰创投投资的两家公司创业软件和川山甲为例来介绍增值服务。

1. 创业软件

创业软件股份有限公司成立于1997年12月10日,总部位于杭州国家高新技术产业开发区内。创业软件是一家为医疗卫生行业信息化建设全面提供解决方案的服务商,是国家级高新技术企业,于2015年5月14日正式登陆深交所创业板,股票代码300451。公司凭借着扎实的业绩、创新的产品、极具空间的发展前景,自上市以来得到了投资者的高度认可,股价在近3000家上市公司中基本稳定在前10名,是国内资本市场中的明星企业。创业软件主要有数字化医院系列、数字化社区卫生系列、数字化卫生行政系列、区域卫生数据中心系列、数字化社会保险系列、数字化卫生监督系列、数字化疾控中心系列和数字化药店系列八大系列产品,拥有100多个自主研发产品;营销网络遍及全国20多个省、自治区、直辖市,用户数量达3000多家,市场占有率居国内同行前列;专业技术人员数千人,是中国规模最大、用户数最多、最具竞争力的医疗卫生行业信息化建设全面解决方案提供商和服务商。公司拥有一支由医疗卫生行业专家领衔、众多相关专业技术人员组成的团队,具有强大的技术研发能力和丰富的项目实施经验。先后承担了国家电子发展基金项目、国家高新技术产业化项目、国家火炬计划项目、国家创新基金项目等40多项国家、省、市级重大技术研发项目。

安丰创业投资有限公司通过安丰创投与安丰进取基金,共同对其进行了投资。安丰创投持有创业软件发行前4.76%的股份,安丰进取基金持有发行前3.57%的股份,安丰系公司是创业软件公司前五大股东,也是创业软件上市的总顾问单位,在上市过程中帮助对接了大量资源。从上市筹划到中介机构对接,到内部梳理,到材料上报,到前往北京沟通,到最终审核发行等等,毫不夸张地说,安丰陪伴创软经历了每一个关键的历程,帮助创软解决了大量重要的问题。

与此同时,安丰创投与创业软件经常就"医疗卫生行业趋势"等展开研讨,并协助创软团队在企业商业模式优化上做了许多扎实且有效的工作。在内部治理与管理的提升等方面,根据创业软件公司的需要,安丰也提出了许多专业、可行的运作方案;而在行业资源对接方面,安丰也为创软贡献了多年积累的众多业内资源,为业务提升做出了很大的功绩。与此同时,安丰也通过商业模式的优化、内部治理与管理的提升等,为公司发展提供了诸多极为关键的帮助。

该公司主要针对大医院的信息管理系统业务,投资完成后团队成员帮助该公司进行了战略梳理,提供了完整的战略规划,着力于帮助该企业改变商业模式;在维系大医院信息管理系统全国市场领先的同时,大力拓展社区医疗卫生管理系统并着力增加长期对已建系统大医院和社区医院的跟踪服务。经过持续努力,该公司业务快速发展,社区医疗卫生管理系统已在上海闵行区、成都新津区、北京朝阳区成功试点并获得卫生部示范基地称号,并大力在全国推广。

2. 川山甲

川山甲供应链管理股份有限公司成立于2008年11月4日,总部位于杭州市滨江区高新技术开发区内。2013年9月,依法整体变更为股份有限公司。目前公司股本总额为63648万股,并于2016年2月完成挂牌,股票代码836361。公司一直专注于工业品供应链管理服务领域,以工业品供应链管理服务商为战略定位,依托大型制造企业和产集群区向上下游产业链延伸,发展集体库存管理信息化、采购管理优化、工业品O2O交易平台、供应链管理信息系统、集中分拣配送、供应链金融以及物联网溯源服务等在内的综合性服务,以帮助生产制造企业降本增效为使命,打造基于"物联网＋O2O平台"的工业品智慧供应链。

川山甲的"物联网＋O2O平台"供应链管理模式就是融合电子商务、连锁经营、现代物流管理、供应链金融和物联网云计算等经营元素而成的一种工业互联网新模式。它利用物联网云计算技术让供应链上下游成员更加紧密地联结在一起,促成供应链的一体化协同运作;通过搭建O2O平台,线上利用电子商务来实现交易、结算的"在线化",线下利用连锁经营和现代物流管理实现售后服务和配送的闭环;基于沉淀在平台上的数据,与银行合作提供应链金融等增值服务。

川山甲向整个制造业扩展,提供降本增效供应链管理服务平台,降低四大成本:库存成本、渠道成本、组织成本和交易成本,提增三大效率:对接效率、优化资源配置效率、运营效率。这是一个互联共享的智创平台,助力中国制造企业向"中国智造"转型升级,全力推进现代物流管理、供应链金融和物联网融合。

安丰创业投资有限公司早在2010年年初投资1500万元。投资该公司时,该公司主要业务在大型制造企业和产业集群区,主要涉及大宗物资(粗钢、煤炭、铁矿砂、焦炭等)及MRO(非生产原料性质)工业品两大领域。虽然因刚性需求的存在使总体供求相对稳定,但工业、制造业的景气程度亦会受到能源资源行业的影响,在行业景气低迷背景下,供应链企业的盈利能力也随之下降。

在接下来的五六年里,安丰创投对川山甲给予了极大的帮助。安丰创投向其派驻董事,与其对接资源,并全程帮助其进行了企业战略梳理、内部管理系统提升,特别是近几年来与中介团队(浙江众成企业管理咨询有限公司)一同对川山甲的商业模式进行了转型升级。该咨询团队与川山甲长年累月地一同工作,为商业模式、操作细节等的持续优化做出了非常卓越的贡献。川山甲的业务由此前的以传统主料为主转变成为工业品B2R供应链管理平台(工业品:除大宗物资之外的工业原材料,B2R即Business-to-Retailer,商家对零售商),并取得了初步成功。目前川山甲年利润已在亿元上下,而且发展速度还非常快。后续安丰还将帮助川山甲在新三板挂牌,并进行持续资本运作,例如帮助川山甲在2016年年初在新三板挂牌成功后参与了其挂牌后的首次增发,通过杭州安丰慧元创业投资合伙企业再次认购了6000万元,帮助其进一步加快发展,并力争为整个工业上下游做出更大的贡献。

此外,在行业资源方面,安丰陆续介绍了多家相关企业,促成了多笔业务合作;随着川山甲业务的展开,安丰也相应地增大了在川山甲产业上下游的相关投资布局,以发挥更大的协同作用。

(三) 提供有效增值服务的经验

从安丰创投的经历可以发现,把资金投到创业企业是投资的最先一步,现在国内很多创投企业都只是停留在投资这一步,如果是这样的话很难控制投资收益的最大化和投资风险的最小化。为了实现真正的有效的增值服务,需要从以下几个方面

来处理:

1. 建立规范的法人治理结构

首先帮助创业公司建立一套科学的现代管理制度,使得企业的任何行为都有约束和激励。创投企业在投资过程中,可以采用各种形式加强与创业企业的沟通,在沟通和交流中找出企业管理中的问题,有针对性地克服企业经营中出现的家长制管理、决策不透明、财务管理混乱等不规范的管理行为。通过动态解决问题的过程来完善董事会、监事会、总经理负责制,建立决策体系科学化、财务管理规范化、激励机制合理化等一系列的管理制度。此外,通过创投公司丰富的人力资源管理经验和人脉关系,物色和充实中层骨干创业团队以保证管理目标的实现。

2. 帮助创业企业制定有效的发展战略

前面已经提到过创投机构的优势就是经验丰富、信息全面。因此,创投机构应从宏观、行业发展、国家战略等角度出发,利用各种优势资源和自身的行业经验与敏锐的洞察力,为创业企业提供意见和建议。如市场如何去营销、新产品如何开发和推广、人力资源如何优化配置,企业品牌如何打造等,促使企业的价值实现最大化。

3. 提供财务服务和融资服务平台的支持

利用创投公司的金融网络和自身良好的信誉,协助创业企业进行再融资,从而吸引新的投资伙伴,同时为创业企业向银行贷款提供担保,协助企业进行重组、并购以及制订上市计划等,帮助企业进行资产调整,引入合适的券商作为保荐人完成上市工作。创投企业也能顺势退出,赢得收益。

4. 创造良好的外部环境

创投企业在国内往往具有一定的政府背景,熟知国家的产业政策及各种法律和法规,同时具有人才资源、金融服务、信誉资源、广告媒体等网络资源。创业投资企业可以通过有效的方式,把创业企业和这些宝贵的资源进行嫁接,为企业创造良好的外部发展环境,提供政策、法律、市场信心等咨询服务,帮助企业预防和处理在市场搏击中的各种危机,保证企业政策的运作和发展。

总体来说,加强对增值服务的研究和认识,有利于创投企业提高自身水平,提高资金的使用效率,使投资的风险变得可控,从而扶植更多的创业企业更快更好地发展,最终走向成功。为了使增值服务变得有效不仅需要创投公司的努力而且还需要国家层面和相关部门和政府机构的积极配合,只有不遗余力地发展增值服务建设,推动创业企业不断做大做强,创业机构才能有效地退出,国家产业转变才能够实现。

四、小结

安丰创业投资有限公司作为一家为投资参股拟上市公司提供整体资本运营顾问服务的专业投资公司,在资源分配、引领产业结构转型等方面起到积极的作用;又通过一些增值服务来帮助一些初创企业渡过难关,这种方式是值得资本市场仿效的。安丰创投位于基金小镇,而基金小镇汇集了很多金融行业的企业,这为公司提供了资源和信息的共享平台。正如公司董事长阮志毅先生所说,资本集中的地方,能够吸引到很多创业项目到这儿来跟我们对接,项目到我们这儿来也比较容易找到资金,这是一个非常好的平台。

(边迪秋)

湖畔山南：专注互联网，优创业生态

　　位于玉皇山下基金小镇，和阿里巴巴有着颇深渊源的湖畔山南资本，秉承着与逐梦者一起成长的理念，在风险投资领域不断前行。公司于2014年成立，并入驻玉皇山南基金小镇，其创始人谢世煌为阿里巴巴"十八罗汉"之一，团队成员皆出身阿里巴巴投资部。拥有精英团队的湖畔山南资本专注于互联网相关产业的创业投资，第一期资金规模5亿元人民币，从创立之初到现在，已投资30余家企业，其中4家公司已登陆新三板市场。除了投资资本，湖畔山南资本力图更多地为创业企业输入创业经验、管理理念等，为创业企业的成长提供全方位的支持，帮助创业企业跨过一道道创业发展中遇到的障碍，从而提高创业的成功率。

一、公司现状

（一）管理层分析

　　湖畔山南资本创始人谢世煌，作为马云的忠实合作伙伴，有着20年的互联网行业底蕴。公司投资副总裁牟雪曾任职于阿里资本、弘毅投资、毕马威华振会计师事务所，在企业管理及企业内控方面具有丰富经验，专注于互联网和移动互联网领域的投资，侧重于O2O和文化传媒领域。李钧曾任职于阿里资本、硅谷银行直投部及Equity Management Capital对冲基金公司，专注于移动互联网、新媒体、企业服务及传统产业互联网化等相关领域的投资。盛森曾任职于摩托罗拉、阿里巴巴，拥有15年通信和互联网产品、运营及市场营销经验。

　　公司管理层均有着丰富的互联网从业经历，管理团队在企业运营与管理方面拥有丰富的经验。由于具有相似的经历，管理层在公司投资理念的确定、投资方向以及投资项目的选择上，更容易达成一致意见。管理层拥有丰富的运营和管理经验，在投资项目管理上，可以为创业企业提供更多的企业管理方面的支持，帮助企业成长。

（二）公司员工结构分析

　　湖畔山南资本现有员工9名，其中管理人员3名，投资人员3名，行政人员3名，员工中拥有本科学历者5名，硕士学历者4名，其中2名拥有海外留学工作经历。管理团队均出自阿里巴巴，在互联网行业拥有丰富的从业经验。

从公司员工学历分布来看,硕士学历人员占近一半的比重,从公司员工从业经验来看,大量来自互联网从业经验的员工,对互联网相关行业有着深入研究,同时对互联网行业未来发展有着精准定位,非常有助于公司专注互联网相关领域的投资。

二、投资理念与投资布局分析

(一) 投资理念

湖畔山南资本投资理念是:和创业者一起打造更大的创业生态系统。公司希望除投入资金外,能将优秀的企业文化、企业管理、创业历程的经验和教训与创业者分享,成为创业者的好伙伴,更好地协助企业发展。基于这个理念,公司现阶段主要专注天使和A轮阶段投资,同时基金运作过程中侧重于投资与管理两个阶段,将重点放在创业投资方向。

(二) 投资行业布局

1. 当前投资布局

目前,湖畔山南资本管理第一期资金5亿元人民币,从2014年到现在已投资30余个项目。与其他风险投资机构不同,湖畔山南资本专注于互联网相关行业的投资,项目主要分布在文化娱乐、互联网教育、大数据等领域。

在已投项目中(见图2-2),93%的项目属于"互联网+"的相关领域投资,7%的项目属于商业智能行业。其中,大部分项目属于消费升级类行业,比重为72%,其中文化娱乐产业占29%,电商行业占比18%,旅游行业占比14%,医疗美容4%,在线教育4%,汽车后市场占比3%。其他项目分别为SaaS行业占比11%,社区社交7%,商业智能7%,互联网金融占3%。

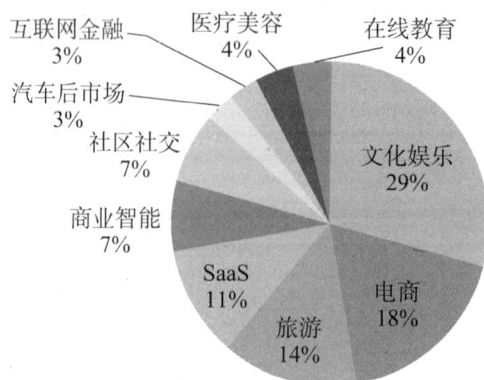

图2-2 投资项目行业分布情况

2. 未来投资布局

湖畔山南资本在2015年投资十分活跃,共投资了21家企业,到2016年投资进度有所放缓,截至2016年7月,仅投资6家企业(见图2-3)。公司认为2015年年中资本市场进入"寒冬",这个时期资本和创业者都趋于冷静、成熟,所以公司投资趋势呈现下降态势,但是公司牟雪以阿里发展历程做分析,认为在资本市场的"寒冬"季节,企业在困境中更容易激发创新意识,从而进入新的发展阶段,同时谢世煌认为,这个时期泡沫的挤压会挤出更好的项目,未来投资依然会向好的态势发展。

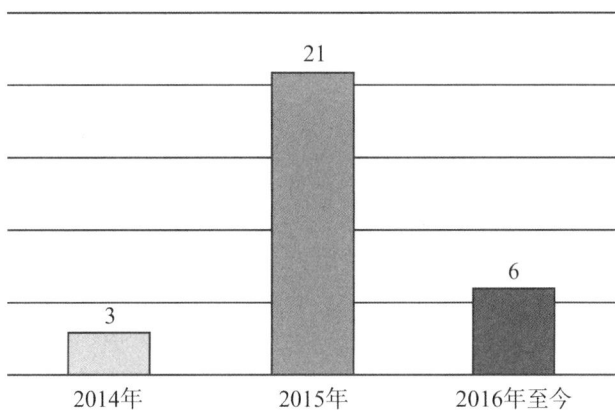

图2-3　投资项目数量

公司认为未来人工智能、VR(虚拟现实)等相关的产业将会有所发展,在基金投资方向的布局上,除了持续考虑消费升级类领域,如在线教育、文化娱乐等领域持续增加投资以外,还会增加中国实体经济基础——精密制造行业的投入,对于与传统制造行业或者互联网行业升级改造相关的企业也会加大投入,同时会积累环保、医疗领域的投资经验,慢慢渗透在这些领域中。

(三)投资阶段分析

湖畔山南资本的投资理念,决定了资本的投入集中在企业生命周期中的初创期,在近两年的投资中,湖畔山南资本在天使投资阶段的项目数量为11个,A轮投资的项目数量为18个,B轮投资的项目数量1个,可以看到96%的投资集中在企业初创期(见图2-4)。在企业发展初期介入,由于企业经营过程中不确定性因素较多,风险投资机构会承担较大的风险,但是也会带来比较好的收益。这个阶段的投资,投资者与创业者更加贴近,会更加认同彼此的理念,容易确立伙伴式的关系,这有益于企业发展的战略实施。

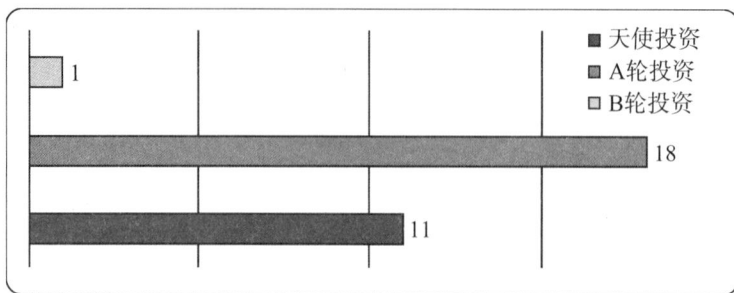

图2-4 投资阶段分析

（四）投资项目创业团队分析

湖畔山南资本投资团队来自阿里巴巴投资部，与阿里巴巴有着深厚的情感，而阿里的企业文化鼓励员工创业。因此湖畔山南投资者认为出身阿里系的创业者，双方的价值观相似，容易交流，在技术、环境、业务同等的条件下，公司会优先投给阿里出来的创业者，给予创业的阿里员工以支持。在已投资的项目中，创业团队出身阿里系的公司有：银盒子、音悦台、4K花园、一地一味、有邻、梦想旅行、一家民宿、Biu&Tiki 8家，这些阿里系创业公司获得了同样出身阿里系的湖畔山南资本的资金支持，占比近27%。

三、投资项目分析

湖畔山南资本将投资主要放在与互联网＋相关的领域，在具体项目选取上又有相应的侧重点，由于泛文化的发展，中国文化娱乐产业正在快速发展，公司在投资上更侧重于文化娱乐产业的投资，同时公司也开始在商业智能上布局。

（一）文化娱乐行业的投资

风险投资一直青睐TMT，也就是电信、媒体和技术融合产生的相关行业，如移动互联网、新媒体等。湖畔山南资本同样偏好对于文化娱乐行业的投资，在投资过程中，公司更加侧重投资那些将创意、艺人、商业、渠道进行整合的具有成长空间的文化娱乐公司。在具体文化娱乐产业投资项目上，即包含了跨界合作、全球整合的项目，也布局了娱乐产业中热门的直播平台、网红平台。

公司投资的已成功上市新三板的新片场（834630），从短视频媒体切入市场，2014年发力短视频的宣发，目前已成为专业内容生产（PGC, professionally generateal content）领域的龙头企业公司，为目前国内最大的多频道网络（MCN, multi-channel network)。同时公司是微博短视频领域的顶级战略合作伙伴,因此获得大量微博方面的推广资源倾斜。同时也是优酷土豆、爱奇艺、腾讯视频、乐视、美拍、秒拍等各大视频平台的MCN重点合作伙伴。从2015年起开始向上游行业即内容提供商(CP,content provider)通过投资股权、投资项目等方式进行渗透。目前旗下《日食记》《尖叫制片厂》《魔力美食》等多个系列数据行业领先。公司2015年在网络大电影领域发力,投资并宣发的影片在2016年连续数部网络大电影票房两周破300万元人民币。

湖畔山南资本还投资一家致力打造中韩跨境顶级内容和造星平台的公司。该公司成功地将创作人、艺人、导演的中韩娱乐资源整合起来,下辖创作人包括韩国顶级综艺节目导演、编剧,韩国顶级电视剧导演,并拥有韩国顶级歌手偶像培训学校,致力于打造"造星流水线"。

从湖畔山南资本投资的8家新媒体行业项目显示,公司正力图形成全方位的产业的投资格局,多渠道地扩展投资空间。

（二）旅游行业的投资

随着我国经济发展,消费者的消费理念发生转变,更多的家庭将收入中的一定比例投向旅游消费。这一现象促进了旅游市场的快速发展,从而产生了多个细分的市场。由于旅游市场的前景广阔,因此旅游产业近年来也成为风险投资的聚集地。

公司所投资的梦想旅行,将大数据与旅行完美结合起来,依托强大的数据挖掘平台,通过数据挖掘建立了全球旅游的知识图谱,全力改造出境游服务。具体来说,就是通过一个全新的纬度,将旅游行业里兴趣点(比如说景点、餐馆、酒店等)的数据用新的体系管理起来;通过对几十亿条兴趣点信息、上千万篇游记进行数据挖掘,迅速地提取出关键信息;还挖掘出每个兴趣点隐含的用户所关心的信息,为人们提供"洞见"。梦想旅行还通过大数据的方式,把海量的非结构化、碎片化数据,通过深度学习的方法进行结构化、标签化。现在,梦想旅行积累和挖掘的数据已经涵盖全球400多个城市、70多个国家,覆盖了95%的人群出境游目的地,打造出了旅游行业最完整的知识图谱。但是梦想旅行没有止步于此,再加上它先进的算法和独有的技术引擎,它变身为谷歌这样的强大智能助手,为用户推出了独家一站式行程规划平台。根据用户的个性化需求针对性地反馈一个立体化的详尽行程规划,这不仅替用户节约了大量的时间和精力,同时又提供了更便捷和更丰富的服务。

在旅游行业的投资,湖畔山南资本选择了在线旅游市场,同时将投资目标进一步定位在境外在线旅游市场。其所投资的4个旅游项目,皆从不同的境外需求角度介入境外旅游业,包括境外住宿、签证、WIFI、高端定制等。

（三）SaaS 行业的投资

SaaS 行业是软件运营服务行业，是一种软件供应商通过互联网，根据客户的需求定制软件的新型的商业模式。这一模式帮助软件供应商扩大市场，增加潜在客户，而客户可以减少软件的运营及维护成本，提高运营效率，从而达到双赢的局面。我国 SaaS 行业现在处于上升态势，有很多方向可以去开发，有很多优质客户可以去争取。通用型和垂直型 SaaS 都有很多机会，先进入的创业者将会拥有优势。

银盒子成立于 2014 年，是一家基于云端技术的 SaaS 互联网公司，通过商业智能终端和云服务，为零售、餐饮业、泛行业商户提供国内领先的商业智能云 POS 解决方案。通过移动支付和 O2O 的有机结合，改变不同细分行业的传统收银支付场景，帮助商户实现智能化、互联网化、大数据化经营，实现"互联网＋"服务升级、精细化管理。利用线上线下一体化平台，推动产品应用场景的拓展、普及和创新，建立真正意义上的闭环商业生态圈，并发挥生态圈的合力优势，实现合作共赢。银盒子产品的特色和优势主要体现在：不仅根据各行业可提供不同版本的云 POS 智能收银终端，还可以提供适合多行业无须改造现有系统的 SaaS 软件，银盒子的 SaaS 软件可实现传统收银机、安卓、iOS、Windows 等多种系统的对接，模块化开发的设计还能让用户根据自身情况以类似插件的形式将新的智能化功能叠加在任意的收银系统中。

湖畔山南资本抓住时机，把握行业发展的脉搏，在 SaaS 行业起步初期进行投资，已投资多家公司。

（四）商业智能行业的投资

基于大数据和云计算的商业智能在未来会在各行业发展起来，这一领域是科技创新的发源地，也是风险投资专注的热门领域，湖畔山南资本也开始在商业智能行业进行布局。

公司投资的立方股份（833030）是一家致力于向客户提供人员和车辆管理整体解决方案的技术创新型企业，自成立以来一直专注于出入口控制与管理领域的研发和销售，现主要涵盖智能停车、门禁通道以及护柱物防设备三大业务领域。公司凭借对行业状况的多年研究，依托雄厚的资本实力、专业的管理团队、卓越的产品品质和强大的创新能力，打造了业界最为先进和完善的出入口控制管理产品线，广泛应用于现代化的智能大厦、企事业单位、政府机关、交通运输、住宅小区、商业物业等场所。公司在持续稳步发展三大传统业务的同时，积极拓展"互联网＋"业务，大力推动互联网停车产品——行呗及停车云数据管理平台的建设，致力多维度提升用户停车体验，实践城市停车共享经济理念，逐步完成公司由设备销售商向运营服务商的角色转型。未来的立方,将通过全方位布局,全面整合行业领域的纵深发展,以提供便捷活跃的互联网停车服务为基础,全线切入车生活领域,实现共享经济;同时,凭借门禁和安防在业内的绝对优势,结合现有资源深入挖掘行业蓝海,致力于行业环境的改善,承担更多的社会责任,全力建设成为一家全球人行、车行出入口通道控制领域的国际化大型集团。

四、投资效果分析

(一) 打造生态创业系统,帮助创业企业成长

创业者将梦想、创意变成现实,开创企业,天使投资是这个过程的催化剂。天使投资者帮助创业者构建他们的创意,专业地开发这些创意,聚集初始资本和关键的人力资源,同时寻找早期商业合作伙伴。到了A轮投资,风险投资所提供的资金,帮助创业企业拓展市场,为进一步做大企业提供关键性的资金支持。

在创业企业发展的这两个阶段,虽然资金的支持可以解决创业企业启动时一个重要问题,但是初创者在创业初期会面临很多问题,包括企业发展定位、市场拓展、人员管理等。一个良好的生态创业环境,是投资者在这些阶段,根据自身的经验,与创业企业共同探讨其所面临的问题,提出相应解决办法,帮助创业企业渡过难关。这正是创业者所需要的。湖畔山南资本秉承着这个理念,致力于与创业者一起打造更大的生态创业系统。

(二) 侧重阿里系创业投资,提升杭州创新创业氛围

在创业"新四军"中,阿里系创业队伍规模不可忽视,据IT桔子的数据显示,阿里系创业者数目达到了485位,可谓是创业者的培养摇篮。而创业公司的成长则需要后续资金的支持,湖畔山南资本的介入,正好起到孵化器的作用。湖畔山南资本投资的30家创业企业中,有27%的创业企业来着阿里系。这一过程形成了正反馈,不断有员工在这种氛围的鼓励下,开始创新创业,将梦想变成现实。

湖畔山南资本投资的有邻就是这样一家企业,有邻创始人杨仁斌2009年加入阿里巴巴,在阿里从事过多个岗位,包括技术、产品运营、战略等。阿里这个平台,为其创业提供了多角度的学习机会。2014年,杨仁斌选择自己创业,并获得了湖畔山南资本的资金支持,创立了"有邻"。这款基于小区的邻里互助平台,希望成为一款有温度的APP,现已覆盖杭州上千个小区。湖畔山南资本在阿里系创业者创业的过程中,起到了不可忽视的作用,同时提升了杭州创新创业环境和氛围。

（三）促进传统产业转型升级，培育新兴产业，助力供给侧结构性改革

风险投资对于科技创新和高新技术企业的扶持作用，已经被市场所认可。我国现在正在进行供给侧结构性改革，以适应经济发展新常态。供给侧结构性改革从企业角度出发，需要企业淘汰落后产能，进行转型升级，同时要考虑市场需求，提高供给质量。在改革过程中，会产生很多投资机会，风险投资将资金投入有发展前景的转型中的企业，帮助企业成功转型。同样市场需求的变化，也带来新的商机，形成新兴产业，这些产业的初步发展需要风险投资资本的支持，当企业做大做强，风险投资退出获得盈利。

湖畔山南资本投资的立方股份，抓住智慧交通的思路，把智能停车系统与互联网相结合，将传统的车辆管理进行升级，提升了用户体验，同时增加了企业的业务领域。就是这样的转型，吸引了风险投资机构，风险投资机构投入的资金，又为立方进一步的升级转型提供支持，形成了相辅相成的关系。

五、小结

通过对湖畔山南资本的分析，我们看到的是一家有情怀的投资公司，他们侧重创业投资，致力于帮助小企业成长，同梦想者一起实现梦想。

湖畔山南资本将自身丰富的互联网经验与投资方向相结合，在"互联网＋"领域开展业务，重点投资在文化娱乐业、电子商务、SaaS等领域，并开始向商业智能行业进行渗透。在完成资本投资的同时，湖畔山南资本力图打造一个更大的创业生态系统，促进传统企业转型升级、培育新兴产业，更好地服务实体经济。

（王慧煜）

好望角投资:复式协作,整合全产业链

随着新的资本市场格局下PE估值的逐步提高,私募股权投资机构的竞争陷入了白热化,因此业内机构也面临着未来发展方向的选择,是进行专业化精耕细作,还是打通投资链条实现协同效应,又或者是综合化多元化全面发展等,各机构都根据自身的特点和对未来经济的判断做出适合自身发展的选择。好望角投资以行业聚焦为根本,以复式协作为方法论,以互联网与大数据能力为工具,借助科达股份上市公司的平台,以一个核心三大平台为架构,通过投资并购整合一体化投资运营模式,聚焦于汽车服务领域,计划通过并购,以汽车数据平台为核心,以汽车传媒为基础,未来逐步拓展到汽车电商和汽车金融及汽车后市场领域,整合汽车数据服务全产业链。本案例在对好望角投资管理有限公司及其管理团队进行简单介绍后,重点分析了公司的投资理念、投资战略、战略背景和战略步骤,进而分析在战略布局下近几年来公司旗下基金所投的项目情况,最后通过几个投资案例分析基金投资对实体经济所产生的综合效应。

一、公司简介

杭州好望角投资管理有限公司(简称"好望角投资")成立于2007年8月,注册资本1500万元,主要从事股权投资、兼并收购与投资管理业务。好望角投资通过并购顾问和投资管理等合作形式协助项目公司进行融资投资、股份改制、并购重组、IPO、买壳上市、行业整合与转型升级等。经过多年的探索与实践,如今好望角投资以上市公司科达股份(600986)为平台,根据数据营销产业整合战略进行投资布局,聚焦于互联网营销和数据服务行业,以数据为核心,立足于以数据营销服务为基础的客户端,向下延伸到技术端,向上拓展到流量、媒体端,目标是打造国内乃至世界领先的汽车全产业链数据服务平台。

好望角已发行启航、引航、越航、禹航、苇航和奇点6期数据服务主题基金,在互联网广告营销及数据商业应用领域已投资超过25家企业;由公司领投的腾信股份(300392)是第一家解除VIE结构并在国内A股上市的数据营销企业。2015年成功将5家数据营销企业注入上市公司科达股份,这是A股历史上第一次实现由PE机构主导多家同时重组的典型案例。2016年3月科达股份公告收购3家聚焦汽车服务领域的营销企业,是由好望角投资主导的继续把科达股份转型升级成为汽车数据服务平台公司的又一力作。

以好望角投资为投资主导的科达股份以数据营销作为投资的切入点,已经在汽车数据服务等重点行业快速建立领先优势,并且切入互联网金融和互联网保险等领域。好望角投资通过向汽车产业链上下游优秀企业进行投资,已经在汽车数据服务垂直行业构建纵深壁垒,稳步构建以互联网为核心,"线上+线下"有机联动的全产业链生态系统,是真正践行用"互联网+"改造传统产业的先驱典范。

二、管理团队

黄峥嵘,好望角投资创始人,总裁及执行董事,中国政法大学学士。先后任职金信信托投资公司、昊阳科技投资公司、万好万家等单位,长期从事基金管理、兼并收购、股权投资等业务,具有丰富的投资经验和广泛的合作网络。

徐跃进,副总裁,杭州电子科技大学学士,先后任职西子联合控股、杭州市汇银小额贷款公司、星月集团,担任财务总监、副总经理等职务,在财务管理、会计审计、大企业经营管理等方面具有丰富的实践经验。

孙钰,投资者关系总监,汉语言文学专业,曾长期从事教育管理工作,熟悉自媒体及对外推广,擅长处理投资者关系及媒体公共关系。

邬晓阳,投资经理,宾夕法尼亚州立大学硕士,曾在布隆博格、恒生电子等金融软件企业从事研发、产品设计等工作。对互联网营销、大数据应用、金融等行业的商业模式有比较深刻的理解,有丰富的项目投资实践经验。

公司管理团队不仅具有长远的眼光和敏锐的商业洞察力,而且勇于创新敢于实践,知行合一。公司目前共有13名员工,管理着15亿元的资金和旗下6期数据服务主题基金,可谓是年轻、富有活力、不走寻常路的精专高效的基金管理团队。

三、投资理念与投资模式

(一)投资理念

好望角投资的投资理念可以概括为:"聚焦裂变复式协作,投资并购整合一体化",即以营销传媒业务为基础构建开放性的汽车数据平台、聚焦突破新车交易平台、重点布局汽车金融和汽车后市场服务平台,三大平台复式协作整合,不断裂变创造新的价值。其特点是走专业化道路,用互联网大数据来改造提升汽车全产业链,目标是打造汽车数据服务公司。好望角投资以行业聚焦为根本,自2010年起专注于数字营销领域的股权投资,聚焦于汽车服务领域,致力于以数据为核心、以复式协作为整合战略重塑汽车服务业。

好望角投资是复式协作(Complex-Coordination)整合方法论的实践者。复式协作是以互联网与数据能力为工具,以上市公司为平台,对传统汽车服务领域从车前、车中到车后服务的营销端、交易端到金融端等所有跨界资源进行复杂式的交互整合,在提升传统产业运营效率的同时,不断裂变创造新的价值。复式协作的协同整合,不仅是一系列目标收购公司的机械总和,更是结构融合,以数据驱动业务合作与管理创新,探索"有限公司的壳,合伙企业的芯"的模式。通过复式协作整合方法的运用,将会产生六个方面的实际效果:(1) 资源集中整合;(2) 业务协同新生;(3) 管理后台共享;(4) 数据平台共建;(5) 商业模式升级;(6) 商业价值再造。

（二）投资模式——重投资3.0模式

好望角投资的投资模式是"投资并购一体化的重投资3.0模式"。2015年7月科达股份公司投资5000万元成立的全资子公司链动(杭州)投资管理有限公司(简称链动投资),是国内"重投资3.0模式"的探索者和先行者。"重投资3.0模式"由Pre-IPO1.0(注重退出)以及Focus2.0(注重专注投资)进化而来,是产业投资与并购并举,以财务管理平台和数据中心为投后管理工具,从传统基金的"募—投—管—退"单向线性投资模式进化到涵盖"投资—管理—并购—整合"的闭环模式,是与"复式协作"相匹配的投资模式。

（三）战略布局

1. 战略目标

全面打造汽车数据服务公司,以数据驱动重塑汽车服务产业。汽车数据服务产业链如图2-5所示。

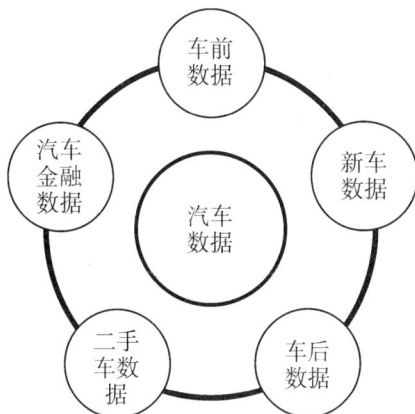

图2-5　汽车数据服务产业链

2. 战略背景

（1）行业背景

好望角投资在对汽车行业背景进行全面深入分析后认为汽车服务领域前景广阔，汽车全生命周期蕴含超过7万亿的市场规模，发展空间还在不断上升，产业链纵深非常长，在汽车交易、汽车金融、汽车生活的各重要环节里孕育着巨大商机。汽车交易作为汽车营销的终点和所有汽车金融产品和汽车后市场服务的起点，在整个行业中占据着最关键的位置，但汽车销售却面临着增长乏力的困境，汽车电商普遍亏损，急需转换升级，因此数据转化的能力有着极大的空间。在移动互联时代，受互联网与大数据的冲击，汽车消费的每一个环节，从整车厂的数据智造（C2B）到营销服务、销售渠道到车后服务都处于整合创新的变革之中，因此存在着大量的变革机会，据此好望角投资开创性地提出了"复式协作的整合方法论在汽车领域能有效整合资源，抓住机会提升汽车服务的运营效率，创造无限价值"的投资思路和目标。

（2）合作背景——科达股份

科达股份（600986）是科达集团股份有限公司下属的一家上市公司，科达股份于2004年4月26日在上海证券交易所发行上市。科达股份原来从事各级公路、市政基础设施、水利等工程项目的施工建设及房地产开发销售，属于传统行业，在土木工程建筑行业（共55家）的排名第48位，属于比较靠后的位置，行业竞争优势很难体现，急需顺应互联网大数据的新潮流进行转型升级。"互联网＋"的概念于2012年在国内提出，经过将近3年的潜伏期，2014年"互联网＋"的概念及各种应用互联改造传统产业的业态蓬勃兴起。2014年11月，李克强出席首届世界互联网大会时指出，互联网是大众创业、万众创新的新工具。其中"大众创业、万众创新"正是此次政府工作报告中的重要主题，被称作中国经济提质增效升级的"新引擎"，可见"互联网＋"的重要作用。正是在这样的背景下，好望角投资看中了科达股份这个"上市公司的壳"，准备以"互联网＋"为新引擎，打造"合伙企业的芯"。经过2015年第一轮的PE主导的5家企业同时重组资本运作，好望角投资及其下属的基金一举成为科达股份的第二大股东，从而为实施其投资战略迈开了坚实的第一步。

3. 战略架构

好望角投资聚焦裂变复式协作整合战略架构可以概括为一个核心、三个层次（见图2-6）。一个核心层是数据平台，包括：车前数据→新车数据→车后数据→二手车数据→金融数据，在这一层次公司的布局是立足产业链最前端，构建开放性数据平台。基础层是营销端，包括：数据调研＋场景体验＋数据营销＋新媒体，该层布局已基本完成，形成了最稳定的变现通道；应用层是交易端，在这一层公司已初步布局汽车大宗交易、汽车代运营、汽车大卖场，并正在探索与经销商的新合作模式；拓展层是金融端,包括汽车保险、汽车融资租赁、供应链金融、消费信贷等,公司正在积极拓展金融端。

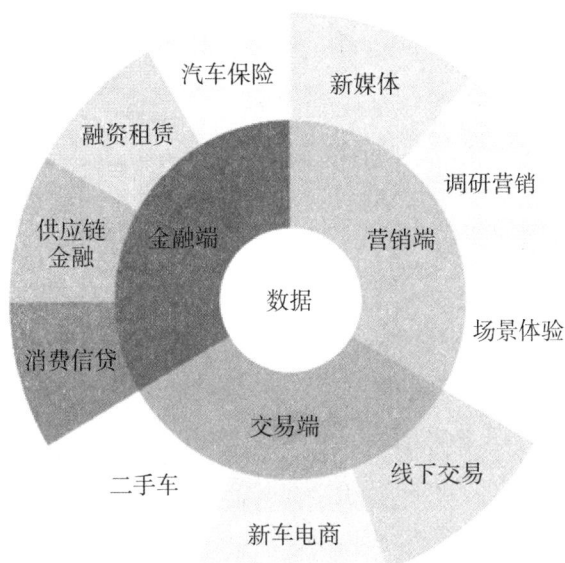

图2-6　好望角投资的投资战略层次

4. 战略步骤

战略步骤一:整合汽车营销传媒公司。好望角投资通过外延式扩张与内生式成长的方式,将一系列传媒数据公司注入科达股份公司,将上市公司打造成汽车营销传媒公司,至今科达股份已基本转型成为汽车传媒公司。2015年9月,科达股份完成了对雨林木风、广州华邑、派瑞威行、百孚思、上海同立的收购整合;2016年,科达股份计划收购数字100、智阅网络、北京爱创、亚海、三源色、上海康为等公司。

战略步骤二:构建汽车交易平台。汽车前市场的痛点在于卖车,汽车交易环节是连通汽车前市场和汽车后市场的关键节点。营销传媒服务于整车厂,汽车电商则着眼于助力经销商,公司将多点布局,重点突破汽车交易环节。

战略步骤三:打造汽车金融平台。公司投资向下延伸到技术端,借助科达股份构建链动汽车数据平台Ally-DMP,并以链动数据为核心,重点拓展到汽车新媒体、汽车电商、汽车金融、汽车后市场服务及汽车文化运营等领域,通过后市场服务进行变现。未来公司将重点投资成立或收购汽车金融、汽车租赁、汽车保险等的相关项目,利用汽车数据平台提升相关汽车金融企业的盈利能力。

四、投资方向与项目分析

目前,好望角投资及其旗下6期数据服务主题基金已累计投资了超过50个项目,管理资产超过15亿元。好望角领投的腾信股份(300392)是第一家在国内A股成功上市的互联网数据营销企业,其股价最高达到了220元每股,好望角投资从投入到退出投资回报率达到了30倍。好望角投资以行业聚焦为根本,自2010年以来专注于数字营销领域的股权投资,2015年后更是聚焦于汽车数据服务领域。投资项目主要分布在汽车数据服务的三个端口,即汽车数据营销端、交易端和金融端,正好符合投资战略的一个核心、三个层次的战略布局。上市公司计划通过并购,以汽车数据平台为核心,以汽车营销传媒为基础,未来逐步拓展到汽车电商交易、汽车金融领域,通过复式协作,整合汽车数据。

好望角投资在"全面打造汽车数据公司,以数据驱动重塑汽车服务产业"的战略指引下,投资方向目标非常明确,就是以互联网大数据为核心,以新媒体汽车营销端为战略基础,逐步构建交易端和车后服务金融端。目前对外投资的项目几乎全部都属于汽车数据服务行业,累计完成对外投资39个项目,投资项目数和层次项目占比分别为:互联网大数据项目15个,占比39%;新媒体营销端项目15个,占比38%;汽车电商和交易端项目5个,占比13%;车后服务和金融端项目2个,占比5%;其他项目2个,占比5%,项目分布如图2-7所示。这正是好望角投资聚焦行业、精耕细作的投资风格的体现,也是其战略目标实施步骤的充分体现。

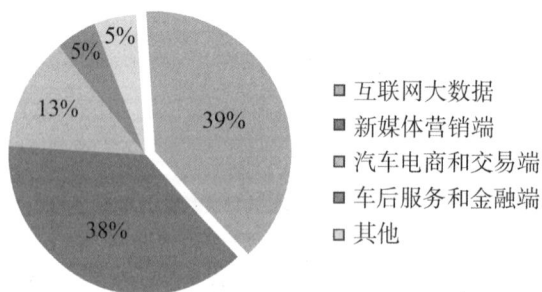

图2-7 好望角对外投资项目分布情况

(一)核心层项目:互联网大数据

这是好望角投资目前重点投资的基础项目,是为构建"车前数据→新车数据→车后数据→二手车数据→金融数据"打下的技术基础,立足产业链最前端,构建开放性的数据平台,是抢占汽车数据服务领域的至高堡垒,共计投资了15个项目,累计投资超过3亿元(见表2-8)。率先打造以"调研成型＋线下场景＋线上营销＋新媒体流量"为基础的车前数据平台。

表2-8 好望角在互联网大数据领域的投资

公司/项目名称	投资金额/万元	项目方向	投资时间
非凡未来科技	63.7	计算机软件	2014.3
上海英方软件	300	计算机软件	2014.4
云通慧联(上海)网络	1500	计算机软件	2014.5
雨林木风	3780	计算机软件	2014.9
康凯科技(杭州)	2000	网络技术	2014.1
上海语境	1500	互联网交通大数据	2014.12
上海星期	600	网络技术	2014.12
南京必拓狮	3000	计算机软件	2015.1
上海英方	1250	计算机软件	2015.4
苏州梦想人	1000	网络技术	2015.7
上海品酷	3000	网络技术	2015.11
北京智阅	3500	网络技术	2015.11
仟传网络	1400	大数据	2015.12
北京麒麟心通(Trust-data)	4000	网络技术—大数据	
康为	4500	网络技术	

(二)汽车传媒营销端项目

这是好望角投资战略布局的第一步,在这一领域,好望角投资采取的投资策略是轻资产模式,从2011年开始投资布局,目前在"汽车调研/场景体验/线上营销"领域已经处于国内领先地位;在汽车新媒体领域构建新媒体集群,争取在3年内成为国际领先。新媒体营销端项目目前已投资15家,累计投资超过5亿元,最典型的投资项目如腾信股份已顺利退出,取得了良好的投资效果(见表2-9)。

表2-9 好望角在新媒体营销领域的投资

公司/项目名称	投资金额/万元	项目方向	投资时间	退出时间
腾信服务	—	营销端	2010.8	2015.1
北京唯礼礼业	—	营销端	2011.9	2015.1
北京微赢互动	1000	移动广告平台	2014.12	2015.1
北京派瑞威行	2145.21	新媒体—营销端	2011.10	
上海同立	1500	新媒体—营销端	2012.1	

续表

公司/项目名称	投资金额/万元	项目方向	投资时间	退出时间
杭州掌酷	580	新媒体—营销端	2011.11	
广州华邑众为	1500	新媒体—营销端	2014.8	
北京百孚思	2500	新媒体—营销端	2014.9	
上海宾酷	1800	新媒体—营销端	2014.9	
数字100	7801.78	市场调研	2014.12	
北京美数	800	广告—大数据营销	2015.5	
北京快友世纪	3500	广告—大数据营销	2015.5	
三源色	10000	试驾体验	2015.6— 2015.11	
北京爱创	7500	营销端	2015.12	
北京亚海	4000	营销端	2015.12	
广州市华邑旭效	1000	广告—营销端	2016.1	

（三）汽车交易端项目

汽车交易端是好望角投资拟聚焦突破的领域,投资模式是重投资3.0模式,投资的目标企业主要有汽车电商和4S店,投资注重的是汽车交易数据。汽车交易的数据所处地位非常重要,是汽车数据服务产业最关键的节点,连接汽车营销端与车后金融和车后服务。目前好望角投资的项目还不多,才刚刚开始,投资的空间巨大。具体已投的项目如表2-10所示。

表2-10　好望角在汽车交易端的投资项目

公司/项目名称	投资金额/万元	项目方向	投资时间
北京尊酷	3000	电商	2011.8
上海乐年	2000	电商	2011.11
电动邦	800	电动车—电商	2015.1
易买车		电商	
梵天		4S店	

（四）汽车金融和车后服务项目

汽车金融领域是好望角投资接下来将重点布局的领域,包括供应链金融、汽车消费金融、融资租赁、消费信贷、汽车保险、二手车服务、车后生活等方面。该领域的数据处于汽车数据服务产业链的最末端,用户接触最频繁,使用效率和频率最高,是最具价值的领域,因而也是最重要的投资盈利点所在。因此,好望角会重点布局这一领域,采取的投资模式也是"重投资3.0模式"。目前已投资的项目主要有易港金融和车轮两个项目。易港金融获链动投资 A 轮 6000 万元融资,体现着公司在汽车金融领域的布局。值得注意的是,易港金融原为著名汽车服务公司康桥集团旗下的互联网金融品牌,康桥集团与公司的合作也验证了公司的模式获得了产业认可。上海车轮互联,是一家中国最优秀的互联网驾校,先后推出 12 款移动互联网产品(包括考驾照 O2O、车主社区、查违章、找车位、行车记录仪、汽车账本等),累计覆盖了 2 亿车主。显而易见的是,这一领域投资的项目还远远不足,给人留下无限的想象空间。

五、投资效益综合分析

对好望角投资的投资综合效益定量分析有赖于数据的翔实程度和时间的积累,这里只对某些侧面做初步定性分析。根据对好望角投资的投资战略和战略实施步骤的分析,以及它的一些投资项目的案例分析,可以将好望角投资的投资效益归纳为以下几个方面。

(一) 主导上市公司进行产业转型和升级

2015 年 9 月,在好望角的协助或主导下,科达股份收购百孚思、上海同立、华邑众为、雨林木风和派瑞威行 5 家项目公司之后,公司形成了包括品牌营销、创意策划、线上营销、线下执行、广告代理、网络推广等服务在内的覆盖汽车、电商、快消品等行业主要客户的互联网营销服务链,全面转型升级成为汽车营销传媒公司;2016 年根据聚焦汽车服务领域的战略,上市公司计划收购数字 100、北京爱创、智阅网络 3 家项目公司,使科达股份不断转型升级。目前科达股份已成功转型成为汽车营销新媒体公司,同时也成为好望角投资进行产业整合的可靠的合作伙伴和战略实施平台,并且将不断突破,通过产业基金的扩展与并购,实现向汽车交易与汽车金融公司领域拓展,为实现以汽车营销传媒为基础的汽车数据服务公司的目标奠定了坚实的基础。

链动(杭州)投资有限公司是科达股份出资 5000 万元于 2015 年 7 月投资成立的全资子公司。公司注册地址与好望角投资在同一个地址,用的是同一套投资人马。这是一家负责科达股份的投资与资本运作的基金公司。链动数据是链动(杭州)投资有限公司出资 1000 万元于 2015 年 12 月注册成立的,注册地在北京,是一家专门负责互联网大数据研发技术的一家技术公司。链动数据的设立,将成为科达股份互联网事业部的研发中心,同时,也将有利于科达股份互联网业务在北京的发展,拓展互联网领域的布局,提升综合竞争力。

通过好望角投资对科达股份一系列的资本运作与业务转型,及对下属公司的协同整合与聚焦裂变,科达股份的经营业绩有了显著的提高,并且正在朝着成为一家真正的以汽车营销传媒为基础的汽车数据服务公司的目标大步前进。

（二）触达行业痛点，提升汽车交易效率

在汽车产业增速放缓，库存高企的情况下，卖车难成为主要的痛点。目前汽车行业保持增长但增速放缓、"产销—销量"缺口逐渐增加、中国汽车经销商库存预警指数以及上市汽车经销商存货周转率不断下降等现象均证明了汽车行业库存情况正在恶化，传统厂商大量选择包括电商等方式进行转型。汽车电商的兴起、汽车行业在营销中的占比第一、与汽车金融相关的互联网金融的兴起等均是为了服务于汽车主机厂和汽车经销商的卖车痛点。当前，服务于汽车行业交易效率的重要的业态为数字营销、汽车电商等。汽车的特点决定了汽车交易必然需要线上线下进行结合，纯线上营销无法完成汽车交易的整个环节。汽车作为大宗耐用消费品，消费者在进行购买决策时往往会结合线上搜集资料、线下试驾对比等进行对比，从而进行购买。较长的决策链条决定了单纯的线上和单纯的线下均无法构建消费者购车的闭环，造成数据割裂，而线上线下结合则有利于促进汽车交易效率。公司在汽车前市场的线上线下营销已经基本成型。在汽车电商方面，大部分纯线上汽车电商为了获取客户往往需要向用户烧钱补贴，汽车低频大件的特性决定了购买行为并不高频，并且汽车采购成本并不低于4S店，造成用户留存困难，形成亏损。当前在汽车电商领域的玩家大部分具有模式硬伤，目前产业中最重量级的玩家均难以在汽车电商中胜出，因而留给好望角投资无尽的机会。好望角投资采取的方法是：（1）B端路线。以公司所布局的汽车前市场为例，通过数字100的汽车行业调研为主机厂、汽车经销商提供市场咨询；通过雨林木风、智阅网络的数字媒体以及公关、数字营销等资产帮助主机厂、汽车经销商进行汽车广告营销及公关服务；通过线下会展（亚海恒业）、试乘试驾（三源色）、发布会（上海同立）等与线上数字营销结合，帮助主机厂、经销商提高卖车效率。服务B端盈利的同时，可以获得大量原始的数据资产；以易买车为例，汽车大宗交易平台服务二线经销商根据公司的车源优势，向全国二级经销商调配新车资源，充分解决了全国二级经销商车源结构不平衡的矛盾。B端服务的优势在于盈利能力强，且可积累相关数据金矿。我们相信，公司在B端环节服务上还有更多创新。（2）线上线下结合。公司在线下汽车会展、发布会、试乘试驾、互联网驾校等的布局体现了公司线上线下结合的思路，颠覆纯线上或纯线下汽车业态，有利于打通线上线下汽车用户数据，促进汽车交易效率。（3）盈利性业务。公司B端路线、线上线下结合等均为不烧钱的盈利性业务，在汽车交易环节，公司将在叠加汽车金融环节、促进汽车交易的同时提升公司的盈利能力。

（三）协同整合科技公司

好望角投资从其"全面打造汽车数据服务公司,以数据驱动重塑汽车服务产业"的战略目标出发,不断地协助上市公司收购数字新媒体公司,并且身体力行知行合一,不断通过协同整合,将收购的公司嵌入战略布局中,对其进行全面改造升级,推进与科达股份公司及其旗下基金所投资的其他汽车数据公司进行业务合作,从而实现双赢的目的。如公司收购的数字100市场研究公司,成立于2004年2月,是一家将现代调查工具、专业模型产品与市场调查工具和客户行业特点三者有机结合的专业市场调查机构。总部设立在中国北京,在上海和广州设有分公司。在中国300多个城镇拥有访问能力。是一家在市场调研方面处于全国领先的专业调研公司,拥有非常强大的科研技术团队。客户覆盖面非常广,有金融保险、IT、通信、家电、快速消费品、商业地产、媒介传播等领域。但行业优势不明显,一直业绩平平。经过好望角投资的协助,经过前期的梳理和整合,科达股份通过对数字100的收购,实现100%的控股。这样就可以大刀阔斧地对数字100的股权架构、管理层持股、公司治理和发展战略转型等进行梳理重构,并且让它与公司收购的其他汽车数据公司进行业务整合,推进公司财务核算/预算/管理系统的搭建与数据中心的建设。从而极大地提升了数字100公司的业务集中度和行业优势,使公司营收与盈利能力大幅提升:净利润指标2014年为571万元,2016年将达到3000万元。

（四）提升商业模式

科达股份旗下的链动(杭州)投资布局的驭缘汽车创立于2011年,前身为深圳市美丽缘电商有限公司。2013年,踏入汽车电商行业,为北京汽车及北汽福田代现运营服务。2014年代理运营北京现代、东风日产、广汽传祺等品牌合作方并取得佳绩。2015年签约一汽丰田、英菲尼迪,同年年底签约一汽大众奥迪、比亚迪汽车。驭缘汽车原来只是一家汽车电商代理运营商,链动投资对其投资后,进行公司架构的合理重建,并将公司总部迁址到杭州,进而进行一系列的战略规划和治理曾重建。第一,实现客户交叉营销。与好望角投资旗下基金已投项目百孚思、上海同立、链动汽车电商、易港金融等进行业务合作。第二,实现商业模式提升。与链动汽车合作,从汽车电商代运营升级到汽车销售;协助制订上市计划,计划于2017年内上市。第三,整合效果明显。(1) 公司客户数从2015年的2个增加到2016年7月底的10个;(2) 营收从2015年的2000万元,上升到目前的1.5亿元;(3) 2016年净利润将比2015年增长近10倍。

六、小结

聚焦汽车行业,掘金万亿市场,解决卖车痛点,打通汽车数据服务全产业链是好望角投资的战略和野心,正如国海证券于2016年5月31日给投资者的对科达股份的深度报告中所说的一样:"以汽车营销传媒为基础的汽车产业整合者——科达股份",其实好望角投资才是科达股份背后的真正幕后推手,好望角投资对汽车产业的聚焦才刚刚拉开帷幕,对汽车数据产业链的整合远不止于此。

好望角投资有限公司自从2015年10月入住基金小镇以来,已发行启航、引航、越航、禹航、苇航和奇点6期数据服务主题基金,所募集的基金采取的是4＋1模式。第一期基金启航于2011年募集,将在2016年9月到期,其他都还没有到期,再加上涉及商业机密,有些敏感的数据不便过早披露,因此多少会影响到案例分析的深度和广度,不过相信以上的分析足以让读者对好望角投资窥见一二。

(董美双)

红榕资本:全方位顾问,重技术创新

一直以来,创业投资都是投资领域最引人关注的一个重要分支。创业投资的经营方针是在高风险中追求高回报,其投资对象是那些不具备上市资格的处于起步和发展阶段的企业。创业投资的目标并不是要控股,而是希望取得少部分股权,通过资金和管理等方面的援助,促进创业公司的发展,使资本增值。一旦公司发展起来,股票可以上市,创业资本家便通过在股票市场出售股票,获取高额回报。随着中国经济从原来快速发展的阶段开始换挡到稳步发展阶段,创业投资在项目选择过程中面临的挑战更大。红榕资本就是一家以创业投资为自己主要经营业务的公司,虽然公司规模并不是很大,成立的时间也比较短,但公司一直秉承技术优先、宁缺毋滥的原则,在公司不断发展壮大的过程中,也帮助很多中小企业实现了飞跃式发展,不仅解决了财务上的困难,同时还让这些企业获得了全方位的智力支持。

一、红榕资本公司介绍

（一）公司简介与发展过程

红榕资本,2010年7月在中国浙江杭州的城市新CBD地块——钱江新城注册成立首家投资公司——浙江红榕创业投资有限公司。红榕资本系一家综合型的投资管理机构,业务涵盖风险投资、股权投资、新三板投资、二级市场投资、量化对冲投资及并购投资等,以资产管理和自由资金结合的方式进行业务开展。公司注册资金1亿元人民币,业务覆盖长江三角洲地区。

红榕旗下包括自由资金投资主体——红榕创业投资股份有限公司,以及资产管理平台——红榕资本管理有限公司。经营资本以大股东矿产经营产生的资金为后盾,更有众多温州民营企业家为合作伙伴,于2011年10月联合温商企业——广西跨世纪集团共同出资在广西南宁设立广西世纪红榕创业投资有限公司,注册资本1亿元,开拓广西及珠三角经济区业务。

2012年9月,红榕携手杭州铭众生物科技有限公司和绍兴市科技创业投资有限公司,在浙江绍兴成立浙江铭众生物医学创业投资有限公司,注册资本1亿元,以浙江大学和中山大学的教授团队为研发后盾,涉足以生物医药、生物医用材料与医疗器械为核心的投资产业。

从2015年1月份开始,红榕资本加快了基金发行的速度(见图2-8),一方面,由于实体经济陷入下行压力增大的困境,很多行业出现了比较好的投资机会,有时候,往往是在经济形势不好的时候,投资机会反而会更多地展现在资本面前。而红榕资本一直都是以创投为自己的主营业务,在这个过程中挖掘出了很多可以投资的机会。另一方面,这几年为了更好地促进经济转型发展,我国实施了类宽松的货币政策,发行了大量的货币,特别是准货币规模庞大,一度是我国GDP总量的两倍,因此,市场上融资变得更加容易,大量的资金都需要找到出口,为基金的成立提供了充裕的资金储备。

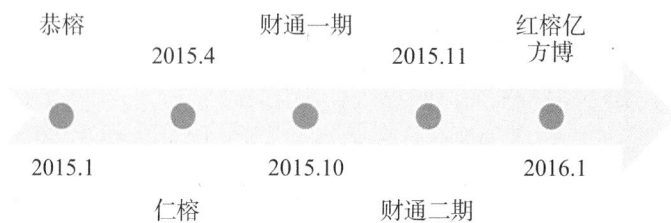

图2-8　红榕资本成立的基金发展过程

(二)管理团队分析

红榕资本既有坚定的公司战略领导者,又有脚踏实地的经营管理层。徐宪德为浙江红榕创业投资有限公司董事长。他祖籍温州,长期从事国内矿采业投资与开发,多年来一直倾心家乡慈善公益事业,关心社会,投资修建养老院等福利机构。李忠良是红榕资本创始人之一,现任浙江红榕创业投资有限公司总经理。他长期从事国内能源行业的投资与开发,同时长期致力于资本市场运作,投资经验非常丰富,而且选择行业与企业的眼光独特,总是能够在经济下行的逆境中找到具有发展前景的投资行业与机会。胡孙胜是广西世纪红榕创业投资有限公司副董事长。他曾任浙江博康医药投资有限公司董事长,现任香港爱德华伍兹投资公司董事长、杭州胜业印刷有限公司董事长、江西抚州贝尔药品包装有限公司董事长、东阳市康恩贝印刷包装有限公司副董事长。这样丰富的从业经历让他对不同行业的发展规律都有深刻的了解,从而在选择投资公司和介入阶段方面都有非常独到的视角。

丁肇亮是红榕资本总裁、红榕业投资股份有限公司常务副总,毕业于浙江大学,获管理学学士学位。主要从事战略管理、人力资源管理咨询,在金融、快速消费品、奢侈品、贸易、物流、建筑及制造等行业有较丰富的经验,熟悉企业上市募集资金项目的可行性研究。2005年自营网络配送公司,创立B2C电子商务平台,对该领域有较深的了解。他领导的公司管理层负责公司日常项目的选择,其团队成员有红榕资本投资总监的张赟。他熟悉主流的投融资手段和价值评估、信用分析等有关的金融理论及法律知识,有较丰富的实务操作经验。擅长信托公司、金融租赁公司、私募基金、典当公司、民间投资人、企业债和短期融资券、金融衍生品等非银行机构融资渠道的开拓、项目谈判、方案设计与实施,并对上市公司债务重组有深入了解。管理团队还包括红榕资本财务总监及红榕创业投资股份有限公司董事会秘书李梦阳、红榕资本项目总监麦凯光和红榕资本风控总监李丽。这既是一支年轻的团队,同时又是一支战斗力特别强大的团队。

此外,红榕资本还有强大的战略顾问团队,通过引入外部智慧,更好地帮助公司选择成功的项目,并为实体经济的成长奉献力量。姚志邦是公司战略管理顾问,现任浙江铭众生物医学创业投资有限公司董事长、浙江铭众生物医用材料与器械研究院理事,曾任浙江大学教务处副处长、浙江大学工业总公司副总经理、浙江大学企业集团控股有限公司副总裁、浙江众合机电股份有限公司总经理。左贵林也是公司战略管理顾问,现任上海喜喜母婴护理服务有限公司董事长、陆家嘴少数民族联合会副会长,曾任上海东行商务公司董事长、上海大本营户外运动俱乐部董事长、上海城通汽车租赁有限公司董事长、上海假期旅游有限公司董事长。

二、红榕资本投资理念

(一)红榕资本的核心理念

红榕资本的经营策略是九龟一兔。在投资的过程中,红榕资本始终贯彻着这样的投资原则:严控风险、稳健行远;坚持分散投资,中、长、短结合投资;尊重专业的判断,重视顾问的意见。

具体说来,红榕资本的核心投资理念主要有这么几个方面:

1. 核心价值、追求卓越

核心价值被认为是用以界定企业的基本观念和存在的原因,是企业长久不变的东西。核心价值是指一个组织的最基本和持久的信念,具有内在性,被组织内的成员所看重,独立于环境、竞争要求和管理时尚。一般来说,核心价值都比较简短、凝练。红榕资本在选择投资对象的时候,特别关注投资目标企业的核心价值,他们不认为有完美的企业,而是关注有着非同一般核心价值的企业,寻求企业的独特优势。红榕资本对投资对象是否有追求卓越的决心非常看重,在红榕资本看来,凡是能够将事情做到极致的企业都会有着顽强的生命力,它们在一轮又一轮的产业升级换代过程中总能最早挖掘到新的增长点。

2. 资本先行,全面服务

没有资本的支持,任何美好的愿望都是徒劳,因为创业者的所有目标的实现都需要资金的参与。而如果只是资本的参与,那么,创业投资肯定是不全面的,而且容易在所投企业关键性发展的阶段失去重要的话语权。红榕资本从未将资本视为自己的唯一优势,他们一直坚信在企业文化、战略策划、企业管理、资本运作、行业资源及社交网络等方面的积累和储备更能为企业带来无以复加的价值。因为,在他们的投资理念中,资本的作用是第一位的,但又不是唯一的,资本投入与全面服务是完美地结合在一起的。

3. 平等共赢,增量共享

没有平等,就没有真正的合作,没有共赢,就没有真正的发展。平等共赢不仅是一种积极向上的心态,更是一种智慧。红榕资本在选定投资对象之后,从来不是把自己当成老板的角色或者施舍者的角色,而是将所投资的目标企业看成可以平等合作、利益均享的对象与伙伴。红榕资本关注企业发展带来的价值,主张投资者与创业者共同分享增量。

4. 专业立身,坚持学习

红榕资本以科学家的态度去追求专业,以服务业的态度去对待合作企业,我们坚信专业和服务将帮助我们投资的企业成就卓越。

红榕资本高度重视学习,善于学习的企业是善于思考的企业,"穷则思变、变则通、通则达。"红榕资本在浙江成立了"浙江铭众生物医用材料与器械研究院",汇集国内外多所著名高校百余名专家围绕生物医学领域,开展中高端生物医用材料及器械、外科耗材、移动医疗器械和生理测试产品的科学研究。在广西,成立了"广西世纪红榕创业投资与企业价值研究院",专注于为同行、企业和地方政府提供涉及"企业文化""公司战略""投融资和企业运营""区域发展和金融政策"等方面的学术交流和咨询服务。

(二)红榕资本的企业哲学

红榕资本是一家草根精神和现代性和谐相融、相互激荡,以人为本和制度创新并重,充满生机与活力的企业。公司的基本策略可以归纳为四个方面,分别是:第一,学习、培训、调研等能力建设与投资实践两轮共同驱动、相互促进,着力构建多层次的人才培养、帮带机制;用我们的话讲就是"先谋气粗再谋财大"。第二,在投资机制上以项目为单位,做到在资金和人才上全面对外开放、合作。第三,红榕对外的行为准则是"共赢",内部基本的关系规则是"共享",力争办成一切有缘人的共同平台。第四,投资策略上,以财务投资为形式,在内涵上突出战略性和专业性,不跟风,不浮躁。

红榕资本有着自己核心的哲学观:坚持自然主义前提下的人本主义。红榕资本敬畏自然、崇尚自然,尊重造物主赋予这个世界的规律,对人的主观意志持有一定的怀疑。在自然面前,他们秉持人类权益有限论和科学界限论。在此前提下,红榕资本认为社会发展的目的是:让人快乐、幸福、自然地生活。伟大神奇的生命,需要我们真诚地尊重和全力地呵护。

红榕资本有着自己独特的价值追求:追求榕树般的生机勃勃;追求如榕树般庇荫一切有缘之人。他们认为企业的生机活力来自于对原则的坚持,如树木对大地的坚守;来自于不断的学习和创新,如雏鹰对天空的渴望。他们深感生命如烟,人类都是无根的微粒,在偶然中相聚,在必然中分离。因此主张天下有缘人真诚相待、相互庇荫。

红榕资本一直都将万科现为自己的榜样,虽崇尚商业智慧,但决不做龌龊之事,要坚守企业公民的责任,追求企业公民的尊严和战略自由。在红榕资本看来,企业应当为人的快乐、幸福和自然的生活服务。他们对成功的定义也从来不只是看重经济利益,而是将盈利、企业人格和平等话语权三者结合起来分析。他们还特别在意创新对于企业和生命的永恒意义。

三、红榕资本投资项目分析

红榕资本公司各股东拥有矿业、医药行业、文化传媒行业、酒店旅游行业、餐饮业、高端制造业等行业的创业发展经验,并均在各自行业取得骄人业绩。自红榕资本成立以来,公司先后投资了多家企业,分涉高新技术产业、服务业、环保业和医药生物行业。公司还参与股东所属上市企业的多次资本运作;投资团队曾负责两家上市公司的增资扩股及IPO事宜,并曾向浙江多家上市公司提供专业的财务、管理服务。

(一)大连东方科脉电子股份有限公司

1. 投资对象背景分析

大连东方科脉电子股份有限公司是一家完全自有知识产权的工业液晶显示模组和电子纸模组研发生产企业。2016年,其生产的工业用显示屏在智能仪表行业排名第一,同时是全国唯一一家拥有全部知识产权的电子纸制造企业。

公司拥有从日本留学归来的博士作为整个技术团队的核心。该团队拥有十多年液晶领域研究基础和显示行业的生产管理经验,曾在《应用物理快报》、《物理评论》、《物理化学》学报等专业领域内的期刊上,以及其他较有影响的英文杂志上发表了第一作者文章7篇,均被SCI收录。

2. 红榕资本投资决策关键点分析

红榕资本通过分析认为大连东方科脉公司具有两大业务板块,分别是工业用液晶模组和电子纸模组。红榕资本在投资时发现工业用液晶模组业务将会持续稳定增长,保持公司合理的利润和发展;同时电子纸模组由于知识产权壁垒,一旦市场应用扩展,将会有巨大的市场空间。公司创业团队稳定,领袖、研发、生产、销售均符合红榕资本的偏好。此外,公司的持续研发能力强,公司持续在电子纸业务上进行研发突破。

3. 红榕资本参与的全面服务内容

红榕资本在参与后,首先是全面内部管理提升,引入专业团队帮助企业进行流程优化、ERP实施、绩效管理等。其次,帮助公司开拓市场,引入资源对接,帮助企业开拓华东区大量电表客户。最后,帮助公司新三板挂牌及后续融资,协助进行新三板挂牌,同时协助公司完成二轮2亿元估值的融资。红榕资本还全面参与大连科脉公司股东大会和董事会,参与公司的管理活动。

4. 投资公司业绩分析

在红榕资本的参与下,大连科脉公司业绩创下新高点。新生产线的稳定运行及大客户的成功拓展,使经营业绩继续保持高速增长,截至2015年12月,公司累计销售同比增长30%以上。预计2016年销售额将突破1.2亿元,净利润1500万元。

公司电子纸突破性进展,电子纸产品大批量生产,获得众多世界级巨头企业的认可,2016年电子纸项目合同3000万元,上半年已完成600万元。

在资本市场方面,公司新三板挂牌推进中,已完成股份制改造,预计2016年年底挂牌新三板。

(二)浙江铭众医疗器械有限公司

1. 投资对象背景分析

铭众医疗是专业从事新型生物医用材料和新型医疗器械产品研究、投资、制造和销售一体化的企业。由浙江铭众生物医学创业投资有限公司、浙江铭众生物医用材料与器械研究所、杭州铭众生物科技有限公司和浙江铭众医疗器械有限公司4个法人主体组成。

铭众医疗通过开放组织配置资源的模式,聚集了国内外在生物医用材料与医疗器械研究和应用领域的优秀团队和相关资源;以自主创新、替代进口为科学研究及产业化方向;努力建设中国生物医用材料和医疗器械领域,政、产、学、研、用协同创新的国家级研发中心和高新技术产业集群。

目前,铭众医疗已集聚近百名国内外重点大学的教授、临床医学专家、大型企业研发总监、年轻的海归人才和具有上市公司/投资公司高管从业经验的创新创业团队;专业设计生物医用材料合成加工成型、医疗器械、传感器技术、嵌入式软件系统、临床医学、软件设计、工业造型与结构设计、数字影音、企业管理、投资管理等。

2. 红榕资本投资决策关键点分析

红榕资本通过对投资对象的分析,认为该项目值得投资的关键点主要在于公司集聚近百名国内外重点大学的教授、临床医学专家等人才,拥有上百项专利技术,在产品技术方面肯定是领先的,最大的风险点在于产品的市场转化率及销售能力偏弱上。但红榕资本认为其强大的研发创新能力是拥有很高价值的。

3. 红榕资本参与的全面服务内容

红榕资本不仅投资本,而且还帮助铭众医疗更好地全面成长。

2012年至2013年,红榕资本前后对铭众医疗进行A、B、C三轮投资,其中两轮领投,共3000万元,投资后帮助其成立研究院,完善内部治理结构,提供资本运作思路并协助完成B轮融资。

在业务推进方面,红榕资本帮助公司引入中国两大保险公司全面合作。在资本证券化方面,红榕资本帮助子公司证券化,引入上市公司与公司子公司战略合作。此外,红榕资本还帮助公司实现与政府资源对接,特别是注重对接各类医药监管部门的资源,有利于企业更好地降低与政府与监管部门的沟通成本。

4. 投资公司业绩分析

从当前公司发展的现状以及行业背景知识来看,在全面医疗服务水平不断提升的情形下,铭众医疗的市场份额在不断扩张,其市场估值达到3.4亿元,而且公司孵化的医用材料产业公司达到3家,未来成长空间巨大。

（三）上海喜喜母婴护理服务股份有限公司

1. 投资对象背景分析

上海喜喜母婴护理服务股份有限公司成立于2007年,是中国首家科学理论与传统月子文化精髓相结合的入住式爱护机构,以一流的专业医护团队为母婴提供全方位的一站式产褥期专业护理和系统健康管理服务。医护管理人员均来自上海市三甲医院,并与多家三甲医院建立长期合作关系,由新生儿科和妇产科主任查房,定期室内空气检测、严格的消毒隔离制度、感染控制制度、探视制度,以保障客户的服务和健康。成立以来,创造了国内月子爱护机构市场的诸多先例,也获得了各项荣誉。它是中国家庭服务业协会会员,中国家庭服务业协会母婴生活护理专业委员会委员,中国妇幼健康十佳会所;全国家庭服务行业先进单位,家政服务行业诚信单位,上海市诚信单位。现在,以上海为总部的喜喜母婴已在香港、北京、深圳、宁波等地设有10家直营分馆,30家全国范围加盟店。形成非常成熟的孕期保健、坐月子、产后护理一站式服务体系,并深得广大客户的认可,是客户心目中极富爱心和责任心的企业。

在月子套餐方面,公司的核心竞争力很强。公司是国内唯一一家拥有中央配餐中心的月子会所。原料均统一采购、切配、分装,现场烹饪。中心配有专业营养师,负责搭配出具有针对性调理、个性化的营养月子餐。中心有着完善的采购系统,选材注重优质、天然、原生态,并根据药食同源的原理,烹制出符合产妇生理特点的月子餐。餐点品种繁多,营养科学、均衡,从而帮助产妇补气补血、排毒祛湿。

2. 红榕资本投资决策关键点分析

红榕资本在准备投资前都会做非常详细的行业分析。2012年年底,红榕资本获得该项目信息,在对企业进行尽职调查之前,他们深入研究母婴护理行业,发现受几千年传统文化和生活习惯的影响,女性及婴儿的健康越来越受到关注和重视。随着中国经济快速发展,国民生活水平不断提高,这个行业拥有旺盛的市场需求和广阔的市场前景。

尽职调查过程中,公司通过各方面渠道来消除企业信息的不对称。投研人员以消费者身份体验喜喜各门店的前端服务,与大量住所及出所的客户进行交流;走访其他各地区各档次的月子中心,对比判断喜喜的竞争优势;访谈各门店各岗位员工,了解企业日常运营细节及企业文化;与创业者充分交流,了解其创业的动力来源和经历。正是对行业现状以及未来发展的深入分析,红榕资本最终决定对该公司进行投资。

3. 红榕资本参与的全面服务内容

对企业财务进行分析判断后,结合可能存在的风险,红榕资本最终于2013年2月份以5500万元投后估值投资喜喜母婴1000万元。在投入资本之后,红榕资本还积极参与各类相关的战略研讨会,并多次主持企业召开战略研讨会,为企业发展战略提供建议。为了帮助企业更好地获得资金支持,红榕资本积极为企业提供资本运作思路,为企业制定融资规划,协助企业完成B轮融资。

4. 投资公司业绩分析

红榕资本投资喜喜母婴公司之后,为公司发展提供了全方位的咨询顾问服务,并建议公司开展加盟发展的模式。自2015年3月份起,喜喜母婴开放加盟模式,诚征加盟商。加盟分为技术加盟和品牌加盟两种类型,目前已有加盟店30余家。当前,喜喜母婴公司已经挂牌新三板,股票代码836015,目前C轮融资正在进行中,估值

4亿~5亿元。

（四）广州石头造环保科技股份有限公司

1. 投资对象背景分析

广州石头造环保科技股份有限公司初创于2010年,在"为环保事业做出实际贡献,实现中国企业环保价值"的愿景驱动下,石头造核心团队锁定"合成树脂"领域,"无机粉体合成技术替代石油基产品"项目正式启动。2011年3月研究基地正式建立,12月公司挂牌。石头造是无机粉体高填充应用技术及对应材料降解技术的发展者。产品广泛应用于传统塑料加工工业中的吹膜、注塑、吹塑、吸塑、发泡等原材料母粒生产领域。

公司产品的核心价值主要体现在产品通过技术创新提升塑料产品的碳酸钙比重,降低石油基产品的比重,以求达到两种效果:一是在保持塑料产品原有性能的前提下,降低塑料产品的成本;二是提升塑料产品的环保性能。这两种效果让公司具有非常强的核心竞争力。

2. 红榕资本投资决策关键点分析

在了解公司发展背景之后,红榕资本对广州石头造环保科技股份有限公司的技术创新特别重视,并深入了解了这两种技术的特征与竞争力状况。第一种技术是高分子共混技术,这是将多种不相容的高分子材料均匀混合,形成宏观相容、微观分相混合物,实现无机粉体与高分子材料高强度相容的改性材料。通过添加"石头造"降解石塑母粒核心改性材料,新技术无机粉体填充母粒在碳酸钙占比与传统母粒相近的情况下(60%~80%),从而达到实际产品碳酸钙占比从传统工艺的12%~24%提升至新技术产品的48%~80%。第二种技术是集成降解技术,它是将光降解、热氧降解等多种降解技术集成在"石头造"降解石塑母粒核心改性材料上,使以"石头造"为原材料的成品在自然遗弃、垃圾填埋、集中焚烧等多种应用和处理环境中实现降解功能,从原材料角度根本解决"白色污染"问题。

此外,广州石头造环保科技股份有限公司还获得多项专利技术,而且这些专利技术的产业化发展前景非常广阔。

正是这些技术上和专利上的优势,让红榕资本对广州石头造环保科技公司的未来前景充满信心,从而开展了全方位的投资及服务。

3. 红榕资本参与的全面服务内容

2013年7月,红榕资本收到石头造项目的推介,对其行业及产品进行初步了解,认为市场空间巨大,随后便进行为期半个月的尽职调查。尽职调查主要内容丰富,包括:搜索近10年国内外相关文献,确定其具有技术先导性;将产品交由浙大专家评述,确定具有较高研发壁垒,同时因经过化学反应而难以复制;上游原材料实地调研,下游客户大范围调研;为企业推介潜在客户,了解潜在客户对产品的试用体验;深入了解创始人的人生履历,在人生观、价值观上获得共鸣。随后公司判断可能存在的风险点,同时进行风险消除分析,与企业进行估值谈判后交由投委会决策,最后,结合企业发展阶段及资金需求,红榕资本以投后估值7500万元投资石头造1500万元。

在资本投资后,红榕资本还持续为企业提供各方面增值服务,主要包括以下几个方面:第一,帮助企业寻找各区域经销资源。石头造产品上市时间较短,全年销售额才十几万元,我们凭借股东个人资源为企业介绍下游客户,快速进入浙江市场。第二,关键点给予资金拆借。企业快速生长中,在获得大订单合同时的原材料采购或者未能及时回款的关键时刻,我们给予短期资金拆借帮其渡过难关。第三,帮助完善组织架构。企业因快速扩张遇到管理上的问题,我们为其完善组织架构,建立激励机制。第四,协助谈判B轮融资,为企业组织融资路演,制作估值报告及商业计划书。第五,推介新三板挂牌,建议企业迅速挂牌新三板,引入十余家券商洽谈。

4. 投资公司业绩分析

在红榕资本介入后,企业2014年4月正式开始销售。基于产品的价格及环保优势,其销量呈爆发式增长,仅用了两年时间,公司就从一条实验生产线发展到现在拥有原料及成品生产线63条,年产能超过2万吨,产值近3亿元人民币。公司还全面获得政府资源。基于公司独特的价值,目前公司已经成为番禺区重点项目,获得经信委、科技局、发改委等多部门密切关注,且给予大量项目申报协助。当前,公司已挂牌新三板,股票代码833315,完成C轮融资后公司发展的目标更加明确,前景让人期待。

四、投资效益分析

红榕资本秉持价值创造、合作共赢的投资理念,关注有生产力缺陷的市场主体,利用公司资源,帮助企业寻找修复途径,以多方共赢推进整体发展,力求成为中国生产力的促进者。在服务于实体经济方面,红榕资本特别注重这几个方面的工作。

(一)专注创业投资,以技术为第一要素

红榕资本认为,社会生产力的发展取决于那些最优秀的新兴公司、团队、创意和盈利模式。我们坚持价值的创造,希望能扶持最具潜力的企业,伴随企业成长,成为

企业长期的合作伙伴,以增资扩股为主要形式与企业进行合作。

红榕资本希望合作的对象拥有以下三个条件中的一个:极具活力的组织团队,富有生命力的理念;拥有独特的技术;具有创意的思想和独特的盈利模式。对于红榕的合作伙伴,则能充分利用红榕拥有的资源和专业的团队使其快速稳定的发展。红榕资本一般希望合作伙伴正处于种子期、成长期或扩张期内,并通过科学的价值评估确定投资金额。

(二)成为企业发展的全方位顾问

红榕资本具有出色的优势企业鉴别能力和配套资源整合能力,有广泛的合作伙伴和专家团队。红榕团队在完成创业投资业务的同时,为不符合红榕投资领域但极具发展潜质的优秀企业或创业团队,提供完整的投资顾问服务。这种全方位的顾问既包括一般意义上经营管理顾问,更包括融资顾问、财务顾问以及战略顾问,从而帮助企业更好地成长。

红榕的投资顾问服务包含企业融资规划、投资者筛选、投资谈判及投资法务处理等方面,核心目标是为合适的企业找到合适的投资者。红榕在金融领域拥有深厚的合作平台,为各类融资主体,具体包括地方政府、大型企业、优质项目提供财务顾问服务。根据客户需求,为客户量身定制融资方案,并选择合适的资金来源,为客户提供资金保障。红榕基于自身的实业运营资源和所投企业的行业资源,为合作企业进行并购策划、并购对象选择和并购执行等专业服务。红榕基于自身对战略和企业运营的理解,为被投资企业和核心合作伙伴提供战略规划和企业运营提升服务。

(三)以定向增发为主要的投资渠道

红榕坚定看好中国经济的发展,而代表中国优势生产力的上市公司更是社会发展的中坚力量。其以自有资金、社会募集资金为核心,积极参与各类优秀上市公司的非公开发行业务,并且为其提供除资金外的各类资源对接服务。

五、小结

科学技术是第一生产力,红榕资本的投资经验表明专注技术的公司一定具有广阔的成长空间。红榕资本对投资目标的选择一直都秉承技术优先的选择,在选择的过程中,他们又坚持非常务实的态度。在选择合作对象的时候,红榕资本将人力、技术与盈利模式三者放在同等重要的地位。对于选定的投资对象,红榕资本都会运用他们所拥有的资源和专业的团队使其快速稳定地发展。在公司发展的过程中,红榕资本始终坚持价值的创造,希望能扶持最具潜力的企业,伴随企业成长,并成为企业长期的合作伙伴。因此,在投资的过程中,红榕资本都是为企业提供全方位的支持和帮助,不仅为企业提供资金,而且还为企业的发展出谋划策,为企业提供全方位的管理服务。正是这样全方位的服务与支持,使得红榕在发展的过程中,虽然投资项目的数量不多,但每个项目都取得了巨大的成功,从而给公司带来了丰厚的经济效益与良好的社会效益。

(汪 涛)

浙江岳佑：重价值投资，求稳健增值

私募股权中的成长资本，通常将目光聚集在成熟期的企业，为企业的战略转型、公司扩张提供资金支持，通过这些投资，获得相对于种子投资或创业投资更稳定的收益，同时也将资金流向拥有未来发展前景的企业，帮助企业完成战略布局。浙江岳佑投资管理有限公司就是这样一家专注一级半市场的股权投资机构。

一、公司现状

（一）公司发展简介

浙江岳佑投资管理有限公司成立于2015年3月，拥有中国基金业协会私募股权以及证券基金管理人资格，也是杭州市金融人才协会单位理事。公司有深厚的长江系资源，主要股东系长江商学院的EMBA学员、A股上市公司股东、国内知名会计师事务所注册会计师。2016年，岳佑与上海赛领资本结成全面战略合作伙伴关系，共同成立浙江赛领岳佑投资管理有限公司，并启动海外医疗投资基金。

（二）管理团队分析

岳佑管理团队拥有丰富的社会资源，并且拥有丰富的基金管理和运作经验，为投资人创造丰厚回报的同时，注重防范投资风险，保障资金安全。

董事长毛岱，长江商学院浙江校友会执行会长，浙商经济发展理事会副主席。原浙商创投股份有限公司管理合伙人。

总经理何前，原瑞华会计师事务所合伙人，瑞华浙江分所负责人、所长，硕士研究生学历，高级会计师，具有注册会计师、注册税务师执业资格。曾担任多家国企以及数十家IPO企业的签字项目合伙人，具有丰富的财务管理经验。

副总经理蔡刚，经济学研究生，中国注册会计师。上海市政府采购评审专家委员会专家成员，"中国企业走出去"组织并购及财务顾问服务的专家团成员。拥有丰富的海外上市公司审计及并购经验。

执行合伙人史敏，金融学研究生，曾在广发证券、金元证券、浙商创投等企业任职，拥有丰富的证券、股权投资经验，先后主持的投资项目已完成18个，投资金额超过3亿元，成功在创业板和中小板上市公司4家，2011年度被评为浙江股权投资十佳投资经理。

投资总监王晟先生,中国注册会计师,具备证券及基金从业资格。拥有10余年上市公司、IPO、新三板及大型国企审计经验。入职岳佑以来,成功主导中概股回归借壳、IPO、定增等类型的投资运作。

(三)公司核心竞争力分析

1. 股东背景雄厚

公司主要股东系长江商学院的EMBA学员,拥有非常深厚的长江系资源,长江商学院在全国拥有校友几千人,聚集了大量的央企、上市公司董事长;长江商学院在浙江校友300多名,管理上市公司达到100多家,公司董事长是长江商学院浙江校友会会长。

2. 优质的项目源

公司依托银行、证券、信托等金融机构的战略合作伙伴,以及强大的股东背景,可获取较优质的项目源,如上市公司定增,优质中概股回归A股,重大并购重组,优质企业IPO,海外高科技企业投资。现已合作的伙伴包括申万宏源证券、中信证券、中国建设银行、中国工商银行等。

3. 完善的风控体系

公司管理的基金募集完毕后均在托管机构托管,且在证券基金业协会备案,保证全部资金运用于基金协议约定用途;公司及管理基金建立双重投资决策委员会决策机制,投委会成员由基金专家团及投资经验丰富的资深人士担任,负责投资项目的主要决策;公司现已拥有投资、财务、法律等较完善的内控机制,最大限度防范和降低信用风险、市场风险和操作风险;公司每季度定期就基金运作、收益情况向出资人出具书面报告。

二、投资理念与投资方向分析

(一)投资理念分析

岳佑的投资理念是坚持价值投资、稳健投资,通过深入的行业研究,挖掘精品项目,打造一流的私募股权投资基金,为投资者实现最优质的资产配置和投资回报。公司现管理资产规模约20亿元,成功投资分众传媒,并借壳七喜控股;参与传化股份定向增发;成功投资融资租赁细分龙头中国康富租赁,其已在新三板挂牌;并投资1.03亿美元参与奇虎360私有化回归投资;参与万达商业港股私有化。

（二）投资方向分析

岳佑主要关注成熟期、业绩稳定的企业，同时也关注新兴行业、政策热点，侧重一级半市场，包括定向增发、中概股私有化、并购重组、PE、风险投资、固定收益。公司的投资方向为：节能环保、高端装备制造、TMT、生物医药、消费品、先进服务业等行业中有先进技术、独特商业模式和竞争优势的优质企业。重点投资领域在医疗大健康、文化传媒类企业。

三、投资项目与投资效益分析

资本的投向，会促进技术变革，影响产业结构，同样私募股权资金也具有这样的作用，而成长资本，更是在企业成熟期转型升级、技术突破等关键时期，起到了关键性的作用，而资本也在运作中获得回报。岳佑在投资过程中，也给实体经济、新兴产业带来了一定的投资效益。

（一）服务实体经济，带动传统产业转型升级

在岳佑成功投资的项目中，传化股份定向增发收购的传化物流作为国内领先的公路物流行业平台运营商，一直致力于构建"中国智能公路物流网络运营系统"。传化物流将传统的物流行业与互联网、金融相结合，首创并实践的"公路港物流"入国务院文件，发改委点名"完善公路港建设布局"。通过"互联网物流平台网络"和"公路港共享平台网络"的互联互通，其系统性解决中国公路物流短板问题，提升公路物流效率，降低公路物流成本，打造"物流＋互联网＋金融服务"为特征的中国公路物流新生态。随着全国化网络布局速度的加快，传化物流打造"10枢纽·160基地"中国智能公路网络运营系统的宏伟蓝图已经逐渐清晰。目前已经在20个省、自治区、直辖市进行区域网络布局，在85个城市落地项目，投入运行的公路港已经有11个。预计到2022年将形成全国性的公路港网络，建成10枢纽以及160基地的全网布局，合计170个公路港。传化物流努力正在实现港与港之间的互联互通，发挥公路港全国布局的网络效应。由公路港搭建的基础设施平台网络、安全诚信体系所形成的保障以及标准化的运作体系构成了三大基础支撑。最终，传化物流构建的"中国智能公路物流运营系统"将致力于满足5000万家企业运力的采购，实现超过2000万辆卡车的高效调度，让200万亿元物资快速有序流动，产生更为巨大的经济、社会效益。

传化物流的物流平台依靠信息化带动社会车辆配货，有效提升了物流服务的组织化、集约化、信息化管理水平，有效解决了"散兵游勇"式的作业方式，推动了公路

物流转型升级与发展。同时通过提高配货效率、减少空载里程,有利于减轻交通、环境、能源等压力。据初步测算,每年因此可减少空载里程3.9亿千米,节约柴油5900多万升,减少二氧化碳排放19.2万吨,促进绿色经济发展。

除了传化股份外,岳佑还投资了中国富康(833499)。其是商务部直属最早成立的中字头命名的融资租赁公司之一,依托于国家核电、三一集团两个实力强大的股东。致力于推动中国能源产业及装备制造业的发展,努力打造成为中国高端装备制造业、能源产业租赁第一品牌。2014年国务院正式将融资租赁列为我国生产性服务业重点发展行业之一,融资租赁业作业现代服务业的新兴领域和重要组成部分,将为经济转型提供强大的资本支持,为中小企业解决发展过程中大型固定资产配置的难题。

浙江岳佑通过投资实体经济,帮助传统企业完成转型升级,有利于产业结构调整与经济发展。

（二）促进技术创新、商业模式创新

私募股权投资青睐具有创新能力的企业,这样的企业未来成长空间巨大。岳佑所投资的分众传媒在媒体广告投放方面进行了技术创新与商业模式的创新。

分众传媒是中国影院广告和楼宇广告的开创者。在移动互联网时代,资讯爆炸,广告越来越难被记忆,选择太多是个巨大的困境。分众推动的向上云端基于大数据精准化投放战略和向下基于屏幕与手机端O2O互动战略提升了分众生活圈媒体的广告效果,而分众这种精准化、强制性、低干扰的被动化媒体平台对这种开创性品牌的引爆能力最直接最有效,这些优势令分众作为中国最大生活空间媒体和中国新经济品牌引爆者的价值被凸显。未来分众可能还会进行新一轮屏幕改造,分众屏幕会变身智慧终端,集手势互动、手机NFC支付、信用卡闪付、优惠券分发等于一体,让分众屏幕变成移动门店。还可能会使用人工智能流量识别、人脸识别来加强售后收视数据分析,也可能加入公交卡、市民卡充值与付款功能等。在框架方面会加入NFC标签,用户NFC手机靠近框架就会带你去往相对应的H5页面进行互动。从数据上看,这些领域分众已拥有几十项实用专利。

岳佑还投资了上海瑞鸿,该公司帮助APP个人开发者及企业打破设计、计算、排期、审核的制约,大幅缩短从创意到推向市场到用户实际反馈的周期,以超低成本获取新用户,提高用户活跃度、降低用户流失率,公司为客户提供运营整体解决方案,系国内首家移动端敏捷运营整体解决方案。

这些企业都在技术或商业模式上有所创新,并取得了不错的成绩。

（三）投资中概股私有化，助力企业战略调整

中概股私有化是企业在衡量企业价值估值、企业战略发展等因素后做出的一项决策。

岳佑投资的奇虎360，其筹资的目的就是从美股退市，完成私有化。奇虎360自2011年纽约挂牌，在美股市场表现一直不错，在2016年7月29日，奇虎360宣布从美股成功退市，持续数月的私有化顺利完成。奇虎私有化有其估值及发展战略的考虑。奇虎依托独特的免费加增值服务盈利模式，一直保持着高速增长，近年来奇虎的战略布局开始围绕"安全"核心，力图把360打造为集"硬件＋软件＋互联网"为一体的公司，基于这一战略方向，360开始全方位布局。360完成私有化以后，上市所带来的限制和约束没有了，其在新战略的步伐会前进得更快，更有助于其战略目标的实现。

岳佑还投资万达商业。该公司是大连万达集团业务架构中唯一的商业地产平台，是中国规模最大、全球规模第二的商业地产商。岳佑为万达商业从H股退市，实现私有化，提供资金支持。在投资中概股私有化项目中，岳佑在获得收益的同时，也帮助企业实现战略调整。

四、小结

浙江岳佑2015年入驻基金小镇，基金小镇给予了大量政策优惠、平台支持。如定期举办的财富讨论会，让同行间分享投资界的最新资讯和研究成果，促进彼此交流和学习，扩大交际圈和视野。还举办资本对接、项目路演、联合调研、人才培训等活动，为小镇创投机构搭建系统平台服务。岳佑投资秉承着价值投资、稳健投资的理念，聚焦成熟期企业，为企业的战略转型提供资金支持，并获得稳健的收益。在投资过程中，岳佑投资对于实体经济转型、新兴产业发展都具有一定的推动作用。

（王慧煜）

拔萃资本：国际化视野，专业化投资

在全球经济一体化步伐越来越快的背景下，资本的流动早已跨出地域的限制，在全球范围内流通，而引导资本流通方向的除了对利润的追求之外，最为重要的就是产业结构的差别带来的投资机会。拔萃资本充分利用其在境内和境外两个市场自由流通的优势，将产业化投资的优势与信息化优势发挥到了极致，在享受境内境外两个市场带来投资机会的同时，也将境外成功的投资经验引入境内市场，从而有助于境内市场投资理念的进一步成熟与发展。

一、公司简介与股东及管理团队分析

（一）公司发展情况

2013年7月15日，杭州拔萃投资管理有限公司（简称"拔萃资本"）成立，由原中国工商银行香港分行行长孙新荣、阿里巴巴集团部分创始股东，以及宁波旷世智源工艺设计股份有限公司联合创立。拔萃资本紧跟中国资本项目开放的步伐，积极寻找一级市场、二级市场以及境内、境外的资源和投资机会，专注于节能环保、清洁能源、健康医疗和金融服务领域，为投资者提供境内外双向投资和全方位资产管理服务。公司在杭州、上海、香港、深圳都设有机构。

2014年4月22日，拔萃资本顺利通过中国证券投资基金业协会的备案审核，并获得《私募投资基金管理人登记证书》，编号为P1000967，成为开展私募证券投资、股权投资、创业投资等私募基金业务的金融机构。

2015年11月，拔萃资本另设有海外投资平台——拔萃国际资产管理有限公司，已被香港证监会正式授予第四类（就证券提供意见）和第九类（提供资产管理）两个受规管牌照，编号为BFT176。该平台将为境内外投资人寻找优质的境外投资机会，提供跨境资产配置服务。

拔萃资本拥有境内和境外两个完整的投资平台，因此在项目选择方面有更为全面的信息和运作优势。

（二）股东情况及公司组织架构

拔萃资本的公司注册资本为1000万元人民币，法定代表人孙新荣。具体股东包括孙新荣、金钦良、高圣民和金建新,其持股比例分别为60%、20%、10%和10%(见图2-9)。

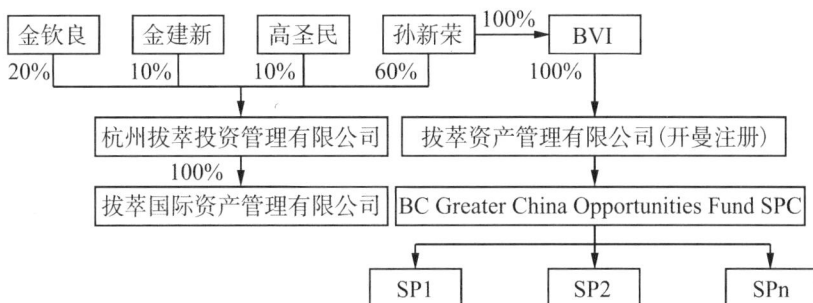

图2-9　拔萃资本股权构成情况

此外,拔萃国际资产管理有限公司(香港)目前正在重组。重组后,公司的具体股东为孙新荣、娃哈哈、阿里系,其持股比例分别为68%、12%、20%。

公司组织架构如图2-10所示。

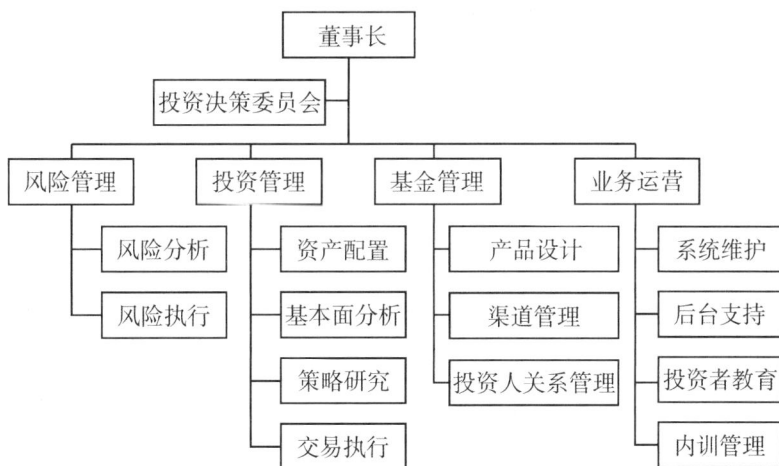

图2-10　公司组织架构

(三) 高管团队分析

拔萃资本的团队成员大多有海外留学、工作的背景,具备国际化的视野,他们中既有项目经验丰富的投资管理人,也有充满激情、不断学习、专注敬业、勇于创新的年轻人。这样的团队与拔萃资本的境内外平台的结合,无疑能与境内外投资者的需求匹配度达到最大化,为投资者带来更完善的资产配置服务。公司的高管层都是金融领域经验丰富与眼光独到的专业人士,其中对公司发展有着至关重要的人物及其经历如下:

孙新荣是公司创始合伙人、董事长兼首席投资官。他曾任中国工商银行香港分行行长,高级经济师,浙江大学工商管理硕士,华东师范大学经济学学士。孙新荣1989年加入中国工商银行,历任浙江省分行国际业务部副总经理、省分行营业部本级业务部副总经理、新加坡分行副行长、香港分行副行长、总行香港信用卡中心总经理、香港分行行长。2011年他投身投资领域,创办了厦门京道产业投资基金管理有限公司,参与并主导了国轩高科、北大之路、亚洲钾肥等多个项目的投资。他在境外工作、居住多年,具有丰富的境内外资源和广阔的国际视野。现任拔萃资产管理集团董事长兼首席投资官、厦门京道基金创始合伙人。

冯兵是公司合伙人兼总裁,曾任摩根士丹利亚太区董事总经理,固定收益部中国大陆机构及企业销售团队主管,具有将近30年在固定收益行业耕耘的经历。早在1988年于复旦大学国际金融专业毕业后,即加入中国银行总行资金部交易室参与当时国家及银行外汇储备管理的工作。他于1995年加入美林香港,任固定收益部副总裁,成为外资投行中最早开拓大陆固定收益市场的专业人员。通过近30年专注于境外固定收益市场,冯先生积累了丰富的市场和产品经验,在银行、保险、券商、基金等行业拥有广泛的客户人脉。

樊臻宏博士是公司合伙人,他是美国纽约大学斯特恩商学院金融与统计博士。历任中国人寿资产管理公司国际部和项目部副总经理;美国华尔街美林证券投资管理公司策略分析师,并成功管理了一亿美元的对冲基金;ARGONAUT资产管理公司(对冲基金)分析师。樊博士所负责过的投资项目包括金融、制造业、消费品和矿业等领域。其文章和观点曾多次在《华尔街日报》、《金融时报》、《华盛顿邮报》、路透社、彭博新闻、德国《商报》、《日经新闻》等金融媒体上发表。

陈剑锋是公司合伙人,他是中国互联网界资深经营管理人士,1996年开始投身中国互联网发展事业。现任中国著名财经网络媒体——和讯网(www.hexun.com)首席运营官。陈剑峰先生是中国互联网界资深经营管理人士,也是中国互联网大众化、商业化发展的积极宣传者及实践者。曾在搜狐、网易、千龙网等著名互联网企业担任总裁执行助理、副总裁、高级副总裁等职位。2007年当选中国互联网大会评选的"中国互联网络广告十年百人";2008年获得著名互联网第三方机构艾瑞集评选的"中国互联网精英奖";2009荣获"中国互联网新营销先锋人物奖"。

潘羃夫是公司合伙人兼执行总裁,他有着近15年通信及金融投资领域工作经历,熟悉与专业资产管理相关的财务金融和法律法规,曾在中国移动、天堂硅谷等知名机构任职,专注于TMT、医疗健康、环保能源等领域的研究分析,具有股权投资、证券投资、产业整合等方面的投资经验。其间,累计管理各类投资基金5只,完成投资项目近30个,投资额度超过10亿元,并取得了非常优异的投资业绩。

二、拔萃资本的投资运作模式

（一）投资理念与核心业务

拔萃资本紧跟中国资本项目开放的步伐,积极寻找一级市场、二级市场以及境内、境外的资源和投资机会,为投资者提供境内外双向投资和全方位资产管理服务。专注的投资领域以节能环保、清洁能源、健康医疗和金融服务为主。目前在以上行业内均有投资案例,部分项目已成功上市或退出。

拔萃资本的理念是:"勤劳朴实,厚德载福;出于其类,拔乎其萃。"公司致力于寻找持续成长、具有独特竞争优势、管理团队能力卓越和值得信赖、真正创造价值的项目或企业;同时,持续紧密跟踪,灵活应变,为获得长期稳定和丰厚的利润提供风控保障。

拔萃资本的核心业务包括:针对一级、一级半市场的股权投资、收购兼并等;针对二级市场的证券投资以及固定收益产品(见图2-11)。拔萃资本对节能环保及新能源投资非常重视,其独特的投资理念,一直是其投资能够获得成功的重要支撑。其对节能环保及新能源行业的项目选择主要立足于以下三个方面。

第一,政策支持,中长期成长确定性高。节能环保和新能源隶属于七大战略新兴产业,发展持续期长久、产业规模庞大,是可以长期跟踪关注的投资领域。

第二,项目团队能力强,产品/服务有独特优势。项目团队不仅要执行力强,还需要很强的资源整合能力,以适应这些产业与政府推动紧密相关的特点。同时,在

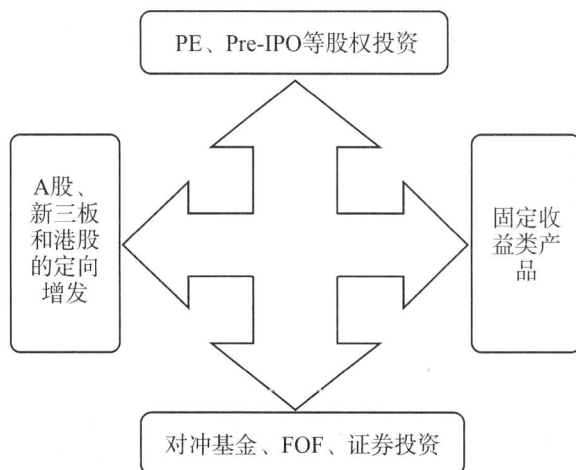

图2-11　拔萃资本核心业务分布

产品/服务的核心技术工艺等方面有自身竞争优势。

第三,"资金＋服务"的投资模式。拔萃资本专注于在这些领域展开投资,同时凭借自身积累的各种资源能力,除了为投资项目提供资金,更注重为项目方提供包括产业资源对接、资本运作等各方面的增值服务,致力于投资项目快速成长,做大做强。

（二）投资部门与职能分布

拔萃资本虽然目前只有员工19人,分布在杭州、香港两地,但他们的职责都非常清晰,主要业务包括股权投资、定向增发和二级市场,业务遍布全国如表2－11所示。

表2－11　拔萃资本部门构成与职能分布

部门全称	部门人数	部门主要职能
风险管理	3	1. 负责研究修订风险识别、防范、化解和处置的措施意见、管理办法和操作规程,健全完善风险管理体系 2. 负责审查项目,评价项目的可靠性、可行性,审核反风险措施,独立出具项目审核意见,提交评委会 3. 负责检查落实公司各项管理制度的执行情况,定期出具检查报告,不断全完善内控制度 4. 负责业务的风险监控和预警
投资管理	10	1. 负责收集各类信息,寻找有投资价值的标的 2. 挖掘各种数据,对交易模式进行研究,利用各种分析工具制定策略 3. 负责组织对拟投资企业或项目进行调研、论证,评估企业或项目的市场价值,提出投资企业或项目的可行性报告 4. 负责投资企业或项目的投资方案设计 5. 负责投资企业或项目的立项、报建、报告等工作 6. 负责对项目进行管理、掌握、监督,并提出相关的建议和方案
基金管理	3	设立基金,基金备案、管理,投资者关系管理。
业务运营	3	投资人维护和管理,对其他部门进行后台支持。

到2015年12月为止,拔萃资本管理过的基金数量已达19只,基金总规模达到15亿元人民币。在这些基金中,有些基金已经成功实现了退出,并获得丰厚的利润回报,有些基金还处于运作过程中（见表2－12）。

表2－12　拔萃资本管理基金情况

基金名称	成立时间	基金规模	期限	主要投资行业/领域	已完成投资金额及数量	退出/估值倍数	是否已完全退出
BC GREATER CHINA OP-POR-TUNITIES FUNDS PC-BC HEALTH CARE FUND SP(修正药业)	2015－11	2050万美元	3年	健康医疗	2000万美元		

续表

基金名称	成立时间	基金规模	期限	主要投资行业/领域	已完成投资金额及数量	退出/估值倍数	是否已完全退出
BC GREATER CHINAOP-POR-TUNITIES FUND SPC-BC MILLENNIUM FUND SP	2015－11	2121.75万美元	开放式	对冲基金	2070万美元		
BC GREATER CHINAOP-POR-TUNITIES FUND SPC-BC NEW ENERGY FUND SP（琥珀能源）	2015－09	4100万港元	4年	清洁能源	3880万港元		
拔萃联创永盈1号投资基金	2015－06－17	5000万元人民币	1年	股票类基金	5000万元人民币		
嘉兴仁萃投资合伙企业（有限合伙）（安正科技）	2015－05－15	1140万元人民币	3年	电子通信	360万元人民币		
嘉兴联萃投资合伙企业（有限合伙）	2015－04－07	2600万元人民币	1年	清洁能源	2600万元人民币		
杭州同萃投资合伙企业（有限合伙）（影达）	2015－03－06	3000万元人民币	3年	影视文化	200万元人民币		
拔萃河童桥1号投资基金	2015－01－09	800万元人民币	8个月	股票类基金	800万元人民币		已清盘
嘉兴隆萃投资合伙企业（有限合伙）（合大太阳能）	2014－12－04	3200万元人民币	6年	清洁能源	3000万元人民币		
嘉兴拔萃天泰投资合伙企业（有限合伙）（泰来环保）	2014－12－03	3500万元人民币	4年	节能环保	3300万元人民币		
宁波同萃投资合伙企业（有限合伙）（美时美克）	2014－11－17	1200万元人民币	5年	节能环保	1200万元人民币		
拔萃国际资产管理有限公司（众安保险）	2014－10	800万美元	3＋2年	互联网保险	800万美元		
太平拔萃中国投资基金（安贤园）	2014－09	5600万港元	3.5年	殡葬业	5600万港元		
宁波梅山保税区拔萃天和股权投资合伙企业（有限合伙）（中新力合）	2013－07－04	6566万元人民币	4年	互联网金融	6084万元人民币		

基金名称	成立时间	基金规模	期限	主要投资行业/领域	已完成投资金额及数量	退出/估值倍数	是否已完全退出
厦门京道天孚股权投资合伙企业(有限合伙)(福满再生资源)	2013-05-10	1.505亿元人民币	4年	再生资源	1.505亿元人民币		
厦门京道联萃天和创业投资基金合伙企业(有限合伙)(北大之路)	2013-01-21	4.2亿元人民币	3+4年	健康医疗	2.83亿元人民币	2014年8月借壳万昌科技(002581)上市,预计退出时投资者收益翻10倍	
厦门京道天能动力股权投资合伙企业(国轩高科)	2012-06-18	1.62亿元人民币	0.5+2+1年	新能源汽车	1.45亿元人民币	2014年9月借壳东源电器(002074)上市,预计退出时投资者收益翻10倍	
BVI公司(亚洲钾肥)	2012-05	1000万美元	3年	化工行业	1000万美元	2015年10月回购所有外资股份并回归A股上市	已退出
厦门京道天元文化产业股权投资合伙企业(有限合伙)(粤广电)	2012-04-06	5350万元人民币	8年	文化产业	5000万元人民币		

三、代表性的投资案例分析

一直以来,拔萃资本都专注于环保能源类产业的投资,在取得丰厚投资业绩的同时,也为经济结构的升级转型提供了资金支持,而且拔萃资本利用其境内、境外两个市场的优势,将选择面与信息互通的特色发挥到最大化。本部分以拔萃资本的大中华机遇基金—新能源Ⅱ号为例,详细分析该投资项目的过程与特点。

（一）基金基本情况

基金基本情况如表2-13所示。

表2-13　基金基本情况分析

基金名称	拔萃大中华机遇基金—新能源Ⅱ号
注册地	开曼群岛
投资标的	专项认购琥珀能源(0090.HK)定向配售份额,价格为认购日收盘价的8折或收盘前连续5个交易日平均价的8折(以高为认购价格)
基金规模	1050万美元
认购起点	100万美元(按10万美元的整数倍递增)
存续期	36个月(3+1年)
基金管理人	拔萃资产管理有限公司(开曼注册)
托管银行	星展银行香港分行(DBS Bank)
基金管理费率	1.5%/年(每半年收取)
投资顾问	拔萃国际资产管理有限公司(香港)
业绩奖励	年化收益率超过6%以上部分,提成20%作为基金管理人的业绩奖励

为了更好地实现这一投资项目的目标,拔萃资本专门成立了一个基金,且规定了该基金明确的存续期,为36个月。基金的注册地也设在境外,既方便管理,又能够享受税收方面的优惠。

（二）国际天然气发电行业市场前景与机遇分析

目前,天然气已成为欧洲、美国等众多发达国家和地区重要的电力供应来源。其中2000年至2012年,美国天然气发电量增长96%;日本天然气消费的70%来自发电领域,占其国内发电总量的28%;欧洲天然气发电比例也超过20%。预计到2030年,世界天然气消费将增加到4.9万亿立方米,发电用气在天然气消费增加量中将占到59%。同时,据埃克森美孚《2030年能源展望报告》显示,预计至2030年,天然气占全球能源消费的比例将从20%升至25%左右,超过煤炭成为世界第二大能源。因此,提高天然气发电消费量呈大势所趋。我国天然气发电也保持较快增长速度,燃气发电装机容量不断增加。据前瞻产业研究院发布报告显示,发电用天然气消费量快速增长,2009—2014年的年均增长率达到了30%以上;2014年我国天然气发电装机容量超过5000万千瓦;天然气发电量为1143亿千瓦时,占全部发电量的2.19%(见图2-12)。

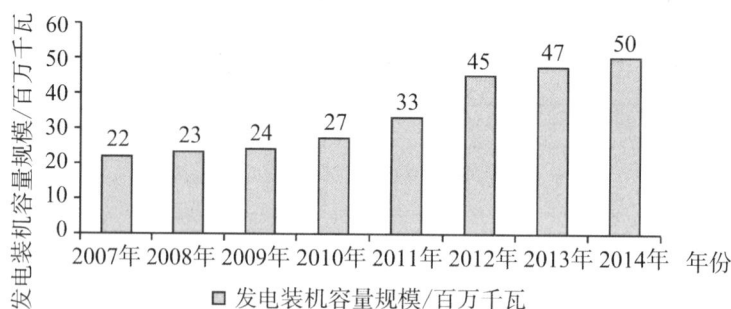

图2-12　发电装机容量规模变化情况

近年来国家及地方政府相关部门颁布了一系列直接、间接有利于本行业发展的产业政策(见表2-14)。

表2-14　发电产业政策

时间	会议/文件	概　要
2015年6月	浙江省物价局发布《关于我省天然气发电机组试行两部制电价的通知》	该通知指出浙江省内的燃气发电机组根据机组容量的不同,执行新的上网电价,并将上网电价划分为电量电价和容量电价
2015年3月	全国"两会"会议	李克强总理提出要打好节能减排和环境治理攻坚战。2015年二氧化碳排放强度要降低3.1%以上,化学需氧量、氨氮排放都要减少2%左右,二氧化硫、氮氧化物排放要分别减少3%左右和5%左右
2012年12月	国家发改委《天然气"十二五"发展规划》	中国将进一步优化能源工业结构、减少依赖煤炭资源及调高天然气于主要能源中所占的比重。天然气在能源消费中所占比重,由2010年的4.9%提高到2015年的7.5%

天然气是最清洁的化石能源。与传统火电相比,燃气发电具有节能减排、电网调峰、工程节约土地等优势。而我国当前存在环保问题突出、土地利用紧张、电力需求峰谷明显等问题,燃气发电理应得到大力发展。目前,天然气已成为欧洲、美国等众多发达国家和地区重要的电力供应来源。通过国内外装机量和发电量两方面的对比,可见天然气发电行业未来在我国有非常大的成长空间。

(三)所投项目公司分析

琥珀能源公司的实际控股股东为中国万向集团鲁冠球的儿子鲁伟鼎,隶属中国万向集团,重点对能源行业和金融服务业等进行投资运行。

中国万向投资控股琥珀能源、普星聚能、新疆清洁能源等能源平台的业务公司,重点发展清洁能源产业(燃气发电、海上风电、太阳能发电等)、储能业务等,在该行业拥有丰富的资源。同时万向大力发展新能源汽车业务。此外,中国万向投资控股民生保险、万向信托、浙商银行、通联期货、通联支付、万向租赁等公司,拥有保险、银行、信托、期货、第三方支付、租赁等金融、类金融业务资质,致力于中国万向金融控股的构建。

（四）项目选择依据分析

1. 行业受益政策红利,发展潜力无限

国家相关部门颁布了一系列直接、间接有利于本行业发展的产业政策。例如,在2015年召开的全国"两会"会议中,李克强总理在政府工作报告中提出"2015年二氧化碳排放强度要降低3.1%以上,二氧化硫、氮氧化物排放要分别减少3%左右和5%左右"。同时浙江省两部制电价改革的出台,改变了琥珀能源之前的"电量电费收入"单一赢利模式,上网电价收入由电量电价和容量电价两部分组成,有效缓解琥珀能源经营压力,优化配置电力资源和降低电力投资风险。

2. 大股东实力雄厚

琥珀能源实际控股股东为万向集团鲁冠球的儿子鲁伟鼎。万向集团实力雄厚,注资可期。大股东投资控股新疆清洁能源、普星聚能、琥珀能源等能源平台的业务公司,在该行业拥有丰富的资源。其中琥珀能源是万向集团唯一一个港股上市子公司,专注于清洁能源和新型能源板块。

琥珀能源全资拥有4间浙江省内天然气发电厂:德能电厂、蓝天电厂、京兴电厂、安吉电厂。至2014年12月31日,上述电厂总装机容量及权益装机容量约为457百万瓦。天然气电厂为清洁能源方向,均为国家鼓励发展的产业方向。

3. 资产清晰,市值较小

琥珀能源董事长兼总经理柴伟先生在能源行业累积拥有逾20多年的企业发展及管理经验;其他管理层成员均在电力行业工作多年,有丰富的清洁能源项目运营和管理经验。截至2015年7月30日,琥珀能源报每股1.46港元,总共6.06亿港元的市值。首先,琥珀能源市值较小,股价相对处于低位,上涨空间大。其次,整个资本市场处于较低位,前景看好。

4. 清洁能源项目和配售电业务将是公司未来重要的发展方向和盈利点

琥珀能源一直看好并致力于发展清洁能源,除燃气发电外,也将积极开拓其他清洁能源项目,例如太阳能发电、海上风力发电、垃圾发电及生物质发电等。从社会角度看,大力发展清洁能源有利于逐步实现发电能源供应的多元化,推动我国能源消费结构优化升级。从琥珀能源角度看,受益于政策红利(清洁能源产业是政策驱动型产业),获得政府补贴以及大幅度提升业绩,同时实现公司能源业务多元化。

相较于其他公司,琥珀能源拥有销售渠道和生产优势,更有利于涉入售电市场

业务。同时,国网全面开放分布式电源并网工程,及慢充、快充等各类电动汽车充换电设施市场。在国家各项政策的支持下,拥有充电时间短、电池寿命长、综合成本低等特点的快充技术将是未来新能源汽车发展的新方向,具有强大的商业价值。琥珀能源可充分发挥其传统的天然气电厂优势,大力发展快速充电站。

(五) 投资风险分析

1. 市场风险

其市场风险主要包括:第一,气源不足。供需偏紧是目前天然气发电进展相对缓慢的主要原因之一。我国天然气消费一直保持高速增长,2014年天然气表观消费量达到1786亿立方米,对外依存度已突破30%。第二,燃料成本上涨。天然气价格不断攀升,燃料费在琥珀能源运营成本中占比约80%,唯一燃料来源天然气的价格是影响琥珀能源燃气发电经济性最重要的因素之一。但目前浙江省两部制电价改革的出台,琥珀能源营业收入将由"电量电费"和"容量电费"两部分收入组成,将有效缓解经营压力,优化配置电力资源和降低电力投资风险。同时,我国政府高度重视环保问题,未来有望出台环境税等相关政策,发电环境成本将考虑在内。

2. 管理风险

管理团队变更,特别是核心管理层的流动对公司管理存在诸多不利,这类风险需要重点防范。琥珀能源在运营过程中存在管理团队变更的风险,但自琥珀能源成立以来主营业务及核心管理团队稳定,影响较小。

(六) 退出机制选择

有效的退出机制是实现风险投资高额收益的安全保障。退出机制的选择要根据具体的市场环境和投资对象的发展状况做灵活的调整。根据琥珀能源的发展情况以及未来成长空间分析,基金管理人将在二级市场适时分批交易退出,实现最终的投资盈利目标。

四、小结

通过对拔萃资本投资过程的分析,我们可以清晰地看到拔萃在投资的过程中,非常注重境内、境外优势互补,并充分利用两个市场的机会,以最小的成本谋求最大的利益。在项目选择方面,拔萃有着非常明显与清晰的逻辑,那就是坚持投资环保与清洁能源类的项目。环保与清洁能源类的投资项目,一方面受到国家政策支持发展的力度比较大,另外一方面,这类投资都有较稳定的收益回报。正是这两个方面的原因,使得拔萃资本在成长发展的过程中,能够保持稳定的前进速度而又牢牢控制了风险的释放。从投资效率和成本管理的角度来看,拔萃资本也做得非常成功,虽然管理团队人数并不多,但每个人都能够充分地履行自己的职责,并结合境内、境外两个市场可以自由发挥的优势,取得了事半功倍的良好效果。

（汪　涛）

礼瀚投资：深耕环保业，服务创价值

杭州礼瀚投资管理有限公司（下文简称"礼瀚投资公司"）成立于2012年，是一家以投资银行业务、股权和债权业务、产业基金管理以及证券投资为主的资产管理机构。礼瀚投资公司汇聚了行业精英与产业资本，主要从事私募股权投资、产业并购整合、股资顾问以及参与上市公司定向增发等业务。该公司于2014年获得私募基金管理人资格，累计资产管理规模达到40亿元。相比较于其他动辄上百亿资管规模、从事私募股权投资十多年的大型公司，只有12人团队的礼瀚投资公司采用了聚集产业的策略，依托于环保类上市企业，并与之合作成立产业基金、并购基金等，从事非标资产管理。团队根据对节能环保领域的专业研究，依托行业资深科技技术人才团队，通过为各阶段客户提供产业及资本战略规划、财务顾问、资源整合等深度服务来创造价值，为建设中国多层次资本市场贡献力量，最终将其打造成节能环保领域顶尖的平台型、综合型专业资产管理机构。

一、深耕环保产业

（一）并购基金式介入

1. 众合科技（000925）

由浙大网新控股的众合科技原名浙江海纳科技股份有限公司，于1999年6月11日在深圳证券交易所上市。2009年重大资产重组后，公司更名为浙江众合机电股份有限公司，2015年3月再次变更为"浙江众合科技股份有限公司"（000925），致力于国家重点发展的轨道交通业务和能源环保业务，通过绿色环保的技术、工程及装备制造服务为社会贡献价值。就能源环保板块来说，众合科技已经是国内知名的环保工程系统解决方案的供应商及环保工程项目总承包商，依托浙江大学的学科优势，整合院校产学研结合的开发实力，形成具有自主知识产权的节能环保新技术，业务覆盖脱硫、脱硝、脱氮、绿色照明及节能、分布式能源、工业余热利用、风光互补发电、水资源再生处理、污泥无害化处理、半导体节能材料制造等领域。公司以EPC工程总承包、BOT、BT、TOT、BOO等方式承接的环保工程项目，为电力、化工、钢铁、冶金、建材、城市公用事业等的发展提供了大量专业知识和技术服务。

2016年4月，众合科技发布公告拟以15.95元/股的价格发行4275.86万股，作价

6.82亿元收购唐新亮等持有的苏州科环100%股权。苏州科环主要从事工业污水处理技术研究及综合治理,在石化行业工业污水深度处理市场处于领先地位。其位于江苏省昆山市花桥经济开发区,是集工业污水处理系统设计、设备制造、安装调试及技术服务于一体的专业化公司,拥有自主知识产权的COBR工艺和IRBAF工艺,为炼油、化工、煤化工、钢铁、采油、印染、造纸等行业的相关污水处理系统提标改造及回用提供整体解决方案和设计。公司在江西萍乡设有目前国内最先进的标准化生产基地,生产具有自主知识产权的各类水处理系统设备及产品。

礼瀚投资公司在此并购过程中,担任众合科技买方顾问的角色,与上市公司通力合作,在收购谈判、交易结构设计、财务及法律尽职调查等方面发挥了专业能力。礼瀚投资公司着力促成此项并购交易,旨在将其与众合科技既有的污水处理业务产生协同效应,通过调整业务结构,完善产业布局,优化公司资产负债结构。

除此之外,礼瀚投资公司与众合科技于2015年组建了规模达10.1亿元的环保产业并购基金,目前该基金储备了众多环保领域的优质标的,为上市公司的外延式扩张提供了优质的标的资源。

2. 兴源环境(300266)

兴源环境科技股份有限公司(以下简称“兴源环境”)成立于1992年,系在杭州兴源过滤机有限公司的基础上整体变更设立的股份有限公司。公司股票于2011年9月27日在深圳证券交易所创业板挂牌交易。公司初始定位为污泥处理压滤设备生产及销售厂商,后于2014年收购浙江省疏浚工程股份有限公司,开始转型成为环境治理综合服务商。

2016年8月,礼瀚投资公司与杭州壹舟投资管理有限公司、兴源控股有限公司及上市公司兴源环境共同发起设立了规模不低于30亿元的环保产业基金。基金将最终投资于环保产业,其中将定向投资于固废综合利用、危废处理等与上市公司业务相关领域,包括但不限于上述行业细分领域的技术、工程、装备制造企业。

该环保产业基金的设立长期将有助于上市公司成功并购优质项目,为兴源环境持续、快速、健康的发展提供保障,加强和提升兴源环境的整体实力。

(二)与上市环保企业战略合作

神雾环保技术股份有限公司(300156)成立于2004年,注册资本10.1亿元,2011年1月成功登陆深交所创业板,是一家针对全球化石能源(煤炭、石油、天然气及衍生燃料)节能环保与大气雾霾治理技术解决方案的提供商,是目前我国专业从事化石能源、矿产资源及可再生资源高效清洁利用、新技术研发及产业化实施的行业领军企业。神雾环保通过市场化运作和资源整合,成功打造了“乙炔法化工”、“水污染综合治理"、"特色装置"和"炼油与化工"四大业务板块,依靠独有的颠覆性技术和差异化竞争优势,公司积极通过工程总承包、合同能源管理等多种商业模式,推动煤化工行业和工业污水处理的成本与技术变革,带动产业链上下游的快速发展。

2016年3月,礼瀚投资公司牵手神雾环保构建环保产业金融支持平台,签署战略合作协议。在合作协议框架下,由礼瀚投资公司把握环保行业的投资机会,而神雾环保充分发挥研发及产业资源渠道优势,双方取长补短,通过共同成立私募股权基金、产业并购基金等方式实现产业与金融的有机结合。合作双方首期发起设立产业基金规模约3亿元。目前,相关工作正在筹备中。

(三)担任顾问深度介入并购

礼瀚投资公司于2015年12月与天翔环境(300362)共同设立一家有限合伙形式的股权投资并购基金——杭州天礼银投资合伙企业(有限合伙)。并购基金首期规模不超过5400万元,由礼瀚投资公司作为管理人并且出资900万元,天翔环境出资900万元,其余由礼瀚投资公司负责募集社会资金或第三方投资机构出资。此次成立并购基金的目的是为收购环保领域的服务公司,该基金的设立有利于天翔环境借助专业机构的资源,提高对投资标的相关运作的专业性,为公司进一步巩固行业地位、有效地整合环保产业链提供支持,促进公司整体战略目标的实现。

2016年7月,天翔环境发布公告拟以发行股票的方式作价2.17亿欧元收购德国最大的污水、污泥处理技术和装备制造企业之一的贝尔芬格水处理技术公司(以下简称"BWT公司"),目前相关并购重组工作正在进行中。BWT公司是全球领先的环保技术、设备及服务提供商。公司主要业务包括水处理、通用工业、烃加工、工业过滤、真空技术、取水系统和水井设备等,广泛应用于公用市政、石油化工、建筑、采矿、电力等行业。其旗下的公司自20世纪30年代开始就致力于污水处理设备的研制和生产,为城市和工业废水的彻底净化提供解决方案。依托先进的技术和全球品牌影响力,BWT公司的业务遍布包括美国、德国、意大利等在内的全球30多个国家和地区,建立了覆盖全球的研发、生产、销售体系。其中,美国为其最大市场,占其业务比重的一半以上,其次是德国和意大利等欧洲国家。目前该公司亚太区的市场潜力惊人。天翔环境作为中国最具实力的环境综合服务商之一,在亚太市场(特别是中国市场)拓展方面与BWT的业务间将会有巨大的协同效应。在完成对BWT公司的收购后,天翔环境必然会将自身强大的制造优势、市场渠道优势、融资优势与BWT公司全球顶级的技术优势相结合,大力开拓包括中国在内的亚太市场,从而实现BWT公司未来几年的快速增长。收购完成后,公司把BWT公司超过132年历史的全球领先的水处理、综合环保服务及先进制造体系引进中国,实现双方在产品技术、客户资源、财务等多领域互补,并通过整合双方在生产、运营管理和销售上的优质资源,发挥双"1+1>2"的协同效应,全方位参与国内外环保市场开拓,使公司成为全球领先的环保设备、系统解决方案及环境治理服务提供商,积极落实"一带一路"、"走出去"战略,对接国际市场,深入拓展外延式发展道路,实现全球战略布局,从而增强公司的核心竞争力,促成天翔环境的第二次飞跃。

在上述并购整合过程中,礼瀚投资公司全程参与竞标、谈判、交易方案完善、资金筹集等交易细节,特别是资金筹集方面,礼瀚以财务顾问和产业基金方式,协助完成相关资金的筹措,从而全方位协助天翔环境向环保领域转型,进一步完善其在环保装备及工艺产业链上的布局。

(四)助力上市企业业务转型

广东长青集团(002616)原名为中山市小榄气具阀门厂,是一家主营业务为燃气具及配套产品的生产和销售的上市公司,为业内自我配套能力最强、工艺最完整的企业之一,已配备了模具制造、压铸、锻压、钣金冲压、剪切、分条、机械切削、焊接、搪瓷、粉末喷涂、装配线等生产手段,拥有三大制造基地,是五部行业和国家标准的制定单位之一,产品远销欧美等数十个国家,位居中国燃气具出口企业的前列。这家以燃气用具、烧烤用具、取暖设备及燃气阀门、配件、压铸件加工等主要业务的制造企业,从21世纪初开始转型,以生活垃圾、农林业废弃物等生物质为原料,生产热电、固体燃料等可再生能源。以高效能、低排放技术建设运营工业集中区的热电联产项目,大幅节省用煤,实现达标排放,并为治霾做出贡献。截至2016年6月,长青集团在全国各地投产、建设、筹建中的生物质综合利用项目和热电联产项目达32个,概算总投资达120多亿元人民币。在这个过程中,礼瀚投资公司功不可没。2014年12月,参与长青集团约2亿元定增,不仅仅提供资金,更协助长青集团布局保定蠡县、保定雄县、茂名、鹤壁、曲江及满城的热电联产和集中供热项目。集团利润增厚,市值因此获得成倍提升。

二、价值创造策略

(一)专注于环保的并购金融服务

基金公司从资金供应者那里募集资金,负责投资决策,然后将其投放给资金需求者。投资后,基金管理人继续监管项目,直至退出。从私募股权投资的募、投、管、退四个环节看,以收获真金白银为导向的"退"环节支配着之前的三个步骤。为了获得投资收益,必须是基于未来市场前景好的产业进行投入,环保就是这样的行业。"十三五"规划指出,我国必须坚持节约资源和保护环境的基本国策,推动美丽中国建设,着力于绿色发展改善生态环境,深入实施大气、水、土壤污染治理防治行动。环保产业将成为我国经济发展的一个重要的支柱产业。随着"水十条"、"大气十条"、"土十条"的细化落实,环保产业投资将大幅上升。随着环保行业的经济景气指数增长,环保并购热潮逐年提升,行业进入加速整合期,几乎所有的上市环保企业都参与设立了环保产业并购基金。不仅如此,地方政府也纷纷建立了环保产业投资基金,推动各地采取PPP或者BOT的模式建设环保基础设施,推动各种污染治理。

"礼乐春秋环保梦,瀚海浮现金融心;让天更蓝、地更绿、水更清"是礼瀚人的梦想,依靠前沿的科技创新研究成果推进节能环保事业,实现绿色低碳铸就和谐美满生活,为中国的绿水青山、碧海蓝天贡献力量。在水资源紧缺、水污染加剧的背景下,国家和社会对水资源保护日益重视。我国城镇化进程不断加快,市场化改革持续推进,用于工业和城镇生活污水的治理投资将迎来巨大市场空间和良好的产业前景。礼瀚投资公司作为投资新兵,心无旁骛定位明确,立足节能环保行业,集中在技术成熟的水处理领域施展拳脚,也逐步涉猎大气治理和土壤治理。

礼瀚投资公司主张开放的文化,立志于将公司打造成志同道合者共同的创业平台,坚持"专业化、特色化"的发展战略,成为一家专业卓越、功能完备、特色鲜明、机制领先、治理完善的有区域特色优势的金融服务商。从投资决策流程(见图2-15)看,公司挑选团队内的专业人士作为项目经理全程跟踪项目,并经部门经理跟进把控向投资决策委员会做出汇报,由委员会做出决策,如果同意则授权并服务于项目经理进行投资方案实施。根据项目进展的评估,由独立的风控委员会向投资决策委员会做出反馈。

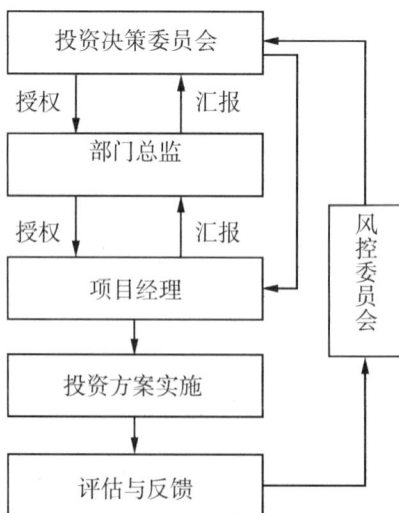

图2-15 礼瀚投资公司投资决策流程

（二）资源整合与深度介入

私募股权投资公司既到各地帮助投资者看项目,同时也是帮助创业团队找投资人。从经济学的角度看,它是双重委托代理关系中资金投资的代理人,也是投资项目的委托人。创业企业面临不确定性,上市公司的定向增发、并购和企业转型同样面临不小的风险:新创产品的开发能否成功、技术的商业化能否收到市场的认可、企业能否按照愿景持续快速成长、竞争对手如何反击、被并购的项目能否产生协同效应等等都有风险。预期收益的不确定性以及经营的高风险性,决定了风险规避的银行以及普通投资者无法给予直接支持。商业银行倾向于为那些具有良好资信记录的企业进行短期融资而不是并购贷款。权益类的股权投资,以持股的方式向企业提供长期资金,实体企业无须担心还本付息的压力。

一般来说,由于信息的不对称与极高的监督成本会导致委托代理问题,此时需要一定的治理结构降低代理成本。以私募股权基金为中介的投资关系中,存在双重委托代理关系,如图2-16所示。第一重委托代理关系是投资者委托私募基金公司管理资金,资本提供者是有限合伙人(LP),往往不直接参与投资项目的选择和管理,而是请代理人——私募股权基金公司全权负责。基金管理人(GP)以专业化的能力选择项目、管理项目、收回本金、获取收益,从中提取管理费。委托人(LP)与基金管理人(GP)之间存在信息不对称,代理人有隐藏信息和隐藏行为的激励。基金管理人能否像管理自己的资金一样管理委托人的资金? 在资金的募集过程中,他们可能会掩盖自己的专业缺陷、夸大预期收益、粉饰过往的投资业绩。一旦获得信任收到资金,他们不如资金投资者预期的那么谨慎、勤勉地选择、监督项目,出现道德风险;甚至为了获得高额的投资收益提成,选择高风险的投资项目,因为即便投资失败仍然能够获得基本的投资管理费。为此,需要GP与LP之间进行约定,比如双方的权力义务界定、监督规则、声誉机制、建立科学的投资决策流程等等,让利益相关者参与基金运营的治理和利益协调。第二重委托代理关系则是发生在私募股权基金公司与被投资标的企业之间。被投资企业也掌握信息优势,但也会隐藏信息。他们对新产品、新市场、新工艺的了解要比别人更多,夸大企业前景与粉饰财务报表是常见的现象。一旦获得了投资,或者利用并购基金完成了并购,可能降低努力的程度导致道德风险,或者选择激进的策略导致逆向选择,还可能利用信息优势架空委托人的监督,产生内部人控制的情况。应对第二重委托代理关系,需要由基金公司注重投后监管,依据投资合约参与企业的重大决策,并对公司管理层的勤勉和能力水平做出要求。

现如今,私募股权投资基金公司已经不再局限于双重委托代理关系中的中介身份,而是可以进行职能扩展,通过深度服务实体企业获得更高的收益。实体企业需要私募股权公司的金融服务和资源整合能力,委托基金公司提供咨询、技术、人才、并购顾问等服务,从而构成了第三重委托代理关系,这是基金公司提升自身附加值的重要源泉,如图 2-16 的虚框部分显示。上市公司并购其他企业项目实现快速扩张,相继会在技术、管理、法律、财务等领域出现短板,需要拥有丰富治理和管理经验并对业内人力资本池极为熟悉的机构帮助弥补。此时,与科研院所技术研发团队、专业的会计师事务所、法律事务所以及其他同业企业建立广泛关系的私募股权投资公司可以发挥重要功能。股权投资公司对领域熟悉,了解国内外标杆企业的最新动向,能够帮助上市公司挑选高质量的战略投资方向,也会从战略投资者的角度对公司内部管理团队提出改进要求,实现对既有人力资本的快速迭代,适应创业式并购的需要。在扶持长青集团转型的案例中,礼瀚投资公司不仅仅提供资金参与定向增发,还专门利用人脉关系从跨国公司和科研机构找来管理人才和技术人才,重点扶持定增的新项目做出业绩,依此为模板实现公司内各项目的快速复制。在帮助天翔环境以 2.17 亿欧元收购德国贝尔芬格水处理技术公司的案例中,礼瀚投资公司参与了竞标、谈判、交易方案完善、资金筹集等全过程,尤其是在 100 天内提供融资方案帮助企业获得现金去实现并购。此时的基金公司,不再是奉行搭便车式的跟投策略。礼瀚投资公司在扎根环保领域进行专业化运作,深度介入企业并购,利用自身优势整合相关资源,帮助实体企业提升并购绩效。

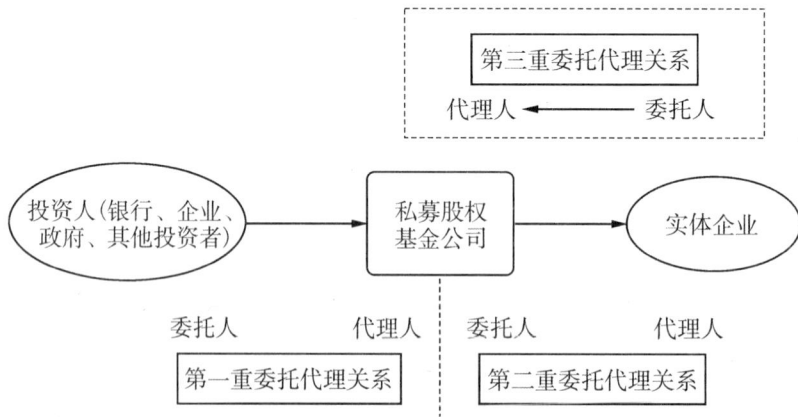

图 2-16 私募股权基金公司的职能扩展与价值增值

三、投资实体企业促进产业转型

礼瀚投资公司信奉唯有严格的投资管理和纪律才能创造佳绩的信念,通过系统的、前瞻性的研究来指导投资行为,以严谨的投资管理过程恪守投资边界,严格遵守契约规定,只投资那些具有可预见持续成长的优质项目,已然是国内一流的节能环保领域非标资产管理的私募投资基金管理人,帮助投资人获取了长期稳定的收益。以礼瀚投资公司为代表的私募股权基金,在通过投资实体经济促进企业转型的过程中,具体发挥着以下的功能:

首先是要素聚集功能。资本是诸多要素中能量最大的力量,作为纽带吸引土地、人才、信息、管理、自然资源等众多生产要素,服务于某个创新的共同事业。其让原本闲置或者低效率使用的资源得到高水平的利用,通过市场的淘汰机制将最有生命力的高效率创业项目快速发展满足社会需求。在高科技成果商品化过程中,资本具有不可替代的力量,是能够将科技、人才结合的最佳载体。私募股权投资凭借渠道、信息和人才优势,给企业资金、经验、管理等全方位的支持,吸引着越来越多的人拥抱"大众创业、万众创新"的大时代。

其次是资金杠杆放大功能。私募股权基金吸收社会资金规模已然不少,但是相对于众多可投资项目来说,仍然面临"僧多粥少"的局限,只有少数项目能获得资本的垂青。一些传统的风险规避型资金,如来自于政策性银行、商业银行、保险公司、政府财政资金、养老金、产业发展母基金以及国企、民企和个人投资者的资金,需要专业化且高效率的资金管理团队帮助获取回报并承担适当的风险,因此往往选择那些收益稳定的私募股权基金一起进行"跟投",搭专业化金融服务的便车。可以说,私募股权基金能起到四两拨千斤的作用,将投资额度数倍放大。当下,很多来自银行、信托、国企的合作伙伴关注着礼瀚投资公司的动向,随时准备一起投资新的环保项目。

私募股权公司发挥筛选功能,加快优胜劣汰。按照礼瀚投资公司的做法,投资经理一般会在上百个商业计划书中选择大约十家企业进行实地调研,并最终选出一到两家进行最终的投资。股权基金的投资过程就是一种市场化选择的过程,能帮助优秀的企业获得足够的资金、人才等资源,使其更快脱颖而出,同时客观上也加剧了落后项目的衰败,加速资源重新回归社会等待进入新的投资项目。能够得到私募股权基金认可、得到市场认同的,是那些拥有高效整齐的团队、科学和完善的治理架构、具有市场前景的项目。

私募股权公司发挥风险分散与企业的培育成长功能。创业项目或者并购项目内生的高风险属性,决定其很难获得传统金融的支持。通过股权投资,资本方与创业者共同承担了技术、市场、管理等方面的风险,企业家也不用担心资金的归还,有利于缓解现金流的压力。私募股权投资公司不仅仅给予资金支持,更多地在战略、管理、团队方面提供资源弥补短板,帮助物色合适的总经理、副经理、财务总监和技术专家。资本市场经营多年的投资公司在运作规范性方面给予实体企业以帮助,还能够通过自己团队或者委托的财务、法律进行并购尽职调查。私募股权投资基金不再局限于直接融资,更为重要的是推动风险创新项目的市场化,激发科研创新人才的活力,促进科研技术成果转化,使产业由中国制造向中国创造和中国"智"造升级,在国家宏观层面促进了创新型国家的建设。

私募股权投资还能发挥区域经济发展和传统产业转型升级的带动作用。礼瀚投资公司与各地政府成立产业引导基金、环保产业引导基金,比如包头市政府引导基金、河北省节能环保引导基金、沧州基金、河南省生态农业引导基金、杭州经济技术开发区发展基金以及海南省节能环保引导基金等。以沧州基金为例来说,为抢抓京津冀协同发展和"一带一路"发展战略所带来的重大历史机遇,推进沧州市战略性新兴产业发展、加快传统产业转型升级,引导和推动"大众创业、万众创新",充分发挥财政资金的引导放大作用和市场在资源配置中的决定性作用,该公司与沧州市政府设立沧州市产业引导基金。设立引导基金的目的,一是通过政府引导示范作用拉动社会资本有效参与,增强辖区产业资本实力,为企业融资提供新渠道;二是创新政府投资方式,把政府直接投资项目转变为按市场机制选评、投资和管理项目,提高投资的质量和效率;三是发挥政府引导投资方向的作用,吸引社会资金加大对重点领域、重点区域、重点企业、重点项目的支持力度,辐射带动现代产业体系发展;四是引导社会资本重点投向沧州市政府鼓励发展的战略新兴产业、高新技术产业和转型升级的传统产业,形成新的经济增长点,帮助早日完成"再造新沧州"的壮举。

四、结论

在杭州玉皇山南基金小镇里,礼瀚投资公司还称不上大型私募股权基金,为此他们选择了聚焦于环保产业的策略,与资产规模较大的上市环保公司合作,主要从事定向增发项目的投资,但并不意味着仅仅是搭上市公司的便车,而是发挥投资公司的资金杠杆优势,聚集更多的国企、民企以及银行、保险等机构的资金,投入上市公司看重的、能够直接给上市公司产生互补与协同效应的并购项目中。不仅如此,投资公司与上市公司互相有委托代理关系,投资公司将投资者的资金投入实体企业经营,并通过参与治理保证资金的回报;同时,上市公司的并购、联合、管理与技术人才也需要依靠投资公司提供,发挥资源整合优势来助力企业腾飞。礼瀚投资公司通过参与众合科技、神雾环保、天翔环境、长青集团等环保上市公司的成长、扩张和转型过程,自身资本的力量形成众多企业的战略合作,令中小环保企业与大型环保企业相抗衡以获取自己的一席之地。礼瀚投资公司正在以资本为纽带促成中小环保企业的战略联盟,自身也正在蜕变为私募股权基金的升级版。

(朱建安　高　鋆)

杭州联创：全链条投资，多行业布局

杭州联创依托多年累积的社会资源、品牌优势、投资经验与管理实力，顺应新经济常态下"调结构、稳增长、促发展"的大势，将标的行业侧重点由初创期的资源型资产调整为近年以泛文化娱乐、大医疗大健康、互联网及物联网、高端制造业等为核心的抗周期性新兴资产，努力挖掘并培育有长期增长潜力的新兴产业，加快打造涵盖一级、一级半与二级市场在内的投资全链条。业务内容丰富多样，投资理念重价值创造。从天元酷迪、迦南科技（300412）、中新科技（603996）等成功案例可以看出，杭州联创对高端科技行业与小众细分领域都投入了极大的热情，注重投前项目筛选与投后团队建设，擅用资源整合运作，深挖项目掘金空间，是力图在经济转型期以企业成长"扶植商"的姿态，推动企业价值增长，完成投资业务"大布局"的标杆性创投机构。

一、企业及核心管理团队概况

（一）发展现状

杭州联创投资管理有限公司成立于2008年，注册资本为2000万元人民币。截至2016年7月，杭州联创负责管理的基金共有21个，包含私募股权投资基金9个、风险投资基金3个、新三板基金5个与证券投资基金4个，管理资金规模近80亿元。依托于多年累积的人脉与机构资源，公司募资来源主要包括娃哈哈、苏泊尔（002032）、华策影视（300133）、钱江摩托（000913）等著名企业、上市公司和政府引导基金。据福布斯和清科中国创投机构排行榜，"大联创"作为国内著名创投机构，连续十几年排名国内前六，稳居中国创投机构第一梯队，为杭州联创的发展奠定了显著的品牌优势。

公司自成立以来，管理的股权投资基金累计投资企业80余家，投资业绩斐然。其中：A股上市有8家，包括达华智能（002512）、慈星股份（300307）、跃岭股份（002725）、迦南科技（300412）、金诚信（603979）、中新科技（603996）已成功挂牌上市；能特科技、中农矿产顺利被上市公司冠福股份（002102）和东凌国际（000893）并购；富森美已顺利通过发审委审核；盛世股份、福建国航、掌上纵横、蓝宇科技、淘粉吧、宝明堂、盘石信息等9家企业已成功在新三板挂牌；金石资源等多家企业已上报申报材料，目前正在等待证监会审核；泛鹏科技、海润影视、杭州19楼、中大力德、时迈科技、酷狗音乐等十多家企业拟申报主板、纳斯达克。

（二）核心管理团队

目前，杭州联创的员工总体规模约60人，私人管理团队组成如下：

1. **徐汉杰**。1989年毕业于杭州师范大学中文系，现为杭州联创投资管理有限公司董事长、上海永宣投资（原上海联创）合伙人，担任华策影视等多家上市公司高级管理人员。曾先后创立浙江元泰典当（后并购于A股上市公司香溢融通）、杭州联梦娱乐软件（后出售于英国上市公司Monstermob）等公司，拥有多年创业和管理经验，擅长并购操作及海外风险投资。其主导的典型成功投资案例包括华策影视、华数传媒、酷狗音乐、杭州19楼、世纪华通、达华智能、慈星股份等数十个，在浙商企业家群体中拥有良好的人脉关系。

2. **陈修**。1993年毕业于浙江财经大学会计专业，现为杭州联创投资管理有限公司总裁、上海永宣创业投资管理有限公司合伙人、杭州典度投资管理有限公司董事长，担任多家上市公司董事、监事。曾就职于浙江省经济建设投资公司、浙江发展化工科技有限公司，有自主创业经历，具备深厚的股权专业背景及实践经验。其主导的典型成功投资案例包括金诚信、中新科技、迦南科技、金石资源、海润影视、九樱天下等。

3. **陈国昌**。浙江大学EMBA学历，现为杭州联创投资管理有限公司合伙人、执行总裁，浙江投融资协会副会长。曾任国有大型银行支行行长、省行处长，省级国有信托投资公司副总经理，拥有20多年投融资从业背景与丰富的投融资实践及管理经验。其成功自主创办信用卡分期付款公司等实体企业，主导或参与的典型成功投资案例包括跃岭股份、能特制药、维灵信息、九索数据、康隆达、蓝宇科技等。

二、历史沿革及机构设置分工

（一）历史沿革

徐汉杰自2006年受邀加入上海联创投资管理有限公司（现上海永宣）后，开始负责主导上海联创浙江办事处的经营管理，并于2008年在办事处的基础上注册成立杭州联创投资管理有限公司。由此，杭州联创成为"大联创"系统下独立核算的法人企业。多年来，杭州联创在资源共享、投资决策等方面都与上海联创合作紧密，后者的发展历程对杭州联创存在较大影响，尤其表现在政府资源运作实力、投资领域选择与投资理念上。

上海联创成立于1999年7月,是业内公认以国有资本起家的第一批创投公司之一,也是国内首家同时管理境内及离岸基金的风险投资管理公司。公司6000万元创立资金分别来自两大股东:国家计委、国家经贸委、中国科学院科技促进经济基金委员会以及上海市政府属下的上海联合投资公司,两家各占50%股份。时任中科院副院长的严义埙出任董事长,冯涛任总裁。公司成立初期,冯涛与华登国际一起主导投资了新浪,这被认为是中国的第一笔国际VC投资。

2004年2月,上海联创面向摩托罗拉(中国)投资有限公司、Asiagrowth Investments Limited和Kingland Overseas Inc.完成了增资扩股并签署了股权转让协议。至此,上海联创由国有创投机构变更为中外合资的创投机构,两家国有机构股东持有的股份由各占50%降为各占24.5%,摩托罗拉(中国)投资有限公司、Asiagrowth Investments Limited和Kingland Overseas Inc.三家的股份均为17%。2006年,为了激励年轻人利用上海联创的品牌开展创业活动,加快推进上海联创与国际接轨,实现体制创新,公司进行了由国有化到民营化的改制,并更名为永宣创投。

截至目前,永宣创投管理的基金规模大约为500亿元人民币,募资来源包括新加坡政府投资公司、嘉里集团、K.Wah集团、SUNeVision、JAFCO、摩托罗拉、阿尔卡特等海外投资者,已有近60家所投企业在国内外资本市场IPO上市(不包括新三板挂牌企业)。公司投资重点集中于资源型企业、高附加值制造业以及服务业,其中资源型项目长期以来都是上海永宣的主打。以西部矿业(601168)为例,收益业绩突出,投资回报最高达150倍左右。

（二）机构设置分工

杭州联创投资管理有限公司作为独立核算的法人公司。目前公司下设1家全资子公司(深圳联创创业投资管理有限公司)、1家参股子公司(上海联创永泉资产管理有限公司)以及1家参股公司(浙江协创资本管理有限公司)。依据市场的地域特征,深圳有较优质的项目资源,因此业务主要集中在股权投资上,目前已成立了2支基金;上海有大量一级半市场的券商可供合作,因此业务以定向增发为主;杭州总部在员工规模上最大,约40人,业务范围同时涉及一级、一级半和二级市场。

三、投资理念、领域及成功经验

（一）投资理念

如同上海联创(现上海永宣)以帮助中国企业成长为世界级公司为首要目标,杭州联创的投资理念在于不断挖掘能真正创造价值的企业与人才,反映在经济意义上,即寻找塔尖增长率。如果将投资策略比作金字塔,底端一层的增长率最低,约10%;第二层是部分增长率相对较高的行业,约20%;第三层是行业领导者,增长率约30%;第四层才是杭州联创需要的标的资产,增长率约40%。简言之,公司最希望投到的是塔尖上那些高增长公司。这种"高增长"不仅体现在显著的投资回报优势上,还应能从技术、模式等环节发掘新需求、创造新消费、促成新变革。尤其在以供给侧改革为主调的经济转型当口,"调结构"的宏观环境决定了只有具备长期增长性与适应力的行业及企业才具有真正的投资价值。

在上述理念的主导下,杭州联创的投资策略表现出严把项目关、严控投资额度以及灵活布局业务三个方面。首先,投入人力物力,大量开展项目调研与论证,拓宽投资视角,科学评估项目价值,以高淘汰率完成"大浪淘沙"般的项目筛选工作,确保项目初选的精准性。其次,根据标的资产所处的阶段,控制投资额度。一般,公司对早期基金的规模控制在1亿元左右,投到每个项目上大约为500万元,针对个别前期投入较大的项目会适当增加额度;而成熟的阶段的基金规模则较大,约为5亿~8亿元,因为这一阶段的项目大多已经历过市场考验,通常比前者成功的概率要高。最后,在人员储备有所保障的基础上,依据市场热点及形势,灵活开展业务。如2015年下半年以来杭州联创重点布局的一级半市场定增业务,正是看准了今年二级市场大盘相对低位、而定向增发安全边际较高的大势,以"全链条投资"的策略充分挖掘市场价值空间、抢占市场利润高地。

总体而言,杭州联创的投资思路是:一选高增长行业,特别是那些顺应政策走向与市场需求的新兴行业;二找高增长行业的潜在领导者,抢占行业先发优势;三挑高进入壁垒,即避免进入门槛过低的项目;四定增值潜力大的标的资产,确保客户未来的投资回报。

(二)投资领域

受2008年全球金融危机的影响与启示,杭州联创适时调整行业投资结构,加大对抗周期性资产的投资力度,逐渐形成了以新兴产业为核心的投资格局。目前,公司投资对象重点以文化娱乐(如华数传媒、华策影视、海瑞影视、杭州19楼)、大消费、工业4.0、互联网、物联网、医药(主要为医疗可穿戴设备)等相对稳定且具有发展前景的行业为主。业务范围全面铺开,除一、二级市场外,近期还顺应市场热点,拓展了一级半市场(定增及并购)。所投项目涵盖天使、VC、PE与Pre-IPO等多个阶段,旨在打造创投行业的"全链条投资"。

（三）成功经验

杭州联创自成立以来,所投项目中在浙江本土的上市公司有:中新科技（603996）、迦南科技（300412）、跃岭股份（002725）、慈星股份（300307）、蓝宇数码（836764）、爱侣健康（835587）、胃天科技（835836）、雷讯科技（834825）等,公司在项目投资上的成功经验大致可概括为以下几点:

1. **重视团队人员的组成与综合素质**。在当前的经济下行与创业浪潮并存的宏观环境下,创投公司的募资规模大、投资人多,但市场上靠谱的投资项目并不容易找。由于过去几年国内天使基金、VC和PE的投资增长比较快,投资项目的估值被推高,导致一级市场存在一定程度的估值泡沫。因此,如何从大大小小的项目中挑选真正有价值的资产,是创投公司保障收益的关键,杭州联创将团队素质视为项目筛选的重要标准之一。公司在项目选择上不仅考察项目本身的实力或潜力,更关注团队人员的组成,尤其重视他们是否在实实在在地做事、是否有长期做大做强企业的决心与毅力。因为根据过往经验,团队是导致项目失败的主要因素,尤其在天使阶段的投资,由于项目的成熟性与获利能力都有待检验,团队的职业道德、技术水平、市场能力与管理效率是决定投资与否的核心因素。为寻找塔尖增长率,杭州联创一般倾向于选择标的行业的细分行业龙头或潜在市场领导者,综合考虑收入和净利润等核心指标,估值定价并做出投资决策。

2. **聚焦关键技术的前沿性与变革性**。在国家力抓实体经济、企业力求转型升级的趋势背景下,引导资金进入实体经济是政府层面的紧要任务。与工业4.0、互联网、大数据、物联网等时下流行概念相匹配的即是科技实力的进步。杭州联创近年来也逐渐加大了对高科技企业与项目的投资比例。项目选择上,面对技术性较强的项目,公司不仅考察企业在关键技术上的自主知识产权,还关注该技术在国内乃至国际市场上的领先程度,及其是否能推动产品、行业、市场甚至社会的实质性变革。简单来讲,就是要在衡量企业自主创新能力的同时,评估该技术相对于其他同类型企业的绝对优势与长期效益,以及是否有产生新消费、新需求的可能性,淘汰那些技术力量不足、科研成果不够的科技型企业。从这个层面来讲,就要求投资经理具备一定的技术素养,要看得广、看得多,在比较中寻找有可预见收益的标的资产。

3. **规避商业模式的低门槛与可复制**。商业模式是决定一个企业或项目如何能赚钱的直接环节,其内在的复杂性已涵盖产品、服务、市场、供应链、营销等多重概念,是企业组织管理各种资源、满足市场需求的系统。因此,杭州联创在企业或项目商业模式的考核上,一方面会关注该模式是否已经经历过市场考验,市场对其的接受程度怎样,是否能有较强的长期存活性与可操作性,是否具备市场竞争力与实际获利能力;另一方面还会分析其是否存在可复制因素,以及进入门槛或壁垒的高低。通常,没有门槛或低门槛的商业模式由于太容易被抄袭,往往不具备先发优势,尤其在技术与渠道这两个环节上,因此公司会优先淘汰这样的项目。这与杭州联创"从投资行业选择到挖掘龙头企业或潜在领导者"的投资思路是一致的,所谓的龙头或领导者,即是高门槛、难复制的代名词,表征了同一领域或类型中的先进性。

4. **把握新兴行业投资的最佳入场时机**。我国经济受政策导向影响很大,特别是新兴的行业、产业或技术,往往政策扶持力度越大,未来的发展空间也越大,所能吸引的投行资本也越多。通常来讲,创投机构越早掌握政策信息,就越能占得市场先机。因此,面对新兴行业的投资项目,创投机构很容易在政策指引与资本趋利的双重作用下,盲目跟风入场。但收益与风险往往是正相关的,早早入场却没有得到高额回报的实例比比皆是。以风力发电为例,虽然政府大力支持新能源开发,但由于设备成本与安装成本都过高,风电的市场推广难度大,上游企业难以生存,最终整个行业至今仍然停滞不前。对多数创投机构来讲,风电已成为避之不及的雷区。对此,杭州联创讲求理性投资,政策支持是投资决策需要考量的一方面,但入场时机也是决定投资成功与否的关键。简单来讲就是,对于新兴行业的投资项目,快一步、半步是可以的,但快两三步是不可取的。行业起头后的市场考验很关键,因此,过早地因政策主导而进入新兴行业,很可能无法享有预期中的政策红利。

5. **挖掘人才队伍建设的后端掘金空间**。投资项目的成功不仅取决于找到一个优质的标的资产,更重要的是如何在投后管理中做大做强企业。创投机构在投资过程中扮演的角色不能止于简单的"出钱人",更关键的是如何担好投后顾问的职责,通过双方互助合作来提升企业实力。杭州联创在投后管理上非常重视人才队伍建设,因为前期的项目调查难以完全了解对方团队的所有情况,企业在投后经营中很可能会逐渐暴露出缺陷,比如技术出身或营销出生的创始人很可能缺乏管理经验、管理出身的创始人很可能没有足够的技术支撑等。面对类似这种情况,联创会利用自身的社会资源,从券商、律师事务所、会计师事务所等相关单位引进合适的人才,或从之前投过的企业中借调相应的储备人才,补全标的企业的核心团队。对于投入金额相对较大的项目,公司更会重点倾斜资源。从过往案例来看,杭州联创在董秘、财务总监、营销总监、副总经理等重要岗位上都为被投企业配备过相应人员。随着人员队伍的不断完善,被投企业的后端掘金空间得到拓展,高额的投资回报也就指日可待。

6. **发挥各环节的道德风险防范作用**。针对投资经理的道德风险防范问题,杭州联创的做法大致包括:一是加强招聘环节对投资经理道德素养的审核。尤其是已往工作经历中是否有中饱私囊的行为出现过,考察其在创投行业内的个人口碑如何等。二是遵循严格的项目论证与决策流程。对于初选尚有价值的项目而言,公司投资业务部门会首先进行内部评价,形成书面报告上报公司例会,从所属行业、技术水平、业务情况、财务指标、经营风险等方面进行讨论,例会一致通过后才能启动项目。立项后公司的法务、会计团队会开展进调,进行再讨论,最后由投委会做出决策。对于投资规模较大的项目,杭州联创会邀请法律、会计、技术方面的战略合做伙伴参与咨询,提高项目评估的精准性。三是注重投后管理的风险防范作用。如人员上要求投后管理人员与风控人员都介入项目,避免投资经理一手遮天;制度上建立成熟的标准化合同与评估体系,避免投资经理控制估值环节;管理上可改变过往投资经理出任董事的做法,聘用投后管理人员出任董事或监事。

四、典型投资案例

(一) 关注狭窄细分领域,以资源整合创造价值共赢

杭州联创在将目标瞄准成熟行业与企业的同时,也做成了一些产业不大但非常具有张力的投资,促成了行业内部的资源整合与上下游对接,实现了投资价值的最大化释放。

杭州天元酷迪宠物用品有限公司由原先的杭州天元宠物用品有限公司与北京酷迪宠物用品有限公司合作成立。项目投成前,天元是浙江省最大的宠物用品生产企业,以OEM(代工生产)为主,并代理海外高端宠物品牌,是一家做贸易和生产的企业;酷迪是一家宠物用品连锁店,主营名贵宠物及食品、美容、医疗等附属产品与服务,当时已在全国拥有80多家店面,营业面积共计数千平方米。基于两家公司在各自细分领域的良好业绩,杭州联创促成双方联姻,通过打通产品端与渠道端的合作,确立了天元酷迪在宠物行业的领先地位。目前,天元酷迪以每年翻倍的速度大幅增长。由于同时享有产业链条上多个环节的资源,公司的业务布局已向宠物医院、宠物美容、宠物寄养、宠物训练、宠物摄影等诸多专业性的增值服务拓展;酷迪商城网站也已发展成为中国最成功的垂直宠物用品销售平台,依托自有的产品线及特有的进口渠道,提供一站式、安全、快捷的宠物用品采购服务,树立了中国宠物服务行业O2O模式的成功典范。

上述典型案例的突出价值在于:一是挖掘并培育新兴产业,在传统产业以外寻找创业投资的新价值增长点。尽管宠物行业在当时并没有呈现出铺天盖地的发展态势,但从国外发达国家的以往经验来看,目前我国的收入水平与经济状况已经处于这些行业开始抬头迸发的初期阶段,越来越多的百姓开始愿意在这些消费品上买

单,类似的新消费、新需求将催生相关产业的喷井式发展。杭州联创正是通过行业选择的先发制人,抢占行业未来的潜在领导者,实现投资高收益。二是利用产业链的上下游对接及合作促成资源整合,实现项目合作方的收益共赢。天元酷迪胜在行业内部的企业合作,通过打通生产、销售、服务等多个环节的进入壁垒,共享每个企业在各自领域的先期资源与基础,完善产业链条,创造附加收益。杭州联创作为该项目的幕后推手,是真正实现经济效益"1＋1＞2"的关键力量。

（二）聚焦高端科技行业,以资本注入提升企业实力

杭州联创对高端工业的关注,促使他们投资了一批有先期实力的科技企业。这些企业往往因为较好的技术基础与经营能力,整体构架相对完整成熟。公司在投后更多地表现为资本支持的作用。

1. 中新科技集团股份有限公司。中新科技由中新产业集团有限公司、宁波新世纪进出口有限公司及自然人陈德松、江珍慧发起成立,于2007年5月23日在台州市工商行政管理局登记注册,总部位于浙江省台州市,注册资本2亿元。在杭州联创投资前,中新科技主营平板电视生产线(包括LCD系列及LED系列),产品线单一是当时制约其发展的主要原因。2011年9月,联创永津、联创永溢出资6000万元入股中新科技,占比5%,企业估值12亿元,成本价约为8元/股。获注资后的中新科技顺应行业内多功能产品不断涌现的态势,适时调整产品方向,以2012年开始进入平板电脑领域。该项产品在丰富公司产品线的同时,拓宽了业务发展空间,降低了单一的电视产品可能带来的市场风险。入股三四年后,杭州联创积极帮助中新科技对接各类社会资源,先后引进了8家大屏幕产品配套企业落户公司周边,还有12家配套企业正在积极对接中,另已发起整合小屏幕产品的配套企业。至2016年年底,大小屏幕上游配套企业将全覆盖地落户椒江,无缝对接中新科技的发展需求,形成完整的供应链结构和以中新科技为中心的产业集群。2015年以来,中新科技进一步拓宽产品范围,开始进军手机、笔记本电脑、机顶盒和DVD等领域。

目前,中新科技下设中新工程技术研究院有限公司、中新国际电子有限公司、中新国际网视有限公司、中新国际新材料有限公司、中新家视有限公司、中新通网络支付有限公司6家子公司,经营范围包括计算机、通信终端设备、电视机整机及零部件、音响设备、影视录放设备、集成电路、光电子器件及其他电子器件、电子元件及组件、电子白板、电子设备的研发、制造、加工、销售和购销等。产品远销北美洲、欧洲、大洋洲等的近40个国家和地区,与Sceptre(美国)、Curtis(加拿大)、Tempo(澳大利亚)等品牌商及零售商建立了良好的合作关系。公司改进贸易合作方式,打破传统的中国离岸FOB出口模式,通过在欧洲、墨西哥当地完成加工,实现公司与同行企业的差异

化经营。

2015年12月22日,中新科技(603996)正式在上海证券交易所挂牌上市,成功登陆资本市场。上市后,公司公开发行A股5010万股,每股发行价为10.52元,共计募集资金52705.20万元,扣除发行费用后的募集资金净额为48484.28万元,发行市盈率为22.96倍。据公司年报,2015年中新科技实现营业收入346316.33万元,同比增长43.85%;实现归属于上市公司股东的净利润10792.99万元,同比增长5.15%;归属于上市公司股东的净资产13.58亿元,同比增长77.49%。截至2016年8月15日,公司收盘价格为25.43元/股。

2. 浙江迦南科技股份有限公司。2010年12月,杭州联创出资1044万元入股迦南科技,持有股份180万股,占比4.5%,投资成本价格为5.8元/股。获注资后的迦南科技迅速成长,并于2014年12月31日在深圳证券交易所挂牌上市,每股发行价格为13.60元,发行市盈率为22.78倍。截至2015年12月31日,公司注册资本为人民币11748万元,总股本为11748万股。2016年1月6日,联创所持限售股份解禁,退出后投资回报达16.18倍。目前,迦南科技(300412)已成为集研发、生产、销售为一体的制药装备供应商,是国家火炬计划重点高新技术企业、中国制药装备行业协会理事单位、浙江省创新型示范企业、温州市工业百佳企业。公司下设南京迦南制药设备有限公司、瑞安市凯鑫隆制药机械科技有限公司和北京莱米特科技有限公司3家子公司。产品被国内1000多家大中型制药企业广泛使用,且远销美国、英国、德国、意大利等30多个国家和地区。

据公司年报,2015年迦南科技实现营业总收入21741.84万元,同比增长18.28%;实现归属于上市公司股东的净利润5145.43万元,同比增长20.33%。同年,公司递交专利申请46项,获得专利授权23项(其中发明专利3项),获得加拿大国际商标1项。截至2015年年底,公司累计获得国家授权专利104项,其中发明专利15项。2015年7月,迦南科技与同济大学中德工程学院签订《制造装备工业4.0战略合作协议》,双方将基于"德国工业4.0"与"中国制造2025",依托国内首家"工业4.0—智能工厂实验室",积极开发具备中国特色的智能化制药装备,构建一批在制药装备工程与工艺领域的科技开发与成果转化平台,打造"工业4.0—智能制造工厂"样板工程。2015年9月,公司获批建立国家级博士后科研工作站,所开发的"带切线搅拌桨的湿法混合制粒机"项目于2015年12月荣获第十七届中国专利优秀奖。截至2016年8月15日,公司收盘价格为35.19元/股。

上述典型案例的突出价值在于:加快并实现资本流入实体经济,通过助力科技企业的资本要素保障,拓宽企业业务范围,提升企业自主创新能力,在成功打造标杆性领头企业的同时,加速推进我国制造业的转型升级,积极为供给侧结构性改革提速加码。从中新科技（603996）和迦南科技（300412）的发展历程不难看出，杭州联创在资本支持、资源整合、技术进步等方面都扮演了重要的"扶植商"角色，尤其是资本环节，它解决了企业在技术研发、规模扩张等方面的前期投入问题，为企业发展提供了原动力。同时，杭州联创积极为中新科技引进大小各类配套企业，为地方产业集群及供应链整合起到了关键性的桥梁作用。对高端工业的多项投资，不仅为杭州联创实现了可观的投资回报，也在做大做强科技企业的同时，提升了我国实体工业的整体技术水平。

五、小结

杭州联创投资管理有限公司作为国内第一梯队的老牌创投机构，在业内已累积了良好的口碑与品牌效应。其国有资本起家的背景以及长期在矿产投资上的经验，为其业绩发展奠定了扎实的基础。面对当前宏观经济转型的特殊环境，杭州联创在投资方向与领域上进行及时调整，加快业务布局，在细分行业利用资源整合策略培育新兴产业，在热点行业通过资本支持助力转型升级。随着政府监管力度的不断加大、相关配套法规的不断完善，资本市场运作将越来越规范化，爆炒概念、大杠杆进场、欺诈上市等不良现象将得到遏制。在未来规范化的市场竞争中，杭州联创将继续秉承理性、专业的传统理念，时刻警惕资本浪潮盲目逐利的浮躁本性，继续争做创投行业中有实力、有追求的一流机构。

（高　鋆　朱建安）

第三章　玉皇山南基金小镇大事记

2008年10月,玉皇山南国际创意金融产业园正式成立。

2010年10月,在中国文化产业发展论坛上,杭州山南国际设计创意产业园被授予"中国特色文化产业园区"称号。

2010年12月,杭州山南国际创意金融产业园迎来了首家入驻的金融企业——浙江赛伯乐创业投资管理公司。

2011年1月,指挥部获南宋皇城大遗址综保工程及历史街区、历史建筑保护工作先进单位。

2011年5月,山南国际设计创意产业园作为文化创意产业集聚区,入选杭州市首批现代服务业重点类集聚区。

2011年5月,山南国际创意金融产业园第一期八卦田片区建成并投入使用。

2011年6月,著名金融企业浙江敦和资产管理有限公司正式入驻山南国际创意金融产业园。

2011年10月,杭州山南国际创意产业园列入杭州市"十二五"金融业发展规划。

2012年1月,浙江省中小企业再担保公司正式入驻山南国际创意金融产业园。

2012年5月,杭州山南创意园被《杭州市国民经济和社会发展第十二个五年规划纲要》分别列入文化创意和金融服务产业重点项目;列入《杭州市"十二五"金融业发展规划》;列入"2011年浙江省服务业重大项目计划"。

2012年6月,杭州山南国际创意产业园获"2012年浙商最佳总部基地(园区)"称号。

2012年6月29日,玉皇山南国际创意金融产业园举行了隆重的开园仪式,省委宣传部部长茅临生亲自为园区开园剪彩。

2012年8月,山南国际创意金融产业园获评浙江省现代服务业集聚示范区。

2012年12月31日,山南国际创意金融产业园区实现税收13580万元,地方财政收入7500万元,同比分别增长45%和42%,获省、市各类奖项5项。

2013年4月,浙江省副省长朱从玖调研山南国际创意金融产业园区。

2013年10月,杭州山南国际创意产业园获"中国创意产业最佳园区奖",跻身2013全国七个创意产业最佳园区之列,成为本年度浙江省唯一获此殊荣的文创园区。

2013年11月,联创投资入驻山南国际创意金融产业园区。

2013年11月21日,管委会指挥部喜获"绿色中国·2013杰出环境治理工程奖"。该奖项由联合国环境规划基金会、中国环境保护协会及港澳台环境保护协会联合颁发。

2013年12月,杭州山南国际创意产业园入选2013年杭州市国家级试点和基地拓展区。

2013年12月31日,园区入驻企业达128家,其中园区自身企业121家(文创类企业76家,金融类企业45家)。全年新增企业29家(文创类企业16家,金融类企业13家)。

2013年12月31日,园区总税收20732万元,地方财政收入11340万元,同比分别增长58%和60%。园区实际企业(121家)总税收12448万元(文创类企业7845万元,占63%;金融类企业4603万元,占37%),地方财政收入6276万元(文创类企业4098万元,占65%;金融类企业2178万元,占35%)。

2014年1月,诺贝尔文学奖得主莫言入驻山南国际创意金融产业园区。

2014年6月,浙江省委书记夏宝龙调研山南国际创意金融产业园区。

2014年6月,《玉皇山南基金小镇业态及功能规划》编制完成,专家评审组一致通过。

2014年7月24日,杭州市市长张鸿铭调研山南国际创意金融产业园区。

2014年8月28日,浙江省委常委、杭州市委书记龚正调研山南国际创意金融产业园区。

2014年10月,国内首个以"对冲基金"命名的投资公司——浙江玉皇山南对冲基金投资管理有限公司正式在玉皇山南基金小镇落地。公司由敦和资产管理有限公司、天堂硅谷资产管理集团、永安期货股份有限公司三方出资设立,注册资本1亿元,首期管理资本逾100亿元。

2014年11月15日,杭州市上城区人民政府出台《关于打造玉皇山南基金小镇的若干政策意见》。

2014年12月31日,园区共入驻企业160家,新引进包括国家级动漫企业、浙商回归重点项目甲壳虫动漫在内的文创类企业15家,阿里旗下杭州湖畔山南资本管理有限公司等金融类企业36家,两大产业已呈明显集聚。

2014年12月31日,山南产业园实现税收1.7亿元,地方财政收入8800万元,同比增长26%和14%,增长势头强劲。

2015年3月初,凯泰资本入驻玉皇山南基金小镇。

2015年5月16日,首届全球对冲基金西湖峰会在基金小镇召开,并宣布西湖峰会永久落户基金小镇。

2015年5月16日，在举行的"2015对冲基金西湖峰会上城投资环境专场推介会"上，凯泰资本、浙银创新、中信证券、浙江建融等8家企业与上城区举行项目签约仪式，签约金额达397亿元。

2015年5月17日，杭州玉皇山南基金小镇正式揭牌，浙江省副省长朱从玖、杭州市市长张鸿铭共同为玉皇山南基金小镇揭牌。

2015年5月18日，浙江省委书记、浙江省人大常委会主任夏宝龙专题调研玉皇山南基金小镇，希望小镇成为全省"三改一拆"的样板、转型升级的窗口、金融改革的试点。

2015年5月28日，玉皇山南基金小镇工商事务服务室正式进驻小镇。

2015年6月5日，浙江省发改委发布浙江省首批省级特色小镇创建名单，杭州玉皇山南基金小镇等37个小镇入围。

2015年6月17日，邵逸夫医院与上城区签订战略合作协议，"邵逸夫医院杭州玉皇山南基金小镇国际医疗中心"正式揭牌。

2015年6月17日，全省第一张"五证合一"证照在小镇办理，并正式发放到企业手中。

2015年7月24日，杭州市上城区市场监管局出台《关于发挥市场监管的职能作用支持玉皇山南基金小镇加快建设的实施意见》。

2015年9月7日，中央财办主任刘鹤在省长李强的陪同下专题调研玉皇山南基金小镇，其关于浙江特色小镇建设的调研报告获习近平总书记批示。

2015年12月31日，玉皇山南基金小镇一期、二期基本建成，小镇展示中心（小镇会客厅）已完成装修，并正式开始投入使用。

2015年12月31日，园区企业总数达到500家（其中金融类企业402家，文创企业98家），管理资产规模突破2000亿元。

2015年12月31日，玉皇山南基金小镇税收突破4亿元。

2016年2月，20余家中央媒体团聚焦玉皇山南基金小镇，对小镇进行全方位的集中宣传报道。

2016年4月，娃哈哈国际学校、邵逸夫医院基金小镇国际医疗中心、上城区行政服务中心基金小镇分中心、基金经理人之家、基金小镇警务站等先后投入使用，为小镇提供完善的公共配套。

2016年4月，全国政协副主席万钢、王家瑞先后调研玉皇山南基金小镇，鼓励基金小镇积极争创全国创投改革试验区。

2016年4月29日，中国证监会副主席李超调研玉皇山南基金小镇。

2016年6月7日,玉皇山南基金小镇被评为省级示范小镇。

2016年6月,玉皇山南基金小镇挂牌一周年,累计集聚金融机构810家,资金管理规模4020亿元,投向实体经济项目629个,资金规模1240亿元(其中省内353亿元);税收收入6.49亿元,地方财政收入2.99亿元。

2016年7月13日,省委副书记、代省长车俊调研玉皇山南基金小镇,高度评价基金小镇由"仓库变金库"的巨大变化。

2016年7月25日,杭州市金融人才管理改革试验区在玉皇山南基金小镇授牌,同时对首批上城区杰出金融人才、突出贡献金融人才进行表彰;基金小镇创投社区服务中心、党群人才服务中心正式启用。

第四章　玉皇山南基金小镇入驻基金公司名录

序号	企业名称	成立日期	注册资本/万元
1	浙江中润资产管理股份有限公司	2000/11/10	4291.8
2	浙江热联中邦投资有限公司	2005/1/19	5000
3	浙江易坤创业投资股份有限公司	2005/7/1	5000
4	浙江舜业投资管理有限公司	2006/12/25	1000
5	浙江亿方博投资发展有限公司	2007/7/17	5000
6	杭州好望角投资管理有限公司	2007/8/22	1500
7	浙江中磊投资有限公司	2007/9/3	3050
8	杭州金投资本管理有限公司	2008/4/9	12000
9	浙江赛伯乐投资管理有限公司	2008/6/16	1000
10	汉鼎宇佑资本投资有限公司	2008/8/22	5000
11	杭州天骏实业有限公司	2009/1/12	1100
12	杭州赛智投资有限公司	2009/3/13	5180
13	杭州联亨投资管理有限公司	2009/5/25	100
14	杭州赛德投资管理有限公司	2009/12/18	300
15	杭州凯泰资本管理有限公司	2010/1/21	1010
16	杭州凯泰成长创业投资合伙企业(有限合伙)	2010/2/3	27100
17	浙江巴沃睿德资产管理有限公司	2010/2/9	3000
18	杭州悦通投资合伙企业(有限合伙)	2010/4/30	500
19	杭州融易投资管理有限公司	2010/5/20	1100
20	浙江东翰股权投资管理有限公司	2010/6/11	500
21	浙江品听资产管理有限公司	2010/7/5	2000
22	浙江红榕创业投资有限公司	2010/7/16	10000
23	杭州东翰高投长三角股权投资管理有限公司	2010/8/5	300
24	浙江东翰高投长三角投资合伙企业(有限合伙)	2010/9/20	12140
25	杭州赛伯乐晨星投资合伙企业(有限合伙)	2010/9/21	20000
26	杭州联创永溢创业投资合伙企业(有限合伙)	2010/10/8	70000

序号	企业名称	成立日期	注册资本/万元
27	杭商资产管理(杭州)有限公司	2010/10/26	1000
28	杭州弘厚投资有限公司	2010/11/9	500
29	浙江乐融投资合伙企业(有限合伙)	2011/1/7	2360
30	敦和资产管理有限公司	2011/3/2	10000
31	杭州裕康投资合伙企业(有限合伙)	2011/5/13	1000
32	浙江东安实业投资有限公司	2011/6/10	2000
33	浙江赛业投资合伙企业(有限合伙)	2011/7/22	3700
34	杭州好望角启航投资合伙企业(有限合伙)	2011/7/28	10000
35	浙江巨擘投资有限公司	2011/8/22	2000
36	浙江舜丰投资管理合伙企业(有限合伙)	2011/8/25	505
37	杭州凯泰洁奥投资管理有限公司	2011/9/8	10
38	浙江凯泰洁能投资合伙企业(有限合伙)	2011/9/23	8744
39	隆德资产管理有限公司	2011/9/23	5000
40	浙江明圣龙庆股权投资管理有限公司	2011/10/18	500
41	杭州建信财达股权投资管理有限公司	2011/11/9	200
42	杭州建信诚恒创业投资合伙企业(有限合伙)	2011/12/9	20000
43	浙江凯隆嘉投资管理有限公司	2011/12/13	1000
44	杭州辉煌投资有限公司	2011/12/15	957.78
45	杭州凯泰长汇投资管理有限公司	2011/12/16	10
46	杭州凯泰创新投资合伙企业(有限合伙)	2012/1/12	15856
47	中农高科(浙江)科技产业投资管理有限公司	2012/1/24	1000
48	杭州慧创投资管理有限公司	2012/2/8	1200
49	杭州城市品牌投资有限公司	2012/2/21	500
50	杭州德亚投资有限公司	2012/3/27	500
51	杭州毕瑞驰投资合伙企业(有限合伙)	2012/4/12	700
52	杭州毕易食投资合伙企业(有限合伙)	2012/4/12	1500
53	杭州中小企业融资租赁有限公司	2012/5/7	18000
54	杭州朗彤投资管理有限公司	2012/6/12	100
55	杭州歌斐投资管理有限公司	2012/7/11	600
56	杭州维思投资合伙企业(有限合伙)	2012/7/17	2480.7
57	杭州龙庆长阜股权投资合伙企业(有限合伙)	2012/11/9	10000
58	杭州清科投资管理有限公司	2012/11/21	200

续表

序号	企业名称	成立日期	注册资本/万元
59	杭州潮亿实业投资有限公司	2012/12/12	1000
60	杭州凯泰财富投资管理有限公司	2013/1/14	10
61	杭州阳昊投资有限公司	2013/1/18	1000
62	杭州舜辉投资管理合伙企业(有限合伙)	2013/3/4	7635
63	杭州舜熹投资管理合伙企业(有限合伙)	2013/3/15	2616
64	杭州中域之望投资管理合伙企业(有限合伙)	2013/3/25	5000
65	中信证券股份有限公司杭州玉皇山南基金小镇证券营业部	2013/5/28	0
66	杭州灵琰投资合伙企业(有限合伙)	2013/6/3	1600
67	浙江省中小企业再担保有限公司	2013/6/5	100000
68	杭州丰禧投资管理有限公司	2013/7/4	20
69	杭州拔萃投资管理有限公司	2013/7/15	1000
70	杭州合舜投资合伙企业(有限合伙)	2013/7/19	1000
71	杭州汉鼎宇佑股权投资合伙企业(有限合伙)	2013/8/21	10000
72	杭州杭商跨虹投资合伙企业(有限合伙)	2013/9/4	67000
73	杭州江畔投资管理有限公司	2013/10/16	1000
74	杭州元马实业有限公司	2013/11/1	800
75	浙江奉天股权投资管理有限公司	2013/11/6	1000
76	杭州永福投资合伙企业(有限合伙)	2013/11/25	17350
77	杭州凯泰润汇投资管理有限公司	2013/12/13	10
78	杭州远熙投资合伙企业(有限合伙)	2013/12/25	6005
79	杭州凯泰厚德投资合伙企业(有限合伙)	2014/1/15	40020
80	杭州厚华投资管理有限公司	2014/1/20	1000
81	杭州悦美投资管理有限公司	2014/1/22	350
82	杭州信证股权投资合伙企业(有限合伙)	2014/1/28	20500
83	杭州少思投资合伙企业(有限合伙)	2014/3/14	1500
84	浙江鹏讯投资管理有限公司	2014/3/14	1000
85	杭州向日葵民间资本理财服务有限公司	2014/3/26	5500
86	山东创道股权投资基金管理有限公司杭州分公司	2014/4/14	0
87	杭州微咖投资管理有限公司	2014/4/24	200
88	杭州好望角引航投资合伙企业(有限合伙)	2014/5/5	23500
89	杭州博焕投资管理合伙企业(有限合伙)	2014/5/19	5000
90	杭州旭铭投资管理合伙企业(有限合伙)	2014/5/19	5000

序号	企业名称	成立日期	注册资本/万元
91	杭州珺禀轩投资管理合伙企业(有限合伙)	2014/6/19	2800
92	杭州九宝股权投资合伙企业(有限合伙)	2014/6/25	9000
93	浙江宇彧投资管理有限公司	2014/7/15	20000
94	杭州珺元盛投资管理合伙企业(有限合伙)	2014/7/16	3200
95	杭州珺锐泰投资管理合伙企业(有限合伙)	2014/7/16	1400
96	杭州湖畔山南资本管理有限公司	2014/7/17	100
97	杭州维思捷鼎股权投资合伙企业(有限合伙)	2014/7/18	3000
98	杭州锦聚投资管理有限公司	2014/7/21	800
99	杭州湖畔山南投资管理合伙企业(有限合伙)	2014/7/29	100
100	浙江贵道投资管理有限公司	2014/7/29	2000
101	杭州泰禀隆投资管理合伙企业(有限合伙)	2014/7/29	700
102	杭州乾朗投资管理有限公司	2014/8/5	10
103	杭州厚德载富财富管理有限公司	2014/8/6	1000
104	浙江杭化资产管理有限公司	2014/8/12	5000
105	浙江艮汇资产管理有限公司	2014/8/15	10000
106	杭州湖畔山南股权投资合伙企业(有限合伙)	2014/8/27	41746.9
107	杭州凯睿超投资管理有限公司	2014/9/2	500
108	杭州汇发实业有限公司	2014/9/9	550
109	杭州高磊投资合伙企业(有限合伙)	2014/9/10	1313
110	杭州顺成股权投资合伙企业(有限合伙)	2014/9/12	16000
111	杭州润洲投资管理有限公司	2014/9/22	1000
112	浙江泽锋资产管理有限公司	2014/10/11	3000
113	浙江鹏迪资产管理有限公司	2014/10/13	1000
114	浙江信源丰金融服务外包有限公司	2014/10/14	1001
115	浙江玉皇山南对冲基金投资管理有限公司	2014/10/22	10000
116	浙江汇牛投资管理有限公司	2014/10/30	1000
117	杭州恭榕投资合伙企业(有限合伙)	2014/11/13	2001
118	杭州海富恒熙股权投资合伙企业(有限合伙)	2014/11/14	5000
119	杭州海富恒歆股权投资合伙企业(有限合伙)	2014/11/14	5000
120	杭州海富恒翔股权投资合伙企业(有限合伙)	2014/11/14	5000
121	杭州九鸿投资合伙企业(有限合伙)	2014/11/18	18060
122	杭州九益投资合伙企业(有限合伙)	2014/11/18	8100

续表

序号	企业名称	成立日期	注册资本/万元
123	杭州九彤投资合伙企业(有限合伙)	2014/11/18	10000
124	杭州九鹏投资合伙企业(有限合伙)	2014/11/18	900
125	杭州望德资产管理有限公司	2014/11/21	1000
126	杭州珺瑞玺投资管理合伙企业(有限合伙)	2014/11/24	2100
127	杭州金达资产管理有限公司	2014/11/27	500
128	杭州万丰锦源京新股权投资合伙企业(有限合伙)	2014/12/4	36654
129	杭州珺晟泓投资合伙企业(有限合伙)	2014/12/4	600
130	杭州万代资产管理有限公司	2014/12/12	1000
131	杭州永商股权投资管理有限公司	2014/12/17	5000
132	杭州鼎翔瑞投资合伙企业(有限合伙)	2014/12/19	1200
133	微贷(杭州)金融信息服务有限公司	2014/12/25	12195.1
134	杭州好望角越航投资合伙企业(有限合伙)	2014/12/25	20000
135	友合蜂巢(杭州)资产管理有限公司	2014/12/25	5000
136	杭州好望角奇点投资合伙企业(普通合伙)	2014/12/29	500
137	杭州钱王资产管理有限公司	2014/12/30	1000
138	杭州小牛投资合伙企业(有限合伙)	2015/1/6	2560
139	浙江华弘投资管理有限公司	2015/1/8	30000
140	杭州耀榕投资合伙企业(有限合伙)	2015/1/9	1421
141	浙江朗闰资产管理有限公司	2015/1/12	5000
142	浙江坤朴投资管理有限公司	2015/1/15	5000
143	杭州文云资产管理有限公司	2015/1/21	1000
144	杭州名泰投资管理有限公司	2015/1/23	1000
145	银国(杭州)资产管理有限公司	2015/1/26	3000
146	杭州盈胜汇股权投资基金管理有限公司	2015/1/27	10000
147	杭州中来锦聚投资管理有限公司	2015/1/28	100
148	杭州荣桓投资有限公司	2015/1/28	1000
149	永安国富资产管理有限公司	2015/1/29	5000
150	杭州嘉辰投资管理有限公司	2015/2/2	500
151	杭州长川投资管理合伙企业(有限合伙)	2015/2/3	100
152	杭州尚宇资产管理有限公司	2015/2/3	1000
153	杭州绩优卓源创业投资合伙企业(有限合伙)	2015/2/9	5000
154	浙江安禅资产管理有限公司	2015/2/9	1000

续表

序号	企业名称	成立日期	注册资本/万元
155	杭州象石实业有限公司	2015/2/9	8800
156	杭州中际三仁小村投资管理合伙企业(有限合伙)	2015/2/10	200
157	杭州顺沅投资管理合伙企业(有限合伙)	2015/2/10	50000
158	杭州昌昇资产管理有限公司	2015/2/10	5000
159	浙江凯石杰诚资产管理有限公司	2015/2/10	2000
160	杭州辰建润达创业投资合伙企业(有限合伙)	2015/2/11	3000
161	杭州盛亿信投资合伙企业(有限合伙)	2015/2/11	5888
162	杭州兆喜创业投资合伙企业(有限合伙)	2015/2/12	3000
163	杭州科发天使投资合伙企业(有限合伙)	2015/2/12	7500
164	杭州锦杏谷创业投资合伙企业(有限合伙)	2015/2/13	10000
165	杭州启坤股权投资基金管理有限公司	2015/2/15	5000
166	浙江建融投资发展有限公司	2015/2/25	300000
167	杭州杰诚瑞赢股权投资基金管理合伙企业(有限合伙)	2015/2/28	3000
168	杭州华弘海泰投资管理合伙企业(有限合伙)	2015/3/2	101
169	浙江鸿绅资产管理有限公司	2015/3/3	5000
170	杭州万代宇玺投资管理合伙企业(有限合伙)	2015/3/6	10000
171	杭州同萃投资合伙企业(有限合伙)	2015/3/6	3000
172	杭州隆慧投资合伙企业(有限合伙)	2015/3/9	1100
173	浙江黑曜资产管理有限公司	2015/3/9	1000
174	杭州九纳投资合伙企业(有限合伙)	2015/3/11	500
175	杭州九森投资合伙企业(有限合伙)	2015/3/11	3386.8
176	杭州九立投资合伙企业(有限合伙)	2015/3/11	20000
177	杭州九恭投资合伙企业(有限合伙)	2015/3/11	20000
178	浙江安诚数盈投资管理有限公司	2015/3/11	1450
179	杭州凯泰长泽投资管理有限公司	2015/3/11	10
180	杭州富爱投资管理合伙企业(有限合伙)	2015/3/13	501
181	杭州金砖投资管理合伙企业(有限合伙)	2015/3/13	501
182	杭州佳才资产管理有限公司	2015/3/18	1000
183	杭州永宣乐丰创业投资合伙企业(有限合伙)	2015/3/19	7300
184	浙江小咖投资管理有限公司	2015/3/23	1000
185	杭州博志投资合伙企业(有限合伙)	2015/3/23	500
186	杭州优益增投资管理有限公司	2015/3/24	1000

序号	企业名称	成立日期	注册资本/万元
187	浙江财通资本投资有限公司	2015/3/24	30000
188	杭州儒榕投资合伙企业(有限合伙)	2015/3/25	3000
189	杭州仁榕投资合伙企业(有限合伙)	2015/3/25	3510
190	杭州九鱼资产管理有限公司	2015/3/27	1000
191	红榕资本管理有限公司	2015/3/27	5000
192	嘉实金融信息服务(杭州)有限公司	2015/3/27	5000
193	杭州凯泰创富投资合伙企业(有限合伙)	2015/3/30	15020
194	杭州坤顺投资有限公司	2015/3/31	1000
195	浙江中晶控股有限公司	2015/3/31	5000
196	浙江万都资产管理有限公司	2015/4/1	1000
197	浙江昆泰资产管理有限公司	2015/4/1	1000
198	杭州湾区投资管理有限公司	2015/4/3	100
199	浙江来兴投资管理有限公司	2015/4/8	1000
200	博众资产管理有限公司	2015/4/9	5000
201	杭州至健资产管理有限公司	2015/4/9	1000
202	杭州好望角禹航投资合伙企业(有限合伙)	2015/4/9	30000
203	浙江华聚鑫成投资有限公司	2015/4/9	9900
204	浙江浙商昆澜投资有限公司	2015/4/10	2000
205	杭州华阳股权投资基金管理有限公司	2015/4/13	1000
206	杭州浙鑫资产管理有限公司	2015/4/13	1000
207	杭州迪荡投资管理合伙企业(有限合伙)	2015/4/14	21500
208	浙江鼎太宏坤资产管理有限公司	2015/4/14	10000
209	浙江品润投资管理有限公司	2015/4/15	1000
210	杭州方木投资管理有限公司	2015/4/17	1000
211	杭州联萃投资合伙企业(有限合伙)	2015/4/17	501
212	杭州锦聚丰益投资管理有限公司	2015/4/21	100
213	杭州弘厚资产管理有限公司	2015/4/21	1000
214	杭州海新先瑞创业投资合伙企业(有限合伙)	2015/4/22	5000
215	杭州乐信投资管理有限公司	2015/4/23	1000
216	杭州嘉澳量化投资管理有限公司	2015/4/23	1000
217	杭州鑫联投资合伙企业(有限合伙)	2015/4/24	10000
218	杭州北美盛银投资合伙企业(有限合伙)	2015/4/24	3180
219	浙江协创资本管理有限公司	2015/4/24	2000

序号	企业名称	成立日期	注册资本/万元
220	浙江巴沃乾木投资管理有限公司	2015/4/27	1000
221	杭州吾牛投资有限公司	2015/4/28	1000
222	杭州万杉资产管理有限公司	2015/4/29	1000
223	杭州中大君悦投资有限公司	2015/5/4	1000
224	浙江泽朴投资管理有限公司	2015/5/4	1000
225	杭州盈瑞泰丰投资管理有限公司	2015/5/7	10
226	杭州豪富盈创投资管理有限公司	2015/5/7	20
227	杭州豪盈盛达投资管理有限公司	2015/5/7	20
228	杭州晨弘投资管理有限公司	2015/5/8	5000
229	杭州隆德拔萃股权投资基金合伙企业(有限合伙)	2015/5/8	3000
230	杭州君成和源创业投资合伙企业(有限合伙)	2015/5/8	3000
231	杭州海澄投资合伙企业(有限合伙)	2015/5/8	9100
232	中网国投投资管理有限公司	2015/5/8	5000
233	杭州众源投资管理合伙企业(普通合伙)	2015/5/11	500
234	杭州君鸿投资管理合伙企业(有限合伙)	2015/5/11	5581
235	浙江厚达投资管理有限公司	2015/5/13	1000
236	杭州启凡资产管理有限公司	2015/5/13	1000
237	杭州睿泓投资合伙企业(有限合伙)	2015/5/14	40890.56
238	杭州霁月投资管理合伙企业(普通合伙)	2015/5/15	10
239	杭州弘蓝控股有限公司	2015/5/15	20000
240	杭州紫元博滨投资合伙企业(有限合伙)	2015/5/22	110000
241	杭州博鼎投资合伙企业(有限合伙)	2015/5/22	1000
242	杭州博谦投资合伙企业(有限合伙)	2015/5/22	45600
243	杭州龙渊资产管理有限公司	2015/5/22	2000
244	杭州厚道投资有限公司	2015/5/25	7800
245	浙江恒和投资管理有限公司	2015/5/26	1008
246	杭州鼎海投资管理有限公司	2015/5/26	5000
247	华夏恒天资本管理有限公司	2015/5/27	10000
248	杭州嘉萃投资合伙企业(有限合伙)	2015/5/28	3000
249	杭州盛萃投资合伙企业(有限合伙)	2015/5/28	3000
250	杭州龙渊慧莉股权投资管理合伙企业(有限合伙)	2015/5/28	5000
251	杭州仁萃投资合伙企业(有限合伙)	2015/5/28	3000

序号	企业名称	成立日期	注册资本/万元
252	杭州锦萃投资合伙企业（有限合伙）	2015/5/29	3000
253	浙江柏泰华盈投资管理有限公司	2015/5/29	1635
254	浙江浙商创新资本管理有限公司	2015/5/29	10000
255	杭州鼎米投资合伙企业（有限合伙）	2015/6/1	1000
256	杭州洪峰创业投资管理有限公司	2015/6/2	100
257	杭州潜龙投资管理有限公司	2015/6/3	5000
258	杭州路港股权投资管理合伙企业（有限合伙）	2015/6/3	20000
259	杭州景柏投资管理有限公司	2015/6/5	100
260	杭州智辰宏远股权投资基金管理有限公司	2015/6/8	3000
261	浙江龙葵股权投资基金管理有限公司	2015/6/9	5000
262	杭州好德亨投资管理有限公司	2015/6/9	500
263	浙江浙商汇融投资管理有限公司	2015/6/9	35300
264	浙江慧安家族财富投资管理有限公司	2015/6/10	3000
265	杭州璞业投资合伙企业（有限合伙）	2015/6/11	2100
266	杭州康缇投资合伙企业（有限合伙）	2015/6/11	1820
267	杭州圣翱资产管理有限公司	2015/6/11	5000
268	杭州昊润资本管理有限公司	2015/6/11	1000
269	杭州龙庆长泰智慧产业投资管理有限公司	2015/6/12	200
270	杭州鸿道电影金融服务有限公司	2015/6/12	2000
271	杭州明见投资管理有限公司	2015/6/15	1000
272	杭州巴沃科德投资管理合伙企业（有限合伙）	2015/6/15	320
273	浙江海高资产管理有限公司	2015/6/15	2000
274	杭州海巍投资管理合伙企业（有限合伙）	2015/6/15	1745.9
275	浙江承恩投资管理有限公司	2015/6/15	1000
276	杭州伸轩投资管理有限公司	2015/6/17	1000
277	杭州秋实创业投资管理合伙企业（有限合伙）	2015/6/17	10000
278	杭州管石创业投资管理合伙企业（有限合伙）	2015/6/17	1000
279	浙江涌悦资产管理有限公司	2015/6/17	1000
280	杭州益润宏瑞投资合伙企业（有限合伙）	2015/6/17	20200
281	杭州朗月照人股权投资合伙企业（有限合伙）	2015/6/18	3000
282	浙江宏桥春阳资产管理有限公司	2015/6/18	1000
283	杭州玖华资产管理有限公司	2015/6/18	6000

序号	企业名称	成立日期	注册资本/万元
284	杭州创银投资管理有限公司	2015/6/19	1000
285	逸帆资本管理有限公司	2015/6/19	5000
286	杭州景泽投资合伙企业(有限合伙)	2015/6/23	1001
287	杭州赢轩股权投资合伙企业(有限合伙)	2015/6/24	2500
288	浙江纳轩资产管理有限公司	2015/6/24	3000
289	浙江厚恒投资管理有限公司	2015/6/25	1000
290	浙江千本资产管理有限公司	2015/6/25	1500
291	浙江三耕资产管理有限公司	2015/6/25	1000
292	杭州基建华融投资合伙企业(有限合伙)	2015/6/26	1000
293	杭州祥宜投资合伙企业(有限合伙)	2015/6/29	2786.5
294	景澜酒店投资管理有限公司	2015/6/29	5000
295	杭州龙尧投资管理有限公司	2015/6/30	2000
296	杭州逸帆共益股权投资合伙企业(有限合伙)	2015/6/30	3000
297	浙江秦信投资管理有限公司	2015/6/30	3000
298	杭州龙象资产管理有限公司	2015/6/30	1000
299	杭州易茂科地创新资本管理有限公司	2015/6/30	1000
300	浙江浙银资本管理有限公司	2015/6/30	50000
301	安益(杭州)财富管理有限公司	2015/6/30	1000
302	杭州信林股权投资合伙企业(有限合伙)	2015/7/1	3000
303	杭州泓和资产管理有限公司	2015/7/1	1000
304	浙江佳翰资产管理有限公司	2015/7/1	2100
305	浙江中金九州投资管理有限公司	2015/7/1	5080
306	浙江镒嘉控股有限公司	2015/7/3	100000
307	杭州海高宏鼎投资合伙企业(有限合伙)	2015/7/6	2501
308	杭州佑实资产管理有限公司	2015/7/6	3000
309	杭州萌皓投资管理合伙企业(有限合伙)	2015/7/7	10000
310	杭州盈泰丰顺投资管理有限公司	2015/7/8	10
311	杭州景岚投资管理合伙企业(有限合伙)	2015/7/8	10
312	杭州富豪创盈投资管理有限公司	2015/7/8	100
313	杭州盈祥盛达投资管理有限公司	2015/7/8	10
314	杭州井喷资产管理有限公司	2015/7/8	5100
315	杭州智辉资产管理有限公司	2015/7/8	1000

序号	企业名称	成立日期	注册资本/万元
316	杭州乾吉投资管理合伙企业(有限合伙)	2015/7/9	644.5
317	杭州琪乐融融资产控股集团有限公司	2015/7/9	10000
318	杭州华泓滨合投资管理合伙企业(有限合伙)	2015/7/9	10000
319	浙江溪水资产管理有限公司	2015/7/13	1000
320	杭州钱来啦金融信息服务有限公司	2015/7/14	5000
321	杭州晋阶投资管理有限公司	2015/7/15	1000
322	杭州智海凯聪投资管理有限公司	2015/7/17	10000
323	杭州华进投资管理有限公司	2015/7/20	1000
324	杭州浩中金合资产管理有限公司	2015/7/20	1000
325	管大资产管理股份有限公司	2015/7/20	5000
326	国开尚融(杭州)城建投资管理合伙企业(有限合伙)	2015/7/22	10000
327	浙江博佳投资管理有限公司	2015/7/22	1000
328	浙江丹鹤资产管理有限公司	2015/7/22	2000
329	浙江乾元佳睿资产管理有限公司	2015/7/22	1000
330	杭州银智投资管理合伙企业(有限合伙)	2015/7/23	190
331	杭州南易投资管理有限公司	2015/7/23	1000
332	杭州太慕丰投资管理有限公司	2015/7/23	100
333	杭州万创股权投资合伙企业(有限合伙)	2015/7/23	3000
334	杭州澳澜投资管理合伙企业(有限合伙)	2015/7/27	10050
335	浙江保润资产管理有限公司	2015/7/27	5000
336	杭州盈磐资产管理有限公司	2015/7/27	1000
337	杭州尚格投资合伙企业(有限合伙)	2015/7/28	3200
338	杭州瑞创投资合伙企业(有限合伙)	2015/7/28	600
339	杭州玖华贰号创业投资合伙企业(有限合伙)	2015/7/29	6900
340	浙银汇智(杭州)资本管理有限公司	2015/7/30	1000
341	杭州浙赢创展投资管理合伙企业(有限合伙)	2015/7/30	200
342	杭州红樟资产管理有限公司	2015/8/3	2000
343	浙江东和投资管理有限公司	2015/8/4	1000
344	杭州上财资产管理有限公司	2015/8/4	1000
345	万博伙伴资产管理(杭州)有限公司	2015/8/5	10000
346	浙江财能投资管理有限公司	2015/8/6	3000
347	杭州伯乐圣赢股权投资合伙企业(有限合伙)	2015/8/6	10000

序号	企业名称	成立日期	注册资本/万元
348	浙江中民玖合投资管理有限公司	2015/8/6	1000
349	杭州蓝兴投资合伙企业(有限合伙)	2015/8/7	555
350	杭州泓智投资管理有限公司	2015/8/10	100
351	杭州小咖股权投资合伙企业(有限合伙)	2015/8/10	20000
352	俊荣资本控股有限公司	2015/8/10	50000
353	杭州管大五岳投资有限公司	2015/8/11	1200
354	骏荣(杭州)资本管理有限公司	2015/8/11	10000
355	沅鑫(杭州)资产管理有限公司	2015/8/11	5000
356	浙江宝泰德资本管理有限公司	2015/8/11	2000
357	杭州儒满投资管理有限公司	2015/8/12	100
358	杭州苏依士投资管理合伙企业(有限合伙)	2015/8/12	1000
359	杭州联创乐业投资管理合伙企业(有限合伙)	2015/8/12	200
360	杭州清科三仁投资合伙企业(有限合伙)	2015/8/13	10000
361	杭州红榕卓信投资合伙企业(有限合伙)	2015/8/14	3000
362	杭州红榕源信投资合伙企业(有限合伙)	2015/8/14	3000
363	浙江旺和投资管理股份有限公司	2015/8/14	1000
364	杭州盈卓盛达投资管理有限公司	2015/8/18	10
365	杭州千岱投资管理合伙企业(有限合伙)	2015/8/18	5000
366	杭州大家创盈投资管理有限公司	2015/8/18	100
367	杭州盈迅盛达投资管理有限公司	2015/8/19	10
368	杭州平盛投资管理有限公司	2015/8/19	3000
369	杭州创新金融研究院有限公司	2015/8/19	20
370	杭州祥银投资合伙企业(有限合伙)	2015/8/20	10000
371	浙江元葵资产管理有限公司	2015/8/24	1000
372	浙江宇舟资产管理有限公司	2015/8/25	10000
373	杭州久久金融信息服务有限公司	2015/8/25	1100
374	杭州清科易聚投资管理合伙企业(有限合伙)	2015/8/25	100
375	杭州清科信创投资管理合伙企业(有限合伙)	2015/8/25	100
376	浙江蓝江投资管理有限公司	2015/8/26	1000
377	杭州海高宏雅投资合伙企业(有限合伙)	2015/8/27	3001
378	杭州铭旺投资合伙企业(有限合伙)	2015/8/27	1000
379	杭州灸晟投资管理合伙企业(有限合伙)	2015/8/28	200

序号	企业名称	成立日期	注册资本/万元
380	杭州盘江汇智投资合伙企业(有限合伙)	2015/8/28	7281
381	杭州汇牛铄今股权投资合伙企业(有限合伙)	2015/8/31	5000
382	铨泰(杭州)投资管理有限公司	2015/8/31	3000
383	浙江瑞欣投资管理有限公司	2015/8/31	1000
384	杭州宜锋资产管理有限公司	2015/8/31	1000
385	浙银伯乐(杭州)资本管理有限公司	2015/8/31	1000
386	浙银前源(杭州)资本管理有限公司	2015/8/31	1000
387	杭州太慕丰肆维投资管理合伙企业(有限合伙)	2015/9/1	275
388	杭州儒昭觉投资合伙企业(有限合伙)	2015/9/7	1000
389	杭州中骅投资管理有限公司	2015/9/7	1000
390	杭州嘉道投资合伙企业(有限合伙)	2015/9/7	2000
391	链动(杭州)投资有限公司	2015/9/7	5000
392	国开中城建(杭州)股权投资基金合伙企业(有限合伙)	2015/9/8	10000
393	隽晖(杭州)股权投资基金管理有限公司	2015/9/9	1000
394	浙江贝塔股权投资基金管理有限公司	2015/9/9	10000
395	浙江融熠资产管理有限公司	2015/9/9	10086
396	浙江六六资本管理有限公司	2015/9/10	2000
397	浙江赛智互赢投资有限公司	2015/9/10	5000
398	浙江赛智科创资本管理有限公司	2015/9/10	2000
399	杭州善水资产管理有限公司	2015/9/11	1100
400	杭州韬海资本管理有限公司	2015/9/14	10
401	杭州红榕唯信资产管理有限公司	2015/9/15	500
402	浙江龙聚创业投资有限公司	2015/9/17	5000
403	杭州瑞团投资管理合伙企业(有限合伙)	2015/9/17	100
404	杭州中佑科天投资管理合伙企业(有限合伙)	2015/9/18	7001
405	杭州玖岳投资管理合伙企业(有限合伙)	2015/9/21	2000
406	财通证券资产管理有限公司	2015/9/21	20000
407	杭州爱拼股权投资合伙企业(有限合伙)	2015/9/22	3000
408	浙银乾徕(杭州)资本管理有限公司	2015/9/22	1000
409	杭州九缘投资管理合伙企业(有限合伙)	2015/9/23	2000
410	杭州端宇实业有限公司	2015/9/24	10000
411	杭州凯创投资合伙企业(有限合伙)	2015/9/24	7001

序号	企业名称	成立日期	注册资本/万元
412	杭州道隐投资管理有限公司	2015/9/25	100
413	浙江瑷尔德投资管理有限公司	2015/9/25	1000
414	杭州风禾资产管理有限公司	2015/9/25	2000
415	六和(杭州)资产管理有限公司	2015/9/25	1000
416	杭州已月投资管理合伙企业(有限合伙)	2015/9/25	30
417	浙江仙度投资管理有限公司	2015/9/25	1000
418	浙江赤子股权投资基金管理有限公司	2015/9/28	1000
419	杭州安丰玖号创业投资合伙企业(有限合伙)	2015/9/28	3900
420	浦明资本管理(杭州)有限公司	2015/9/29	1000
421	杭州赛忆资产管理有限公司	2015/9/30	1000
422	杭州信为资本管理有限公司	2015/9/30	1000
423	浙江菁英汇金融信息服务有限公司	2015/9/30	2000
424	杭州安丰上盈创业投资合伙企业(有限合伙)	2015/10/9	3000
425	安丰创业投资有限公司	2015/10/9	5000
426	杭州广欣投资管理合伙企业(有限合伙)	2015/10/10	10000
427	杭州广睿投资管理合伙企业(有限合伙)	2015/10/10	10000
428	杭州中民玖合绿环股权投资基金合伙企业(有限合伙)	2015/10/13	31000
429	杭州悦尚投资管理有限公司	2015/10/14	1000
430	杭州翱鹏投资管理有限公司	2015/10/14	1000
431	中盛股权投资基金管理(杭州)有限公司	2015/10/15	1000
432	杭州徐行资本管理有限公司	2015/10/15	500
433	浙江财通创新投资有限公司	2015/10/15	30000
434	浙江麦泓资本管理有限公司	2015/10/19	2000
435	浙银钜鑫(杭州)资本管理有限公司	2015/10/19	1000
436	杭州延瑞汇影投资管理有限公司	2015/10/20	1000
437	杭州紫文金融信息服务有限公司	2015/10/20	1000
438	杭州亿旺投资合伙企业(有限合伙)	2015/10/21	3000
439	杭州蓝江飞龙投资管理合伙企业(有限合伙)	2015/10/22	1900
440	杭州艺星投资合伙企业(有限合伙)	2015/10/22	811
441	浙江钛鼎会资产管理有限公司	2015/10/22	2000
442	杭州银铭投资合伙企业(有限合伙)	2015/10/23	500
443	杭州毅凯投资合伙企业(有限合伙)	2015/10/26	1000

序号	企业名称	成立日期	注册资本/万元
444	瑞海昊华投资管理(杭州)合伙企业(有限合伙)	2015/10/27	1000
445	杭州熙劼投资合伙企业(有限合伙)	2015/10/27	500
446	杭州樸盛资本管理有限公司	2015/10/27	500
447	杭州聚屹股权投资管理合伙企业(有限合伙)	2015/10/28	100
448	杭州安客股权投资管理合伙企业(有限合伙)	2015/10/28	200
449	杭州金池股权投资管理合伙企业(有限合伙)	2015/10/28	100
450	杭州嘉弘投资合伙企业(有限合伙)	2015/10/28	500
451	杭州舜华投资合伙企业(有限合伙)	2015/10/28	20000
452	浙江龙象创业投资管理有限公司	2015/10/29	2000
453	杭州金祥股权投资合伙企业(有限合伙)	2015/10/29	3000
454	杭州宽智资产管理有限公司	2015/10/29	1000
455	杭州乐咖投资合伙企业(有限合伙)	2015/10/30	11000
456	杭州管大聚沅投资合伙企业(有限合伙)	2015/10/30	12000
457	浙江通元资本管理有限公司	2015/10/30	2000
458	银动科天(杭州)投资管理合伙企业(有限合伙)	2015/10/30	24000
459	浙江泛涵投资管理有限公司	2015/11/3	1000
460	杭州黑曜志同股权投资合伙企业(有限合伙)	2015/11/4	3000
461	杭州百欧投资管理有限公司	2015/11/4	2088
462	杭州利南投资管理有限公司	2015/11/5	1000
463	浙江浙银绩优投资管理有限公司	2015/11/5	1000
464	杭州鸿道投资管理有限公司	2015/11/6	500
465	杭州赢泽资本管理有限公司	2015/11/6	1000
466	杭州宁豪股权投资合伙企业(有限合伙)	2015/11/9	1000
467	杭州会想投资管理有限公司	2015/11/9	1000
468	浙江慧腾投资管理有限公司	2015/11/9	5000
469	维金(杭州)资产管理有限公司	2015/11/9	1000
470	杭州博报堂资产管理有限公司	2015/11/9	1000
471	杭州纬度投资合伙企业(有限合伙)	2015/11/10	1000
472	杭州凯晟嘉旅投资合伙企业(有限合伙)	2015/11/10	1000
473	杭州光隐资产管理有限公司	2015/11/10	1000
474	杭州鹏勇伟资产管理有限公司	2015/11/13	1000
475	杭州锦银投资合伙企业(有限合伙)	2015/11/13	4000

序号	企业名称	成立日期	注册资本/万元
476	浙江昭园恒值实业投资有限公司	2015/11/16	5000
477	杭州昊佳投资管理有限公司	2015/11/16	1000
478	鸿杭投资管理(杭州)有限公司	2015/11/16	1000
479	杭州全林投资合伙企业(有限合伙)	2015/11/16	2000
480	杭州瑞叁投资管理合伙企业(有限合伙)	2015/11/16	100
481	杭州瑞伍投资管理合伙企业(有限合伙)	2015/11/16	100
482	杭州岩瑞投资合伙企业(有限合伙)	2015/11/16	20000
483	浙江至信资产管理有限公司	2015/11/16	2000
484	杭州汉鼎租赁有限公司	2015/11/16	20000
485	杭州苏隆投资合伙企业(有限合伙)	2015/11/17	1000
486	浙江园山投资管理有限公司	2015/11/17	1000
487	杭州瑞枫股权投资管理合伙企业(有限合伙)	2015/11/17	1000
488	杭州必的投资管理合伙企业(有限合伙)	2015/11/17	100
489	杭州链反应投资合伙企业(有限合伙)	2015/11/17	6000
490	杭州艺能毅凯投资有限公司	2015/11/18	1620
491	杭州锦成盛资产管理有限公司	2015/11/18	1000
492	和聚财富管理(浙江)有限公司	2015/11/18	10000
493	杭州支点投资管理有限公司	2015/11/19	1000
494	杭州冬盛投资管理有限公司	2015/11/20	1000
495	杭州管大管顺股权投资基金管理合伙企业(有限合伙)	2015/11/20	1000
496	杭州隆源投资合伙企业(有限合伙)	2015/11/20	1100
497	杭州毅松投资管理有限公司	2015/11/23	1000
498	益信资本管理(杭州)有限公司	2015/11/23	1000
499	杭州好望角苇航投资合伙企业(有限合伙)	2015/11/23	2000
500	和聚投资管理(浙江)有限公司	2015/11/25	1000
501	浙江藏元汇控股有限公司	2015/11/25	5000
502	杭州龙渊建霖股权投资管理合伙企业(有限合伙)	2015/11/26	3000
503	杭州厚恒赞创投资管理合伙企业(有限合伙)	2015/11/26	1200
504	浙江财复港资产管理有限公司	2015/11/26	2000
505	浙江安丰资产管理有限公司	2015/11/26	5000
506	浙江华媒金晟文化产业投资管理有限公司	2015/11/26	1000
507	浙江浙商转型升级母基金合伙企业(有限合伙)	2015/11/26	0

序号	企业名称	成立日期	注册资本/万元
508	杭州君跃投资管理合伙企业(有限合伙)	2015/11/27	1000
509	杭州昇合投资管理合伙企业(有限合伙)	2015/11/27	500
510	浙江顺汇资产管理股份有限公司	2015/11/27	10000
511	杭州千岱顺水投资管理合伙企业(有限合伙)	2015/11/30	5000
512	维金(杭州)投资基金管理合伙企业(有限合伙)	2015/12/1	3000
513	杭州赛鑫客投资管理合伙企业(有限合伙)	2015/12/1	1500
514	杭州君毅投资管理有限公司	2015/12/2	1000
515	杭州赤子之心投资管理合伙企业(有限合伙)	2015/12/3	100
516	杭州赛百康投资合伙企业(有限合伙)	2015/12/3	35000
517	杭州金锋投资管理合伙企业(有限合伙)	2015/12/4	5000
518	杭州明得浩伦投资管理有限公司	2015/12/4	1000
519	浙江画意投资管理有限公司	2015/12/4	1000
520	杭州中谦资产管理有限公司	2015/12/4	1000
521	杭州鸿工投资管理合伙企业(有限合伙)	2015/12/7	40100
522	杭州超智投资管理有限公司	2015/12/7	1000
523	杭州正信资产管理有限公司	2015/12/7	1000
524	奉天大有(杭州)资产管理有限公司	2015/12/7	1000
525	杭州湘宁资本管理有限公司	2015/12/7	1000
526	杭州胡润汉鼎股权投资合伙企业(有限合伙)	2015/12/8	10000
527	杭州合通投资合伙企业(有限合伙)	2015/12/8	1000
528	杭州浙商汇融合盈创业投资合伙企业(有限合伙)	2015/12/8	50000
529	杭州润萃投资合伙企业(有限合伙)	2015/12/8	3000
530	杭州源萃投资合伙企业(有限合伙)	2015/12/8	3000
531	浙江意康投资管理有限公司	2015/12/9	5000
532	浙江再保资本管理有限公司	2015/12/9	2000
533	杭州灵鹤投资管理合伙企业(有限合伙)	2015/12/9	190
534	杭州科锐创业投资合伙企业(有限合伙)	2015/12/10	10000
535	杭州恒丰勇胜投资管理有限公司	2015/12/11	1000
536	杭州福峰股权投资管理合伙企业(有限合伙)	2015/12/11	202
537	浙江强鼎生资产管理有限公司	2015/12/11	2018
538	杭州万舟合航资产管理有限公司	2015/12/11	1000
539	浙江华油投资管理有限公司	2015/12/14	1000

序号	企业名称	成立日期	注册资本/万元
540	杭州多安抱朴投资合伙企业(有限合伙)	2015/12/14	500
541	杭州硕维弘洪投资有限公司	2015/12/15	1000
542	杭州常涌资产管理有限公司	2015/12/15	3000
543	杭州坤泰长阳资本管理合伙企业(有限合伙)	2015/12/15	2000
544	浙江信保资产管理有限公司	2015/12/16	2000
545	浙江信诚资产管理有限公司	2015/12/17	2000
546	杭州昇达投资管理合伙企业(有限合伙)	2015/12/17	500
547	杭州舟济投资管理合伙企业(有限合伙)	2015/12/17	500
548	杭州天礼银投资合伙企业(有限合伙)	2015/12/17	1000
549	杭州江左投资管理合伙企业(有限合伙)	2015/12/18	30000
550	杭州汇石投资管理合伙企业(有限合伙)	2015/12/18	30000
551	杭州盈玺投资合伙企业(有限合伙)	2015/12/18	37020
552	杭州赛鑫元子投资管理合伙企业(有限合伙)	2015/12/18	10000
553	杭州高诚投资管理有限公司	2015/12/18	500
554	杭州赛鑫质子投资管理合伙企业(有限合伙)	2015/12/18	10000
555	浙江菲而杰科技有限公司	2015/12/18	500
556	杭州越顺投资管理有限公司	2015/12/22	1000
557	杭州热联立生投资有限公司	2015/12/22	6000
558	浙银联创(杭州)资本管理有限公司	2015/12/22	1000
559	浙江申龙资产管理有限公司	2015/12/23	2000
560	浙江硅谷巨赋投资管理有限公司	2015/12/24	3000
561	杭州哲石投资管理有限公司	2015/12/24	500
562	杭州海宝投资合伙企业(有限合伙)	2015/12/24	4832.27
563	杭州乐瑞股权投资合伙企业(有限合伙)	2015/12/25	3000
564	杭州管大管盈股权投资基金管理合伙企业(有限合伙)	2015/12/25	1000
565	杭州福远投资合伙企业(普通合伙)	2015/12/28	1000
566	杭州厚达瑞择投资合伙企业(有限合伙)	2015/12/28	1000
567	浙江虹湾通航投资有限公司	2015/12/28	6000
568	杭州云熙投资管理有限公司	2015/12/28	740
569	杭州林岚投资合伙企业(有限合伙)	2015/12/28	1000
570	浙江小咖资产管理有限公司	2015/12/28	2000
571	杭州厚达茂硕股权投资合伙企业(有限合伙)	2015/12/28	3000

序号	企业名称	成立日期	注册资本/万元
572	维金祥升(杭州)股权投资基金管理合伙企业(有限合伙)	2015/12/29	1000
573	维金俞峰(杭州)股权投资基金管理合伙企业(有限合伙)	2015/12/29	1000
574	浙江泰版客股权投资基金管理有限公司	2015/12/29	1000
575	杭州镒福金融信息服务有限公司	2015/12/30	2000
576	杭州远宁合丰投资合伙企业(有限合伙)	2015/12/30	1500
577	杭州远宁投资管理有限公司	2015/12/30	3000
578	浙江五月花投资管理有限公司	2015/12/30	1000
579	杭州伯锦资产管理有限公司	2015/12/31	1000
580	浙江盛投资产管理有限公司	2015/12/31	3000
581	久飞(杭州)投资管理有限公司	2015/12/31	2000
582	杭州以盈投资管理合伙企业(有限合伙)	2015/12/31	110
583	浙江祺牛投资管理有限公司	2015/12/31	1000
584	杭州汇昇股权投资基金管理合伙企业(有限合伙)	2015/12/31	20000
585	杭州昆澜睿伟投资合伙企业(有限合伙)	2015/12/31	1000
586	杭州赛萨斯投资合伙企业(有限合伙)	2015/12/31	27500
587	杭州雪珀投资合伙企业(有限合伙)	2015/12/31	27500
588	杭州昂麦维投资合伙企业(有限合伙)	2015/12/31	27500
589	杭州高勒投资合伙企业(有限合伙)	2015/12/31	27500
590	杭州百逸投资管理合伙企业(有限合伙)	2016/1/4	250
591	杭州金淇盈投资合伙企业(有限合伙)	2016/1/4	1000
592	杭州经源投资管理合伙企业(有限合伙)	2016/1/5	30000
593	杭州泽蒙投资管理合伙企业(有限合伙)	2016/1/5	30000
594	浙江峰鸣控股股份有限公司	2016/1/6	10000
595	杭州万杉永赢股权投资基金管理合伙企业(有限合伙)	2016/1/6	5000
596	浙银伯嘉(杭州)投资合伙企业(有限合伙)	2016/1/7	3000
597	杭州朗赢资产管理有限公司	2016/1/7	1000
598	北交金融服务(杭州)有限公司	2016/1/7	1000
599	杭州浩朗资产管理有限公司	2016/1/7	10
600	钧恒资本管理(杭州)有限公司	2016/1/8	1000
601	上海通善互联网金融信息服务有限公司杭州分公司	2016/1/8	10
602	杭州锦泉鼎宏投资管理有限公司	2016/1/11	100

序号	企业名称	成立日期	注册资本/万元
603	杭州万印投资管理有限公司	2016/1/11	1000
604	杭州管大管利股权投资基金合伙企业(有限合伙)	2016/1/12	1000
605	杭州管大管吉股权投资基金合伙企业(有限合伙)	2016/1/12	1000
606	杭州凯泰新东方投资管理有限公司	2016/1/12	10
607	浙江坤承投资管理有限公司	2016/1/12	1000
608	杭州汉银投资管理有限公司	2016/1/12	10000
609	杭州星尘投资管理合伙企业(有限合伙)	2016/1/14	1000
610	杭州元富投资管理有限公司	2016/1/14	500
611	杭州兴诚投资合伙企业(有限合伙)	2016/1/15	10000
612	杭州欢喜资本管理有限公司	2016/1/15	1000
613	唐元资产管理有限公司	2016/1/15	10000
614	杭州恒界资产管理有限公司	2016/1/18	1000
615	杭州旻泽资产管理有限公司	2016/1/18	1000
616	杭州锦泉数运投资合伙企业(有限合伙)	2016/1/19	1000
617	杭州鸿成投资管理合伙企业(有限合伙)	2016/1/19	22100
618	杭州巨萌投资管理合伙企业(有限合伙)	2016/1/19	2005
619	杭州宸骐投资合伙企业(有限合伙)	2016/1/19	500
620	杭州量点投资管理合伙企业(普通合伙)	2016/1/19	1000
621	至立(杭州)互联网金融服务有限公司	2016/1/20	5000
622	杭州乐丰永顺投资合伙企业(有限合伙)	2016/1/20	2730
623	浙江赛伯乐旗门投资管理有限公司	2016/1/20	1000
624	浙江汉鼎宇佑投资有限公司	2016/1/20	5000
625	杭州乐丰永顺投资合伙企业(有限合伙)	2016/1/20	2730
626	杭州红果树资产管理有限公司	2016/1/20	1000
627	杭州择木资产管理有限公司	2016/1/20	3000
628	杭州嘉油投资管理合伙企业(有限合伙)	2016/1/21	40000
629	杭州逸帆洋益股权投资合伙企业(有限合伙)	2016/1/21	1000
630	杭州安丰宸元创业投资合伙企业(有限合伙)	2016/1/21	3000
631	浙银汇地(杭州)资本管理有限公司	2016/1/21	1000
632	杭州湖畔山南长风投资管理合伙企业(有限合伙)	2016/1/21	100
633	杭州赛领道麟投资管理合伙企业(有限合伙)	2016/1/21	200
634	杭州韬盈投资合伙企业(有限合伙)	2016/1/22	1001

序号	企业名称	成立日期	注册资本/万元
635	杭州竹雅投资合伙企业(有限合伙)	2016/1/22	1001
636	杭州韬睿投资合伙企业(有限合伙)	2016/1/22	1001
637	浙江万赢控股有限公司	2016/1/22	5000
638	杭州融逸资产管理有限公司	2016/1/22	6000
639	中科财富金融信息服务(上海)有限公司杭州分公司	2016/1/22	0
640	杭州瑞山投资管理合伙企业(有限合伙)	2016/1/25	8010
641	杭州优咖投资合伙企业(有限合伙)	2016/1/25	10000
642	杭州小加投资合伙企业(有限合伙)	2016/1/25	500
643	杭州胜家松景投资管理有限公司	2016/1/25	1000
644	杭州谷粒投资管理有限公司	2016/1/25	500
645	星达投资有限公司	2016/1/25	5000
646	杭州博潘投资合伙企业(有限合伙)	2016/1/26	1000
647	杭州逸帆禧益股权投资合伙企业(有限合伙)	2016/1/26	1000
648	浙江皇达股权投资基金管理有限公司	2016/1/26	5000
649	风格汇(杭州)资产管理有限公司	2016/1/26	5000
650	杭州锦澄投资管理合伙企业(有限合伙)	2016/1/26	1000
651	杭州华誉投资有限公司	2016/1/26	1000
652	杭州慧瑞投资管理合伙企业(有限合伙)	2016/1/26	1000
653	杭州宗麟股权投资基金管理有限公司	2016/1/27	1000
654	浙江善源资本管理有限公司	2016/1/27	2000
655	杭州驿王投资管理合伙企业(有限合伙)	2016/1/27	3000
656	浙江赛领岳佑投资管理有限公司	2016/1/28	1000
657	杭州聚想投资管理合伙企业(有限合伙)	2016/1/29	100
658	杭州蕉叶资产管理有限公司	2016/1/29	1000
659	杭州琪乐融融金融信息服务有限公司	2016/1/29	5000
660	农金(浙江)资产管理有限公司	2016/1/29	10000
661	杭州博衍投资合伙企业(有限合伙)	2016/2/1	1000
662	杭州剑龙投资管理有限公司	2016/2/1	1000
663	杭州固云投资管理有限公司	2016/2/1	1000
664	杭州浙和资产管理有限公司	2016/2/1	1000
665	杭州鸿翼资本管理有限公司	2016/2/1	1000
666	杭州靖睿投资管理合伙企业(有限合伙)	2016/2/2	200

序号	企业名称	成立日期	注册资本/万元
667	杭州博妃投资合伙企业(有限合伙)	2016/2/2	1000
668	杭州帝释股权投资基金管理有限公司	2016/2/2	1000
669	杭州大得投资管理有限公司	2016/2/2	1000
670	杭州刺猬投资管理有限公司	2016/2/2	1000
671	瑞镒(杭州)资产管理有限公司	2016/2/2	3000
672	杭州恒丰君南投资合伙企业(有限合伙)	2016/2/3	808
673	杭州博朕投资合伙企业(有限合伙)	2016/2/3	1000
674	杭州博骄投资合伙企业(有限合伙)	2016/2/3	1000
675	杭州奕麟投资管理合伙企业(有限合伙)	2016/2/3	1000
676	杭州华麟投资管理合伙企业(有限合伙)	2016/2/3	1000
677	杭州正奇投资管理合伙企业(有限合伙)	2016/2/3	1000
678	杭州通元优科创业投资合伙企业(有限合伙)	2016/2/3	12120
679	杭州玖誉资产管理有限公司	2016/2/4	1000
680	富益(杭州)金融信息服务有限公司	2016/2/4	3000
681	杭州德逸投资管理合伙企业(有限合伙)	2016/2/4	1000
682	杭州乾祐资产管理有限公司	2016/2/4	1000
683	杭州德筹投资管理合伙企业(有限合伙)	2016/2/4	1000
684	杭州玄德资产管理有限公司	2016/2/4	1000
685	杭州和瑾资产管理有限公司	2016/2/4	2000
686	杭州赛久投资合伙企业(有限合伙)	2016/2/4	1000
687	杭州之聚投资管理合伙企业(有限合伙)	2016/2/5	100
688	杭州德品投资管理合伙企业(有限合伙)	2016/2/5	1000
689	杭州红树林投资管理有限公司	2016/2/5	1000
690	杭州德振投资管理合伙企业(有限合伙)	2016/2/5	1000
691	杭州德岳投资管理合伙企业(有限合伙)	2016/2/14	1000
692	杭州德迈投资管理合伙企业(有限合伙)	2016/2/14	1000
693	杭州德勇投资管理合伙企业(有限合伙)	2016/2/14	1000
694	杭州德鸣投资管理合伙企业(有限合伙)	2016/2/14	1000
695	富升(浙江)资本投资管理有限公司	2016/2/15	16000
696	浙江跬步投资管理有限公司	2016/2/15	1000
697	浙江资科资产管理有限公司	2016/2/16	5000
698	杭州云树投资管理有限公司	2016/2/16	1000

续表

序号	企业名称	成立日期	注册资本/万元
699	杭州森垚投资管理有限公司	2016/2/16	10000
700	杭州广宇轶康投资合伙企业(有限合伙)	2016/2/17	2000
701	杭州广宇景誉投资合伙企业(有限合伙)	2016/2/17	2000
702	杭州广宇轶信投资合伙企业(有限合伙)	2016/2/17	2000
703	杭州广宇景慈投资合伙企业(有限合伙)	2016/2/17	2000
704	杭州九歌股权投资合伙企业(有限合伙)	2016/2/17	20000
705	杭州九雅股权投资合伙企业(有限合伙)	2016/2/17	20000
706	杭州九诗股权投资合伙企业(有限合伙)	2016/2/17	20000
707	杭州九赋股权投资合伙企业(有限合伙)	2016/2/17	20000
708	杭州远宁荟智投资管理合伙企业(普通合伙)	2016/2/17	200
709	杭州立元熙茂投资合伙企业(有限合伙)	2016/2/18	2000
710	杭州华点投资管理有限公司	2016/2/18	1000
711	杭州擎文投资管理合伙企业(有限合伙)	2016/2/19	900
712	杭州擎娱投资管理合伙企业(有限合伙)	2016/2/19	1000
713	杭州迅动资产管理有限公司	2016/2/19	1000
714	杭州创轩投资管理有限公司	2016/2/19	1000
715	浙江盛世中传投资管理有限公司	2016/2/19	5000
716	杭州广义投资管理有限公司	2016/2/19	300
717	杭州雅营达投资管理合伙企业(有限合伙)	2016/2/22	100100
718	杭州鸿道致知投资管理有限公司	2016/2/23	100
719	杭州唯真资产管理有限公司	2016/2/24	1000
720	杭州昊润融昆投资管理合伙企业(有限合伙)	2016/2/25	60000
721	杭州润晔资本管理有限公司	2016/2/25	1000
722	杭州庆历投资管理合伙企业(有限合伙)	2016/2/26	200
723	杭州鸿道浴鹄投资管理合伙企业(有限合伙)	2016/2/26	50
724	杭州唐隆投资管理合伙企业(有限合伙)	2016/2/26	200
725	杭州嘉佑投资管理合伙企业(有限合伙)	2016/2/26	200
726	杭州延载投资管理合伙企业(有限合伙)	2016/2/26	200
727	杭州端拱投资管理合伙企业(有限合伙)	2016/2/26	200
728	杭州凯纳利投资管理合伙企业(有限合伙)	2016/2/26	430
729	杭州颐骏投资管理有限公司	2016/2/26	1000
730	杭州湖畔山南常帆股权投资合伙企业(有限合伙)	2016/2/26	3000

序号	企业名称	成立日期	注册资本/万元
731	浙江海涛投资管理有限公司	2016/2/29	1000
732	杭州高特佳睿安投资合伙企业(有限合伙)	2016/2/29	500
733	杭州君择投资管理有限公司	2016/2/29	50
734	杭州高特佳睿海投资合伙企业(有限合伙)	2016/2/29	500
735	杭州驭润资产管理有限公司	2016/2/29	2000
736	工银(杭州)股权投资基金合伙企业(有限合伙)	2016/3/1	500000
737	杭州昆澜质合投资合伙企业(有限合伙)	2016/3/2	1000
738	杭州炬实投资合伙企业(有限合伙)	2016/3/2	1000
739	杭州卡宾达投资合伙企业(有限合伙)	2016/3/2	3000
740	杭州德彼金投资合伙企业(有限合伙)	2016/3/2	3000
741	浙江誉达投资管理有限公司	2016/3/2	5000
742	浙江星润投资管理有限公司	2016/3/2	1000
743	杭州泽宏信瑞投资合伙企业(有限合伙)	2016/3/2	30003
744	杭州观择投资管理有限公司	2016/3/2	1000
745	浙江汉轩投资管理有限公司	2016/3/3	1000
746	浙江文苑投资管理有限公司	2016/3/3	1000
747	杭州银大投资管理有限公司	2016/3/3	1000
748	长江证券股份有限公司浙江分公司	2016/3/3	0
749	杭州云冠投资管理有限公司	2016/3/4	500
750	杭州浩中金宏投资合伙企业(有限合伙)	2016/3/4	50100
751	杭州嘉诚诺富投资合伙企业(有限合伙)	2016/3/4	50100
752	杭州瑞书投资管理合伙企业(有限合伙)	2016/3/4	100
753	浙江盈奇资产管理有限公司	2016/3/7	3000
754	杭州易盛投资合伙企业(有限合伙)	2016/3/7	5000
755	杭州钟萃投资合伙企业(有限合伙)	2016/3/7	500
756	浙江国证投资管理有限公司	2016/3/8	5000
757	杭州元符投资管理合伙企业(有限合伙)	2016/3/8	300
758	杭州雍熙投资管理合伙企业(有限合伙)	2016/3/8	300
759	浙江融浙工盈投资管理有限公司	2016/3/9	1000
760	杭州舜鸿资产管理有限公司	2016/3/9	500
761	杭州贤平投资管理合伙企业(有限合伙)	2016/3/9	300
762	杭州绍圣投资管理合伙企业(有限合伙)	2016/3/9	300

序号	企业名称	成立日期	注册资本/万元
763	杭州淳熙投资管理合伙企业(有限合伙)	2016/3/9	300
764	杭州管大管发投资合伙企业(有限合伙)	2016/3/9	10000
765	杭州灵荟投资合伙企业(有限合伙)	2016/3/10	500
766	杭州威磊投资管理有限公司	2016/3/10	1000
767	浙江子悦投资管理有限公司	2016/3/10	1000
768	杭州管大管胜投资合伙企业(有限合伙)	2016/3/10	10000
769	杭州凯泰长源投资管理有限公司	2016/3/11	10
770	杭州瑞捌投资管理合伙企业(有限合伙)	2016/3/11	100
771	杭州丹洋投资管理合伙企业(有限合伙)	2016/3/11	200
772	杭州杭信惠宸投资管理有限公司	2016/3/11	1000
773	杭州链动贰号投资合伙企业(有限合伙)	2016/3/11	1000
774	杭州金晟硕煊股权投资基金合伙企业(有限合伙)	2016/3/11	1000
775	杭州金晟硕毅股权投资基金合伙企业(有限合伙)	2016/3/11	1000
776	杭州金晟硕祺股权投资基金合伙企业(有限合伙)	2016/3/11	1000
777	浙江鑫擎资产管理有限公司	2016/3/11	2000
778	杭州怡禾投资管理合伙企业(有限合伙)	2016/3/14	900
779	杭州硅谷顶鑫投资合伙企业(有限合伙)	2016/3/14	1000
780	杭州竹子投资管理合伙企业(有限合伙)	2016/3/14	1000
781	杭州学军投资管理有限公司	2016/3/14	1000
782	杭州泽昌久创投资管理合伙企业(有限合伙)	2016/3/15	20
783	杭州安丰慧元创业投资合伙企业(有限合伙)	2016/3/15	3000
784	浙江相兑资产管理有限公司	2016/3/15	3000
785	杭州宏欣投资管理合伙企业(有限合伙)	2016/3/16	1
786	杭州合锦投资管理有限公司	2016/3/16	100
787	杭州远宁荟鑫投资合伙企业(有限合伙)	2016/3/16	500
788	杭州守利资产管理有限公司	2016/3/17	3000
789	杭州华庄投资管理合伙企业(有限合伙)	2016/3/17	1000
790	杭州观释投资管理有限公司	2016/3/17	10
791	杭州得韬家族资产管理有限公司	2016/3/17	1000
792	浙江佰市行盛信资产管理有限公司	2016/3/17	2000
793	杭州硅谷顶舜投资合伙企业(有限合伙)	2016/3/18	1000
794	杭州三宇资产管理有限公司	2016/3/18	3000

序号	企业名称	成立日期	注册资本/万元
795	浙江国易投资管理有限公司	2016/3/22	10000
796	杭州巨赋隆睿股权投资合伙企业(有限合伙)	2016/3/22	10000
797	杭州巨赋谨睿股权投资合伙企业(有限合伙)	2016/3/22	10000
798	杭州圣合股权投资管理有限公司	2016/3/22	500
799	浙江建银鸿熙资产管理有限公司	2016/3/23	2000
800	杭州驭智缘投资管理合伙企业(有限合伙)	2016/3/24	30
801	浙江和辰资产管理有限公司	2016/3/24	3000
802	杭州云蚁投资管理合伙企业(有限合伙)	2016/3/25	1000
803	杭州华程源融投资管理有限公司	2016/3/25	1000
804	杭州联创纵诚资产管理有限公司	2016/3/25	1000
805	杭州弘量投资合伙企业(有限合伙)	2016/3/28	10000
806	杭州霖诺资产管理有限公司	2016/3/28	10000
807	杭州九圣股权投资管理有限公司	2016/3/28	500
808	杭州泰之有创业投资合伙企业(有限合伙)	2016/3/29	10000
809	杭州同鑫合富投资合伙企业(有限合伙)	2016/3/29	21000
810	浙江成长文创资产管理有限公司	2016/3/29	2000
811	杭州龙庆长弘股权投资合伙企业(有限合伙)	2016/3/30	5000
812	杭州景春投资管理有限公司	2016/3/30	1000
813	杭州善为股权投资管理有限公司	2016/3/31	500
814	杭州利他股权投资管理有限公司	2016/3/31	500
815	中鼎资产管理有限公司	2016/3/31	5000
816	杭州明易投资管理有限公司	2016/3/31	1000
817	杭州麦高资产管理有限公司	2016/4/1	1002
818	杭州恒天睿信家族财富投资管理有限公司	2016/4/6	1000
819	浙江泉通股权投资基金管理有限公司	2016/4/6	2000
820	杭州皇达博资投资合伙企业(有限合伙)	2016/4/6	5000
821	杭州皇达博影投资合伙企业(有限合伙)	2016/4/6	5000
822	杭州工银硕闵股权投资基金合伙企业(有限合伙)	2016/4/7	1000
823	杭州增创投资管理合伙企业(有限合伙)	2016/4/7	100
824	杭州合杏谷创业投资合伙企业(有限合伙)	2016/4/7	5660
825	杭州工银硕彦股权投资基金合伙企业(有限合伙)	2016/4/7	1000
826	杭州融尊投资管理合伙企业(有限合伙)	2016/4/7	100

续表

序号	企业名称	成立日期	注册资本/万元
827	杭州盛世中传文韵投资合伙企业(有限合伙)	2016/4/7	500
828	浙江诠兴资产管理有限公司	2016/4/8	2000
829	观富(杭州)资产管理有限公司	2016/4/8	1000
830	杭州皇达物联投资合伙企业(有限合伙)	2016/4/11	5000
831	杭州甲一投资管理有限公司	2016/4/11	1000
832	杭州子泰投资管理有限公司	2016/4/13	1000
833	杭州晶橙投资管理有限公司	2016/4/13	1000
834	安志(杭州)资产管理有限公司	2016/4/13	1000
835	杭州金投宸旭投资管理有限公司	2016/4/14	1000
836	景澜酒店投资管理有限公司杭州第一分公司	2016/4/15	0
837	杭州厚华吉悦投资合伙企业(有限合伙)	2016/4/15	1000
838	浙江汉鼎宇佑资本管理有限公司	2016/4/15	2000
839	杭州立元熙润投资合伙企业(有限合伙)	2016/4/15	2000
840	杭州君时投资合伙企业(有限合伙)	2016/4/18	500
841	杭州凯泰创裕投资合伙企业(有限合伙)	2016/4/18	25020
842	杭州申圆通投资管理有限公司	2016/4/19	3000
843	浙江创联城镇投资发展有限公司	2016/4/20	10000
844	杭州龙萃投资管理有限公司	2016/4/20	1000
845	杭州金投锦众投资合伙企业(有限合伙)	2016/4/21	300100
846	杭州宝派投资合伙企业(有限合伙)	2016/4/21	10000
847	杭州浩晶投资管理有限公司	2016/4/22	1000
848	杭州工银金晟投资管理有限公司	2016/4/22	750
849	杭州沐扬投资合伙企业(有限合伙)	2016/4/25	500
850	杭州维瓦投资合伙企业(有限合伙)	2016/4/25	500
851	杭州珺瓴资产管理有限公司	2016/4/26	1000
852	杭州艮岳投资管理有限公司	2016/4/26	200
853	浙江逸联资产管理有限公司	2016/4/27	5000
854	浙江道逸资产管理有限公司	2016/4/27	5000
855	浙江居正资产管理有限公司	2016/4/27	2000
856	浙银复成(杭州)资本管理有限公司	2016/4/28	1000
857	浙银渝富(杭州)资本管理有限公司	2016/4/28	1000
858	浙银博汇(杭州)资本管理有限公司	2016/4/28	1000

序号	企业名称	成立日期	注册资本/万元
859	浙江桥睿资产管理有限公司	2016/4/28	3888
860	浙银益潮(杭州)资本管理有限公司	2016/4/29	1000
861	杭州中鼎锐赛股权投资合伙企业(有限合伙)	2016/4/29	500
862	杭州中鼎恒赛股权投资合伙企业(有限合伙)	2016/4/29	500
863	杭州臻睿投资合伙企业(有限合伙)	2016/4/29	5000
864	浙江稳鑫资产管理有限公司	2016/4/29	5000
865	杭州牛鲨投资管理有限公司	2016/4/29	1000
866	杭州盛翰投资合伙企业(有限合伙)	2016/5/3	500000
867	杭州悦方达资产管理有限公司	2016/5/3	1000
868	杭州钱江新城投资管理有限公司	2016/5/3	1800
869	杭州承丰投资管理有限公司	2016/5/3	1000
870	杭州立磐投资管理有限公司	2016/5/3	1000
871	杭州万麒丰投资管理合伙企业(有限合伙)	2016/5/4	100
872	浙江成长文化产业股权投资基金合伙企业(有限合伙)	2016/5/6	17100
873	杭州米素资产管理有限公司	2016/5/6	1000
874	浙江南都悦盛投资管理有限公司	2016/5/9	1000
875	杭州华赢资产管理有限公司	2016/5/10	1000
876	浙江大头儿子商业发展有限公司	2016/5/10	1000
877	杭州映动投资管理有限公司	2016/5/11	500
878	国开证券有限责任公司浙江分公司	2016/5/11	0
879	杭州纵横品墨资产管理有限公司	2016/5/11	2000
880	浙江经投杭能轨道交通投资有限公司	2016/5/12	38500
881	杭州派格投资合伙企业(有限合伙)	2016/5/12	500
882	杭州蓝咖投资合伙企业(有限合伙)	2016/5/12	500
883	浙江经投杭能轨道交通投资有限公司	2016/5/12	38500
884	杭州易宸投资管理有限公司	2016/5/12	1000
885	杭州坤承合方投资合伙企业(有限合伙)	2016/5/13	1000
886	杭州坤承星方投资合伙企业(有限合伙)	2016/5/13	1000
887	浙江巴沃玲珑投资管理有限公司	2016/5/16	1000
888	杭州擎优投资管理合伙企业(有限合伙)	2016/5/17	500
889	杭州擎越投资管理合伙企业(有限合伙)	2016/5/17	500
890	浙江伟星资产管理有限公司	2016/5/17	1000

序号	企业名称	成立日期	注册资本/万元
891	杭州长添资产管理有限公司	2016/5/19	1000
892	杭州赛昊股权投资合伙企业(有限合伙)	2016/5/20	3000
893	杭州赛正股权投资合伙企业(有限合伙)	2016/5/20	3000
894	杭州后羿资产管理有限公司	2016/5/20	300
895	杭州屹杉投资管理有限公司	2016/5/20	10000
896	杭州融超投资管理合伙企业(有限合伙)	2016/5/20	100
897	杭州华策数媒股权投资合伙企业(有限合伙)	2016/5/23	2000
898	杭州擎誉投资管理合伙企业(有限合伙)	2016/5/23	500
899	杭州擎思投资管理合伙企业(有限合伙)	2016/5/23	500
900	杭州创设投资管理合伙企业(有限合伙)	2016/5/23	100
901	杭州创陆投资管理合伙企业(有限合伙)	2016/5/23	100
902	杭州流星投资管理有限公司	2016/5/23	1000
903	杭州长勇龙渊股权投资合伙企业(有限合伙)	2016/5/24	20600
904	浙江观合资产管理有限公司	2016/5/24	1000
905	杭州和盟皓驰投资合伙企业(有限合伙)	2016/5/24	500
906	杭州和盟皓远投资合伙企业(有限合伙)	2016/5/24	1000
907	杭州广霖投资管理合伙企业(有限合伙)	2016/5/25	3002
908	杭州翠柏聚玉投资合伙企业(有限合伙)	2016/5/25	600
909	浙银今嘉(杭州)资产管理有限公司	2016/5/26	1000
910	杭州觉他投资管理有限公司	2016/5/27	1000
911	杭州赤子之书投资管理合伙企业(有限合伙)	2016/5/30	100
912	杭州赤子之礼投资管理合伙企业(有限合伙)	2016/5/30	100
913	杭州赤子之易投资管理合伙企业(有限合伙)	2016/5/30	100
914	杭州睿沣资产管理有限公司	2016/5/30	4000
915	浙银汇来(杭州)资产管理有限公司	2016/5/30	1000
916	杭州嘉堡股权投资合伙企业(有限合伙)	2016/5/31	1000
917	杭州润运投资合伙企业(有限合伙)	2016/5/31	40000
918	杭州德振投资管理合伙企业(有限合伙)	2016/2/5	1000
919	杭州韬晟资产管理有限公司	2016/6/2	1000
920	杭州正普投资管理有限公司	2016/6/2	100
921	杭州睿风投资合伙企业(有限合伙)	2016/6/2	2800
922	杭州诚普投资管理合伙企业(有限合伙)	2016/6/6	100

序号	企业名称	成立日期	注册资本/万元
923	杭州交建彭大投资合伙企业(有限合伙)	2016/6/6	500
924	杭州和盟和你投资管理有限公司	2016/6/6	1000
925	杭州兰筠投资管理有限公司	2016/6/6	1000
926	浙银俊诚(杭州)资产管理有限公司	2016/6/6	1000
927	杭州瑞鹤资本管理有限公司	2016/6/6	1000
928	浙银弘元(杭州)资产管理有限公司	2016/6/7	1000
929	杭州元贞投资管理有限公司	2016/6/7	1000
930	杭州睿铭信投资管理有限公司	2016/6/7	1000
931	杭州浙银虹达投资管理合伙企业(有限合伙)	2016/6/7	500
932	杭州万舟汇股权投资基金管理合伙企业(有限合伙)	2016/6/7	1000
933	浙江贤商股权投资管理有限公司	2016/6/7	1000
934	杭州蓝松投资管理有限公司	2016/6/8	100
935	杭州锦昱投资管理合伙企业(有限合伙)	2016/6/8	50
936	杭州南睿投资管理合伙企业(有限合伙)	2016/6/8	81
937	感鸿投资管理(杭州)有限公司	2016/6/12	3000
938	浙资联投资管理有限公司	2016/6/12	5000
939	杭州益翰投资管理有限公司	2016/6/12	500
940	杭州莱罗资产管理有限公司	2016/6/13	2000
941	杭州禾丰投资管理合伙企业(有限合伙)	2016/6/13	190
942	杭州隆碳股权投资基金合伙企业(有限合伙)	2016/6/13	5000
943	浙银沣禾(杭州)资产管理有限公司	2016/6/14	1000
944	杭州火炎投资管理有限公司	2016/6/14	3000
945	申谷(浙江)投资管理咨询有限公司	2016/6/16	1000
946	杭州仟益瑞投资管理有限公司	2016/6/16	1000
947	申虹投资管理(杭州)有限公司	2016/6/16	1000
948	杭州信为玺泰投资合伙企业(有限合伙)	2016/6/17	3000
949	华西朗志投资管理(杭州)有限公司	2016/6/20	1000
950	杭州来兴元品投资管理合伙企业(有限合伙)	2016/6/20	1000
951	杭州鹰众曜成投资管理合伙企业(有限合伙)	2016/6/20	500
952	杭州八采中资产管理有限公司	2016/6/20	1000
953	杭州千岱维亚投资管理合伙企业(有限合伙)	2016/6/21	3000
954	杭州御鸿投资管理合伙企业(有限合伙)	2016/6/21	500

续表

序号	企业名称	成立日期	注册资本/万元
955	杭州锦正投资管理合伙企业(有限合伙)	2016/6/22	200
956	杭州聚俪源投资管理合伙企业(有限合伙)	2016/6/22	1000
957	杭州乐丰无限投资合伙企业(有限合伙)	2016/6/22	11111.11
958	杭州锦明投资管理合伙企业(有限合伙)	2016/6/22	200
959	广深(浙江)投资管理有限公司	2016/6/22	1000

第五章 玉皇山南基金小镇政策汇编

杭州市上城区人民政府金融工作办公室、杭州市上城区财政局《关于打造玉皇山南基金小镇的若干政策意见》

上金融办〔2014〕13号

为进一步支持我区金融服务业发展,激发金融创新活力,吸引更多资本集聚,重点引进以各类投资基金为主的金融机构,致力于将玉皇山南基金小镇打造成为省市财富管理中心示范区,按照强化引导、突出重点、注重贡献的原则,特提出如下若干政策意见。

一、适用范围

本意见适用注册地址、主要办公场所在玉皇山南基金小镇,且财政级次在上城区的新办基金投资机构。本意见所称基金投资机构,指以公开或者非公开形式募集资金的各类投资基金及其管理机构,主要包括:证券投资基金、商品(期货)基金、对冲基金、股权(风险)投资基金等。

本意见生效前已在玉皇山南基金小镇设立的投资管理机构,其所管理的新增基金和已设立基金(仅限杭州市外迁入),规模符合本意见申请条件,可纳入本意见适用范围。

注册地址在玉皇山南基金小镇,财政级次在上城区,但主要办公场所在市外的投资基金及其管理机构,如符合本意见申请条件,经区金融办认定后,可纳入本意见适用范围。

二、扶持资金申请条件

1. 各类投资基金须符合国家法律法规和政策规定,已获国家金融监管部门或授权管理部门认可核发各类金融业务资质。

2. 私募证券投资基金管理规模一般不低于5亿元,私募股权投资基金管理规模一般不低于2亿元,创业投资基金管理规模一般不低于1亿元,其他类投资基金管理规模一般不低于3亿元。行业领军的投资基金,经区金融办认定,可适当放宽管理规模。

3. 各类投资基金若以合伙制形式注册,股东或合伙人应当以自己的名义出资,其中单个自然人股东(合伙人)的出资额一般不低于人民币500万元。

4. 符合条件的企业实行备案管理制度,区金融办负责办理备案。

三、扶持政策

1. 对各类投资基金及管理企业给予工商注册登记的便利,符合条件的投资基金或管理企业可在企业名称中使用"基金"或"投资基金"。

2. 各类投资基金及管理企业新购建的本部自用办公用房(不包括附属和配套用房,下同),以办公用途部分的建筑面积计算,按1000元/平方米的标准,给予一次性补助,最高不超过200万元。

3. 各类投资基金及管理企业租赁的本部自用办公用房,自设立次年起3年内,按每天不超过1.5元/平方米的标准给予补助。其中,规模低于5亿元的,补助面积不超过200平方米;高于5亿元(含)且低于10亿元的,补助面积不超过500平方米;高于10亿元(含)的,补助面积不超过1000平方米。

4. 对年地方贡献达到100万元(含)以上的企业,自形成地方贡献之日起5年内,按形成的地方贡献给予最高可达100%的项目资助。

5. 对年地方贡献不低于200万元的各类投资基金及管理企业中的金融人才,其取得的个人形成的地方贡献,五年内全额给予生活补助。

企业地方贡献达200万元的,其金融人才补助人数可安排2人;企业地方贡献在200万元以上的,每增加200万元的地方贡献,可相应增加1个补助名额,补助名额最高可达10人。

6. 对创投企业采用股权投资方式投资于未上市的中小高新技术企业2年以上,可按投资额的70%在股权持有满2年后抵扣创投企业的应纳税所得额。

7. 对证券投资基金从证券市场取得的收入,暂不征收企业所得税;对投资人从证券投资基金分配中取得的收入,暂不征收企业所得税;对证券投资基金管理人运用基金买卖股票、债券的差价收入暂不征收企业所得税。

8. 对各类投资基金及管理企业的金融人才,经认定,在办理户籍及子女入托、入学、就医等方面提供优先服务。

9. 支持符合条件的企业申请各级政府设立的战略性新兴产业发展专项资金、服务业发展引导资金、高新技术成果转化专项资金等财政资金,支持有条件的企业进行高新技术企业等认定。

10. 鼓励各类投资基金支持上城区实体经济发展,投资财政级次在上城区且符合上城区现代主导产业的企业,按照其投资额度的1%~5%给予项目资助,最高资助金额一般不超过300万元。

11. 鼓励与上城区合作,举办具有一定影响力、与投资基金产业相关的论坛峰会,经认定,按照国家级、省级、市级类别,分别给予最高金额不超过50万元、30万元、10万元的补助。

12. 鼓励新型金融企业参与市场拓展和产业交流,对推荐参加全国、浙江省、杭州市举办的各类博览会、人才交流会以及相关活动,进行展览展示的企业,经认定,按照不超过实际发生展位费用的50%给予一次性补助,最高金额不超过10万元。

四、产业链扶持政策

1. 鼓励第三方理财机构、财富管理、金融服务等新兴金融企业以及为金融机构提供资讯、评级、评估、征信、咨询等专业服务的企业入驻玉皇山南基金小镇,以完善产业生态,促进共同发展。

2. 对年地方贡献达到100万元(含)以上的上述功能性机构,可参照享受本意见第三条扶持政策。

五、附则

1. 以上使用的地方贡献,指区级综合效益。扶持对象享受本区各类资助、补助等扶持资金总和以其政策扶持期内实现的区地方贡献为限。若同一扶持对象适用多项扶持政策的,可择优执行,但不重复享受。

2. 省、市针对玉皇山南基金小镇的专项配套政策,可一并享受。省、市级财政支持玉皇山南基金小镇发展的专项政策,原则上全部用于配套扶持。

3. 企业扶持政策申请由玉皇山南基金小镇管委会组织申报,区金融办审核,区财政局负责确认兑现。

4. 在玉皇山南基金小镇核心区外的各类投资基金及管理企业,经区金融办认定,可作为核心区辐射企业参照执行。

5. 享受资助和补助的企业应在相关协议中明确承诺自享受扶持政策10年内不搬离玉皇山南基金小镇且不更改财政级次,如因特殊原因必须搬离或更改的,其已发放的资助和补助应予退还。

6. 扶持对象对申请材料的真实性负责。对弄虚作假、骗取扶持资金的单位,将追缴收回已拨付的扶持资金,并按照有关规定进行处理,取消其申请享受其他财政性资金扶持资格。

7. 各类投资基金管理公司管理的所有合伙企业,均需注册在玉皇山南基金小镇,且财政级次须在上城区。如有不符,取消所有扶持政策。

8. 享受补贴的办公用房,十年内不得对外租赁或销售。

9. 本意见如与国家、省、市最新法律、法规及政策不一致时,以国家、省、市最新法律、法规及政策为准。

10. 本意见由区金融办负责解释。

11. 本意见自2015年1月1日起施行,期限暂定5年。

杭州市上城区人民政府金融工作办公室

杭州市上城区财政局

2014年11月15日

杭州市上城区市场监管局《关于发挥市场监管的职能作用支持玉皇山南基金小镇加快建设的实施意见》

一是设立专门机构,完善服务机制。在基金小镇设立工商事务服务室,提供企业名称预先核准、企业登记注册、品牌培育、消费投诉处理等业务受理、咨询和指导。今后,凡入驻基金小镇的企业,资料齐全,手续完备的,自受理之日起一个工作日内核发营业执照;建立多方会商协调机制和定期数据分析机制,以区市场监管局为中间枢纽,连接省工商局、市市场监管局和基金小镇等有关方面,建立多方会商协调机制,并加强工商登记等方面的课题研究。

二是加快登记改革,提升审批效能。加快推进工商登记全程电子化,7月底前率先在基金小镇试点,提供涵盖网上申请、网上受理、网上审核等功能的一条龙在线服务;对入驻企业全面实行"五证合一"登记制度;在基金小镇工商事务服务室设立外资企业、股份有限公司等登记初审受理工作;进一步简化私募基金核名、股东变更等手续,采取"本人签名传真申报、基金小镇管委会出具证明担保意见、股东本人补签"的方式。

三是落实简政放权,助推创新创业。放宽新兴市场主体名称、经营范围核定条件,鼓励互联网金融、投资、科技产业发展,允许企业申请含"互联网金融信息服务"、"资产管理"、"资本管理"等字样的企业名称和经营范围;入驻企业申请取冠省名的,注册资本(金)从1000万元降低至500万元(法律法规另有规定的除外);放宽取冠"集团公司"企业名称条件,冠"杭州"名称的企业组建集团的,母公司最低注册资本从3000万元降至1000万元,母子公司合并最低注册资本从5000万元降至3000万元,子公司最低数量从3家降至2家。有特殊规定的除外;支持发展商务秘书企业;实行集群化住所登记,允许"一址多照"、"一室多照"住所登记。

四是引导护航并举,贴近服务企业。对入驻企业定期进行走访和培训,指导帮助入驻企业争创和积累驰(著)名商标、"重合同守信用企业"等信用资产,加快品牌建设;加大对侵犯入驻企业的注册商标、企业名称、商业秘密等违法行为的查处力度,有效保护创业创新的积极性,维护公平竞争的市场秩序。

杭州市上城区市场监管局

2015年7月24日

中共杭州市上城区委、杭州市上城区人民政府《关于建设金融人才管理改革试验区的若干政策意见(试行)》

上委〔2015〕52号

为进一步促进玉皇山南基金小镇发展,积极探索金融人才管理改革试验区建设,加快引进和培育一批具有国际视野的高层次金融人才,为上城区打造成为省市钱塘江金融港湾区域中心提供强大的智力支撑,根据《关于杭州市高层次人才、创新创业人才及团队引进培养工作的若干意见》(市委〔2015〕2号)等文件精神,特制定如下若干政策意见。

一、金融人才认定

1. 本意见所指的金融人才,其所在机构(企业)原则上须满足《关于打造玉皇山南基金小镇的若干政策意见》(上金融办〔2014〕13号)第二条申请条件,从事私募金融行业,经认定具有较大行业影响力、较高学术地位和较强引领带动作用的国内外金融顶尖人才(A类)、国内金融领军人才(B类)、区域金融领军人才(C类)、区域金融紧缺人才(D类)和金融高级人才(E类)(具体分类目录附后)。

2. 成立由区委人才办、区金融办、区财政局、区商务局、区科技局、区人力社保局、玉皇山南基金小镇管委会等部门以及行业专家组成的区金融人才分类认定协调小组,制定相应的金融人才管理办法,根据金融市场及试验区实际发展需要,定期修订完善金融人才分类目录。协调小组通过每年一次的联席会议形式对人才进行分类认定及复核,并纳入金融人才库管理。如遇特殊事项需要商定,可由区委人才办召集组织临时联席会议。

3. 对于发展急需而现行金融人才分类目录难以认定的金融人才,可经协调小组联席会议商议确定。

4. 金融人才认定时,必须无国家金融监管部门规定的不良记录。

二、扶持政策

1. 团队项目资助。针对由认定金融人才组成的团队,根据个人投资收益所产生的地方贡献和团队中各类人才构成,分别按A类和B类最高100%、C类最高90%、D

类最高80%、E类最高60%给予团队项目资助。

2. 个人奖励。对A类、B类人才,根据年薪所产生地方贡献的100%给予奖励,年薪标准上限为300万元;对C类人才,根据年薪所产生地方贡献的90%给予奖励,年薪标准上限为150万元;对D类人才,根据年薪所产生地方贡献的80%给予奖励,年薪标准上限为100万元;对E类人才,根据年薪所产生地方贡献的60%给予奖励,年薪标准上限为30万元。

3. 安家补助。对于在杭购买自用商品住房的,给予一定的购房补贴。A类、B类人才给予购房总金额最高不超过20%的购房补贴;C类人才给予购房总金额最高不超过15%的购房补贴;D类人才给予购房总金额最高不超过10%的购房补贴。在上城区范围内购房的,给予再上浮购房总金额5%的购房补贴。每人限购一套,购房总金额上限为2000万元。对于外地引进在杭租住的,给予一定的租金补贴。A类、B类人才给予租金100%的补贴,最高每年不超过10万元;C类、D类人才给予租金80%的补贴,最高每年不超过5万元;对于E类人才给予租金50%的补贴,最高每年不超过2万元。

4. 中介奖励。对引进金融人才的中介组织实施奖励,A类奖励10万元、B类奖励5万元、C类奖励2万元、D类奖励1万元。

三、配套服务

1. 居留和出入境。协助持外国护照入境的引进人才(含配偶和未成年子女)办理入境、居留、工作等所需的相应证件、手续。

2. 落户。协助有意愿留在杭州的引进人才(含配偶和未成年子女)办理落户所需的相应证件、手续。

3. 社会保险。协助引进人才(含配偶和未成年子女)参加本市各项社会保险,并享受相应权利,包括基本养老、基本医疗、工伤保险等。用人单位在引进人才办理各项社会保险的基础上,可为引进人才购买商业补充保险。其无业配偶、子女符合本市有关规定的,可参加本市城镇居民医疗保险并享受相应待遇。

4. 医疗服务。将邵逸夫医院杭州玉皇山南基金小镇国际医疗中心等技术、设备一流的医疗单位作为健康定点单位,为引进人才(含配偶和未成年子女)提供优质医疗和健康保健服务。

5. 子女入学。引进人才子女在基础教育阶段,可按本人意愿,选择公办学校、民办学校(国际学校)就读。A类、B类人才的子女入学优先服务;C类、D类人才的子女入学由区级教育部门协调解决。

6. 车辆上牌补贴。对在我市小客车总量调控政策实施后未办理过浙A牌照小客车登记的A、B、C、D类人才,通过竞拍方式取得小客车上牌指标的,给予车辆上牌补贴,最高不超过3万元。

7. 能力提升。支持引进的金融人才参与国际交流与合作、跟踪行业领域最新前沿动态,促进金融人才成长。鼓励各类金融人才参加国际注册金融分析师(CFA)、国际风险管理师(FRM)、国际会计师(ACCA、CGA)、注册会计师(CPA)等国际公认的专业资格认证,相关考试费用最高补助1万元。

8. 选拔评优。支持高层次金融人才参选国家"千人计划"、省"千人计划"、市"521计划"、区"1211计划"等重大人才工程,并根据国家、省、市、区相应政策进行配套。对为地方经济社会发展做出突出贡献的杰出金融人才进行表彰奖励。

四、附则

1. 以上使用的地方贡献,指区级财政综合效益。各类金融人才的资助、奖励、补助资金总额以金融人才及所在企业对区地方贡献为限。其中对人才中介的奖励资金由用人机构(企业)在团队项目资助中承担。

2. 金融人才认定工作由区金融人才分类认定协调小组负责,经区委区政府同意后,由区财政局负责政策兑现。

3. 扶持对象对申请材料的真实性负责。对弄虚作假、骗取扶持资金的单位和个人,将追缴收回已拨付的扶持资金,并按照有关规定进行处理。

4. 国家、省、市针对金融人才的专项配套政策,可一并享受。

5. 本意见如与国家、省、市最新法律、法规及政策不一致时,以国家、省、市最新法律、法规及政策为准。

6. 本意见自发文之日起试行,试行一年。

中共杭州市上城区委、杭州市上城区人民政府
2015年5月18日

杭州市人民政府《关于加快特色小镇规划建设的实施意见》

杭政函〔2015〕136号

各区、县(市)人民政府,市政府各部门、各直属单位:

为主动适应和引领发展新常态,在全市加快规划建设一批产业特色鲜明、功能集成完善、示范效应明显的特色小镇,根据《浙江省人民政府关于加快特色小镇规划建设的指导意见》(浙政发〔2015〕8号)精神,特制订本实施意见:

一、明确总体要求

(一)重要意义。特色小镇是具有明确产业定位、文化内涵、旅游功能、社区特征的发展载体,是同业企业协同创新、合作共赢的平台。规划建设一批特色小镇,对加快我市经济转型升级、推进创业创新、扩大有效投资、促进城乡统筹发展和传承展示独特文化具有十分重要的意义。

(二)产业定位。每个特色小镇要根据我市"一基地四中心"的城市定位和支撑我省未来发展的七大产业,聚焦信息经济、旅游休闲、文化创意、金融、健康、时尚、高端装备制造、环保等重点产业,兼顾茶叶、丝绸等历史经典产业以及地域特色产业,并选择一个具有当地特色和比较优势的细分产业作为主攻方向,使之成为支撑特色小镇未来发展的大产业。鼓励各区、县(市)重点发展以制造类、研发类产业为主体的特色小镇。

(三)规划引领。每个特色小镇要按照节约集约发展、多规融合的要求,充分利用现有区块的环境优势和存量资源,合理规划产业、生活、生态等空间布局,规划区域面积一般控制在3平方公里左右,核心区建设面积控制在1平方公里左右为宜。鼓励有条件的小镇建设3A级以上景区,旅游产业类特色小镇要按5A级景区标准建设。支持各地以特色小镇提升各类开发区(园区)的特色产业。各区、县(市)要结合"十三五"国民经济和社会发展规划的编制,统筹谋划本地区特色小镇布局和重大项目安排,对每个细分产业只规划建设一个特色小镇,并对新引进的重大产业项目根据其产业类型优先布局到同类型的特色小镇内,以增强特色小镇特色产业的集聚度,形成差异化发展,避免同质化竞争。同时,要对各种产业类型的特色小镇合理布局、控制数量、提升质量。

(四)投资效益。坚持高强度投入和高效益产出,每个特色小镇均要谋划一批新的建设项目,市级特色小镇3年内固定资产投资一般应达到30亿元以上(不含商品住宅和公建类房地产开发投资),金融、文创、科技创新、旅游等产业以及茶叶、丝绸等历史经典产业类特色小镇投资额可适当放宽,县(市)级特色小镇投资额完成期限可放宽到5年,申报省级特色小镇的投资额原则上提高到50亿元。新增建设用地应符合《杭州市人民政府关于实施"亩产倍增"计划促进土地节约集约利用的若干意见》(杭政〔2014〕12号)规定的准入标准,力争3～5年后集聚一大批同业企业和中高级人才,小镇税收增幅显著。

（五）运作模式。特色小镇应坚持企业主体、政府引导、市场化运作的模式,鼓励以社会资本为主投资建设。每个特色小镇均应明确投资主体,投资主体可以是国有投资公司、民营企业或混合所有制企业。各地政府要重点做好特色小镇建设的规划引导、资源整合、服务优化、政策完善等工作。

二、确立发展目标

特色小镇实行创建制,按照"宽进严定、分类分批"的原则统筹推进,省、市、区(县、市)三级特色小镇总数3年内力争达到100个左右,实现"引领示范一批、创建认定一批、培育预备一批"的目标。

（一）引领示范一批。重点推荐产业特色鲜明、生态环境优美、人文气息浓厚、投资项目落实、示范效应显著的小镇列入省级特色小镇创建和培育名单,该类小镇同时享受市级特色小镇扶持政策。

（二）创建认定一批。筛选出一批产业、文化、旅游和一定社区功能融合叠加的特色小镇列入市级特色小镇创建名单,通过3～5年的扶持培育,经验收通过后,可命名为市级特色小镇。

（三）培育预备一批。对基本条件与省、市级特色小镇存在一定差距,但产业有特色、发展有潜力的小镇,区、县(市)政府可自行制定扶持政策,作为区(县、市)级特色小镇进行培育,待发展壮大后再视情申请认定为省、市级特色小镇。

三、规范创建程序

（一）组织申报。在市产业发展协调委员会下设杭州市特色小镇建设协调小组(以下简称协调小组)。由各区、县(市)政府和大江东产业集聚区管委会、杭州经济开发区管委会按照省、市特色小镇建设发展的要求,结合本地实际,提出本区域内拟培育的市级特色小镇名单,按照要求组织编制特色小镇创建方案和概念规划,明确四至范围和产业定位、落实投资主体和投资项目、分解3年(或5年)建设计划。

(二)分批审核。由协调小组办公室组织市级相关部门,分批次对特色小镇创建方案进行审核,择优选出市级特色小镇创建对象,报协调小组同意后予以公布。同时,由协调小组办公室向省特色小镇规划建设工作联席会议办公室重点推荐省级特色小镇创建和培育对象名单。

(三)培育建设。各区、县(市)政府和大江东产业集聚区管委会、杭州经济开发区管委会要根据省、市级特色小镇的创建要求,组织相关建设主体按照创建方案和建设计划有序推进各项建设任务。协调小组办公室每季度对各地特色小镇规划建设情况进行通报,并定期组织现场会,交流培育建设经验。

(四)年度考核。市级特色小镇年度建设任务纳入市政府对各区、县(市)政府和大江东产业集聚区管委会、杭州经济开发区管委会的年度目标考核体系,由协调小组办公室会同市考评办制定考核办法。对未完成年度目标考核任务的特色小镇,实行退出机制,下一年度起不再享受市级特色小镇扶持政策。

(五)验收命名。市级特色小镇完成各项目标任务的,由协调小组办公室组织市级相关部门进行评估验收,验收合格的报协调小组同意后,可命名为杭州市特色小镇。

四、落实保障措施

(一)强化组织领导。市特色小镇建设协调小组组长由常务副市长担任,副组长由市政府分管副秘书长和市发改委主任担任,成员单位包括市委宣传部、市农办、市考评办、市发改委、市经信委、市建委、市旅委、市科委、市财政局、市国土资源局、市规划局、市商务委、市文广新闻出版局、市统计局、市金融办、市政府研究室以及各区、县(市)政府、大江东产业集聚区管委会、杭州经济开发区管委会等部门和单位,协调小组下设办公室(设在市发改委),并建立例会制度,定期对重大事项和问题进行会商。各区、县(市)政府以及大江东产业集聚区、杭州经济开发区也要建立相应的协调机构,负责指导、协调、推进本地区特色小镇的规划建设工作。

(二)加强用地保障。各地要按照节约集约用地的要求建设特色小镇,积极盘活存量土地和利用低丘缓坡资源;按照多规融合的要求,结合城乡规划修编和土地利用总体规划调整完善工作,优先保障特色小镇建设用地。对纳入市本级新增建设用地项目计划的重大项目,所需农转用计划指标由市本级统筹安排。

(三)加大政策扶持力度。市级特色小镇享受以下优惠政策:

1. 市级特色小镇范围内的建设项目整体打包列入年度市重点项目的,所含子项目可享受市重点项目优惠政策。

2. 对符合我市产业导向的战略性新兴产业、先进制造业、信息经济产业等属于优先发展且用地集约的工业用地项目,可按不低于所在地土地等别对应工业用地出让最低限价标准的70%确定土地出让起价。

3. 财政支持政策。

(1) 市级特色小镇在创建期间及验收命名后,其规划空间范围内的新增财政收入上交市财政部分,前3年全额返还、后2年减半返还给当地财政。

(2) 对市级特色小镇内的众创空间,同时被认定为市级众创空间的,在杭州市小微企业创业创新基地城市示范期内,每年给予补助20万元;被认定为省级、国家级科技企业孵化器的,在示范期内每年分别给予补助25万元和30万元。

(3) 对市级特色小镇内为服务特色产业而新设立的公共科技创新服务平台,按平台建设投入的20%～30%给予资助,单个平台资助额最高不超过200万元;对特别重大的公共科技创新服务平台,可按"一事一议"的原则,由协调小组办公室研究制订相关扶持政策报市政府批准。各区、县(市)政府和大江东产业集聚区管委会、杭州经济开发区管委会要制定辖区内特色小镇扶持政策,明确省、市扶持资金用于特色小镇规划建设。

4. 市蒲公英天使投资引导基金和市创投引导基金要加强与特色小镇项目的对接,鼓励其与特色小镇相关投资主体、其他社会投资机构合作新设基金,加大对特色小镇相关项目的投入力度;市产业投资基金要加强与社会资本的合作,对特色小镇核心产业的重大投资项目,按实际投资额的一定比例实施跟投。

5. 市级特色小镇引进的各类人才可享受《中共杭州市委、杭州市人民政府关于杭州市高层次人才、创新创业人才及团队引进培养工作的若干意见》(市委〔2015〕2号)所规定的各项政策。

(四) 创新体制机制。鼓励各区、县(市)政府和大江东产业集聚区管委会、杭州经济开发区管委会创新特色小镇建设、管理的体制机制,通过综合运用财税政策、打造高效便利的公共服务体系、集聚低成本全要素的创新资源、举办国际国内有影响力的行业大会或论坛等手段,加大对高端产业项目和人才的招引力度;通过引入各类基金、发行债券以及运用PPP等建设模式,发挥间接融资与直接融资协同作用,拓宽融资渠道,以市场化机制带动社会资本投资特色小镇建设。

本意见自2015年11月1日起施行,由市发改委负责牵头组织实施。

杭州市人民政府

2015年9月25日

浙江省人民政府《关于加快特色小镇规划建设的指导意见》

浙政发〔2015〕8号

各市、县(市、区)人民政府,省政府直属各单位:

特色小镇是相对独立于市区,具有明确产业定位、文化内涵、旅游和一定社区功能的发展空间平台,区别于行政区划单元和产业园区。加快规划建设一批特色小镇是省委、省政府从推动全省经济转型升级和城乡统筹发展大局出发作出的一项重大决策。为加快特色小镇规划建设,现提出如下意见:

一、总体要求

(一)重要意义。在全省规划建设一批特色小镇,有利于推动各地积极谋划项目,扩大有效投资,弘扬传统优秀文化;有利于集聚人才、技术、资本等高端要素,实现小空间大集聚、小平台大产业、小载体大创新;有利于推动资源整合、项目组合、产业融合,加快推进产业集聚、产业创新和产业升级,形成新的经济增长点。

(二)产业定位。特色小镇要聚焦信息经济、环保、健康、旅游、时尚、金融、高端装备制造等支撑我省未来发展的七大产业,兼顾茶叶、丝绸、黄酒、中药、青瓷、木雕、根雕、石雕、文房等历史经典产业,坚持产业、文化、旅游"三位一体"和生产、生活、生态融合发展。每个历史经典产业原则上只规划建设一个特色小镇。根据每个特色小镇功能定位实行分类指导。

(三)规划引领。特色小镇规划面积一般控制在3平方公里左右,建设面积一般控制在1平方公里左右。特色小镇原则上3年内要完成固定资产投资50亿元左右(不含住宅和商业综合体项目),金融、科技创新、旅游、历史经典产业类特色小镇投资额可适当放宽,淳安等26个加快发展县(市、区)可放宽到5年。所有特色小镇要建设成为3A级以上景区,旅游产业类特色小镇要按5A级景区标准建设。支持各地以特色小镇理念改造提升产业集聚区和各类开发区(园区)的特色产业。

(四)运作方式。特色小镇建设要坚持政府引导、企业主体、市场化运作,既凸显企业主体地位,充分发挥市场在资源配置中的决定性作用,又加强政府引导和服务保障,在规划编制、基础设施配套、资源要素保障、文化内涵挖掘传承、生态环境保护等方面更好发挥作用。每个特色小镇要明确投资建设主体,由企业为主推进项目建设。

二、创建程序

按照深化投资体制改革要求,采用"宽进严定"的创建方式推进特色小镇规划建设。全省重点培育和规划建设100个左右特色小镇,分批筛选创建对象。力争通过3年的培育创建,规划建设一批产业特色鲜明、体制机制灵活、人文气息浓厚、生态环境优美、多种功能叠加的特色小镇。

(一)自愿申报。由县(市、区)政府向省特色小镇规划建设工作联席会议办公室报送创建特色小镇书面材料,制订创建方案,明确特色小镇的四至范围、产业定位、投资主体、投资规模、建设计划,并附概念性规划。

(二)分批审核。根据申报创建特色小镇的具体产业定位,坚持统分结合、分批审核,先分别由省级相关职能部门牵头进行初审,再由省特色小镇规划建设工作联席会议办公室组织联审、报省特色小镇规划建设工作联席会议审定后由省政府分批公布创建名单。对各地申报创建特色小镇不平均分配名额,凡符合特色小镇内涵和质量要求的,纳入省重点培育特色小镇创建名单。

(三)年度考核。对申报审定后纳入创建名单的省重点培育特色小镇,建立年度考核制度,考核合格的兑现扶持政策。考核结果纳入各市、县(市、区)政府和牵头部门目标考核体系,并在省级主流媒体公布。

(四)验收命名。制订《浙江省特色小镇创建导则》。通过3年左右创建,对实现规划建设目标、达到特色小镇标准要求的,由省特色小镇规划建设工作联席会议组织验收,通过验收的认定为省级特色小镇。

三、政策措施

(一)土地要素保障。各地要结合土地利用总体规划调整完善工作,将特色小镇建设用地纳入城镇建设用地扩展边界内。特色小镇建设要按照节约集约用地的要求,充分利用低丘缓坡、滩涂资源和存量建设用地。确需新增建设用地的,由各地先行办理农用地转用及供地手续,对如期完成年度规划目标任务的,省里按实际使用指标的50%给予配套奖励,其中信息经济、环保、高端装备制造等产业类特色小镇按60%给予配套奖励;对3年内未达到规划目标任务的,加倍倒扣省奖励的用地指标。

(二)财政支持。特色小镇在创建期间及验收命名后,其规划空间范围内的新增财政收入上交省财政部分,前3年全额返还、后2年返还一半给当地财政。

各地和省级有关部门要积极研究制订具体政策措施,整合优化政策资源,给予特色小镇规划建设强有力的政策支持。

四、组织领导

(一)建立协调机制。加强对特色小镇规划建设工作的组织领导和统筹协调,建立省特色小镇规划建设工作联席会议制度,常务副省长担任召集人,省政府秘书长担任副召集人,省委宣传部、省发改委、省经信委、省科技厅、省财政厅、省国土资源厅、省建设厅、省商务厅、省文化厅、省统计局、省旅游局、省政府研究室、省金融办等单位负责人为成员。联席会议办公室设在省发改委,承担联席会议日常工作。

(二)推进责任落实。各县(市、区)是特色小镇培育创建的责任主体,要建立实施推进工作机制,搞好规划建设,加强组织协调,确保各项工作按照时间节点和计划要求规范有序推进,不断取得实效。

(三)加强动态监测。各地要按季度向省特色小镇规划建设工作联席会议办公室报送纳入省重点培育名单的特色小镇创建工作进展和形象进度情况,省里在一定范围内进行通报。

浙江省人民政府

2015年4月22日

参考文献

［1］ Berger A N, Udell G F. The Economics of Small Business Finance: The Roles of Private Equity and Debt Markets in Financial Growth Cycle［J］, Journal of Banking and Finance, 1998(11).

［2］ Berger A N & Udell G F. Universal Banking and The Future of Small Business Lending［J］. University of Pennsylvania in Its Series Center for Financial Institutions Working Papers, 1995(17).

［3］ Berger A N & Udell G F. Relationship Lending and Lines of Credit in Small Firm Finance［J］, Journal of Business, 1995(3).

［4］ Berger A N & Udell G F. A More Complete Conceptual Framework for Financing of Small and Medium Enterprises［J］, World Bank Policy Research Working Paper 3795, 2005(12).

［5］ Berger A N, et al. The Economics of Small Business Finance: The Roles of Private Equity and Debt Markets in the Financial Growth Cycle［J］, Journal of Banking and Finance, 1998.

［6］ J Hu, F Liu, J You. Estimation of Spatial Autoregressive Panel Data Models with Fixed Effects［J］. Journal of Econometrics, 2010, 154(2):165-185.

［7］ Gaston R J. Small Business Access to Equity Capital［J］, Small Business Research, 1993(1).

［8］ Keith E M, Rebecca N, Tobias S. How national and international financial development affect industrial R&D［J］. European Economic Review, 2012, 56(5):72-83.

［9］ Martin Sokol. Space of Flows, Uneven Regional Development, and the Geography of Financial Services in Ireland. ［J］ Growth and Change Vol.38 No.2, June. 2007, pp.224 - 259.

［10］ Porteous D J. The Development of Financial Centers: Location, Information Externalities and Path Dependence［M］//Mar-tin R L.Money and the Space Economy. Chichester: Wiley, 1999:95 - 114.

［11］ Stiglitz J E, Weiss A. Credit Rationing in Markets with Imperfect Information

［J］，The American Economic Review，1981（3）.

［12］Thorsten Beck, Asli Demirguc-Kunt, Vojislav Maksimovic. Financing Patterns around the World: Are Small Firms Different?［J］. Journal of Financial Economics, 2008.

［13］Visscher F M, Aronoff C E, Ward J. Financing Transitions: Managing Capital & Liquidity in the family Business［J］. Family Business Leadership, 2011（1）.

［14］Zhao X B. Spatial Restructuring of Financial Centers in Mainland China and Hongkong: A Geography of Finance Perspective［J］. Urban Affairs Review, 2003, 38（4）: 535－571.

［15］西瑞尔·德马里亚.私募股权圣经［M］.北京:机械工业出版社,2015:140.

［16］车欣薇,部慧,梁小珍,王拴红,汪寿阳.一个金融集聚动因的理论模型［J］.管理科学学报,2012（3）:16－29.

［17］陈文锋,平瑛.上海金融产业集聚与经济增长的关系［J］.统计与决策,2008（10）:93－95.

［18］春强.金融企业集聚:一种新的集聚效应的兴起［J］.上海金融,2006.5.

［19］丁艺,李树丞,李林.中国金融集聚程度评价分析［J］.软科学,2009（6）:9－13.

［20］丁艺,李靖霞,李林.金融集聚与区域经济增长——基于省际数据的实证分析［J］.保险研究,2010（2）:20－30.

［21］丁艺,李林,李斌.金融集聚与区域经济增长关系研究［J］.统计与决策,2009.6.

［22］杨丰来,黄永航.企业治理结构、信息不对称与中小企业融资［J］.金融研究,2006（5）:159－166.

［23］方芳,丁明星.中小企业战略性融资困境与最优融资策略［J］.经济理论与经济管理,2006（8）:44－49.

［24］黄永兴,徐鹏,孙彦骊.金融集聚影响因素及其溢出效应——基于长三角的实证分析［J］.投资研究,2011（8）:111－119.

［25］黄解宇,杨再斌.金融集聚论［M］.北京:中国社会科学出版社,2006.

［26］梁琳.金融服务业集聚机制的研究综述［J］.管理观察,2016（4）:163－165.

［27］林毅夫,孙希芳.信息、非正规金融与中小企业融资［J］.经济研究,2005（7）.

［28］廖文剑.资本的力量:股权投资于企业上市全流程解析［M］.北京:中国发展出版社,2012.

［29］廖菲.上海市金融服务业空间结构研究［D］.华东师范大学,2015.

［30］罗丹阳,殷兴山.民营中小企业非正规融资研究［J］.金融研究,2006（4）:

142－150.

[31] 李大垒.城市金融产业集聚形成原因的实证研究——基于中国35个大中城市的面板数据[J].上海经济研究,2010(8):41－59.

[32] 李正辉,蒋赞.基于省域面板数据模型的金融集聚影响因素研究[J].财经理论与实践,2012(4):12－16.

[33] 李勇,梁琳.信息腹地、溢出效应与金融集聚研究综述[J].金融经济:理论版,2013(24):76－78.

[34] 李超,张玉华.基于空间面板数据模型的中国省域金融集聚及其影响因素研究[J].金融管理研究,2014(2):107－127.

[35] 李冕.金融集聚的成因、演化和效应:一个综述[J].财经界(学术版),2015(2):8－9.

[36] 刘沛,黎齐.金融集聚对产业结构提升的空间外溢效应研究——以广东省为例[J].科技管理研究,2014(10):187－192.

[37] 刘红,叶耀明.交易费用视角下的金融集聚效应[J].金融理论与实践,2007(12).

[38] 刘红,叶耀明.金融集聚与区域经济增长:研究综述[J].经济问题探索,2007(11).

[39] 刘军,黄解宇,曹利军.金融集聚影响实体经济机制研究[J].管理学刊,2007(4).

[40] 刘超,李大龙.基于复杂性理论的金融产业集聚演化动因研究[J].当代经济研究,2013(10):55－62.

[41] 莫智力,邵丹萍.民营企业融资局限与渠道拓展——以台州市路桥区为例[J].湖北经济学院学报:人文社会科学版,2005,2(5):50－52.

[42] 潘英丽.论金融中心形成的微观基础——金融机构的空间集聚[J].上海财经大学学报,2003(2).

[43] 潘建华.地方金融机构如何助推小微企业发展[J].政策瞭望,2012(10):41－43.

[44] 任英华,姚莉媛.金融集聚核心能力评价指标体系与模糊综合评价研究[J].统计与决策,2010(11):32－34.

[45] 施卫东.城市金融产业集聚对产业结构升级影响的实证分析——以上海为例[J].经济经纬,2010(6):132－136.

[46] 田晓霞.小企业融资理论及实证研究综述[J].经济研究,2004(5):107－116.

［47］孙晶,李涵硕.金融集聚与产业结构升级——来自2003—2007年省际经济数据的实证分析[J].经济学家,2012(3):80-86.

［48］王黎明,鲁守博,王玉华.产业集群视阈下的中小企业融资模式研究[J].成都理工大学学报(社会科学版),2012,20(1):26-30.

［49］王璠.金融机构集聚因素模型分析——以长江三角洲为例[J].现代经济信息,2013(15):334-335.

［50］王汉光.论创投公司对创业企业的增值服务建材世界[J].2010,31(5):100-102.

［51］徐晓光,许文,郑尊信.金融集聚对经济转型的溢出效应分析:以深圳为例[J].经济学动态,2015(11):90-97.

［52］湖畔山南官网[EB/OL].https://www.riverhillfund.com/riverhill/index.htm.

［53］赛伯乐官网[EB/OL].http://www.cybernaut.com.cn

［54］浙江岳佑官网[EB/OL].http://yueyoutz.com/.

［55］传化物流官网[EB/OL].http://www.transfar56.com/social.php.

［56］初橙资本.湖畔山南资本牟雪:投资人最想看到什么样的项目成长曲线和商业模式[EB/OL].http://mp.weixin.qq.com.

［57］新商业观察.湖畔山南盛森:2016年并不那么糟糕,好的项目更容易沉淀出来[EB/OL].http://www.toutiao.com.

［58］DT财经.京东的离职高管都去了哪儿?[EB/OL].http://toutiao.com/.

［59］中国富康国际租赁股份有限公司在全国中小企业股份转让系统挂牌主办券商推荐报告[EB/OL].http://www.neeq.com.cn.

［60］安丰创业投资有限公司官网[EB/OL].http://www.anfengvc.com/about.aspx.

后 记

本报告献礼玉皇山南基金小镇正式挂牌一周年,也是迎接G20峰会在杭州成功举办的一项重要研究成果。为了充分体现特色小镇建设典范、金融体制改革创新平台、转型升级重要窗口、创新创业重要支点等改革创新的示范效应,本报告从杭州市上城区玉皇山基金小镇创建经验、所取得的成就及其产生的经济社会效应等视角研究了基金小镇的创新发展,并深入分析了十个入驻基金小镇的私募股权基金的案例。本报告从酝酿到成稿并出版,历经了半年的时间,在这一过程中,作者全面梳理了玉皇山南基金小镇的发展历史,实地调研了相关政府机构工作人员,对多个入驻基金小镇的金融机构进行了近距离的交流,搜集了大量的第一手材料,在此基础上,形成了发展报告与案例分析报告,并汇集成书。

在书稿撰写过程中,我们得到了各界的大力支持和积极配合。作者要特别感谢杭州市金融办,杭州市上城区区委、区政府等领导的关心和支持,使得书稿能够顺利完成;感谢浙江大学汪炜教授等专家和学者对本报告的指导和对研究成果的肯定,这给研究团队带来了更多的信心和鼓舞;感谢案例样本公司相关人员在我们调研中提供的便利和翔实的资料;当然,也感谢整个研究团队的努力,无论是在前期的研究设计,还是辛苦的实地调研和资料搜集,直到一个个精彩案例的完成,大家团结合作、齐心协力,为本报告的最终完成做出了极大的贡献。

本报告虽然较为全面地研究了玉皇山南基金小镇的发展背景和创建过程、创新经验和创新效应等内容,归纳了玉皇山南基金小镇对于特色小镇创新发展和金融体制改革所体现出来的理论创新价值和政策效应,充实了学术界现有的研究成果;但是由于基金小镇的发展毕竟还是一个较为新颖的经济形态,且成立时间较短,所以本报告对于基金小镇未来发展的一些更为前瞻性的研究,未能全部涉及,敬请学术界和实务界的同仁提出宝贵意见,使得我们可以在未来进行更进一步的研究,为浙江省乃至全国经济管理体制机制的创新发挥更大的作用。

杭州市玉皇山南基金小镇管委会

浙江大学城市学院

2016年9月于玉皇山南

图书在版编目（CIP）数据

杭州玉皇山南基金小镇发展报告 / 谢文武，吴青松，
朱建安编著. — 杭州: 浙江大学出版社，2016.11
ISBN 978-7-308-16363-7

Ⅰ. ①杭… Ⅱ. ①谢… ②吴… ③朱… Ⅲ. ①城镇－
发展－研究报告－杭州 Ⅳ. ①F299.275.53

中国版本图书馆CIP数据核字（2016）第247567号

杭州玉皇山南基金小镇发展报告

谢文武　吴青松　朱建安　编著

责任编辑	黄兆宁
责任校对	杨利军　张　颖
封面设计	项梦怡
出版发行	浙江大学出版社
	（杭州市天目山路148号　邮政编码310007）
	（网址：http://www.zjupress.com）
排　　版	杭州兴邦电子印务有限公司
印　　刷	浙江海虹彩色印务有限公司
开　　本	787mm×1092mm　1/16
印　　张	13.5
字　　数	257千
版 印 次	2016年11月第1版　2016年11月第1次印刷
书　　号	ISBN 978-7-308-16363-7
定　　价	49.00元